教育実践学としての社会科授業研究の探求

梅津正美　原田智仁　編著

風間書房

はしがき

　本書『教育実践学としての社会科授業研究の探求』は，平成24〜26年度に展開した兵庫教育大学大学院連合学校教育学研究科共同研究プロジェクトN「社会科授業研究における教育実践学的方法論の構築と展開―PDCAに基づく授業理論の有効性の検証と社会科授業研究スタンダード開発―」の研究成果をまとめたものである。

　これまで，社会科教育学研究における授業研究では，「あるべき社会科授業」を明示するという（規範的授業研究の）立場から，主に2つの方法論が提案されてきた。第1は，授業開発研究である。目標・内容・方法・評価を貫く社会科授業理論を明示し，理論と授業計画及び実践とを結びつけて論理整合的に説明することを基本的な方法とした。第2は，授業評価研究である。実践の事実を確定し，その分析を通して実践と授業理論のズレを指摘し改善の具体的な手立てを論じる方法を基本とした。

　授業開発研究の実際では，研究者が提唱する授業理論の構成の妥当性・一般性を論証することに重きが置かれていたと言える。授業評価研究は，多くの場合，理論提唱者の意図に即して計画・実践した授業について，到達目標として設定した知識の内容と習得過程を「実践の事実」と捉え分析し，その欠落や習得過程の論理的構成の不備を指摘し修正することが為されてきた。

　社会科授業の学問的研究として，立論における論理性と客観性の確保は不可欠であろう。しかし，こうした研究方法論とその成果としての授業理論は，子どもの学びの実態や学校教員の教育観，あるいは熟練の度合いにおいて多様化が進む学校現場の状況をふまえたとき，どれだけの有効性を示すことができたのだろうか。また研究者は，理論の有効性を子どもや教員に対してどのように実証してきたのだろうか。本プロジェクト研究を遂行するにあたり，

研究メンバー間で共有した主要な問題意識は，社会科授業研究におけるステークホルダーを意識化することであった。

　私たちは，子どもや学校教員への寄与の観点から，社会科授業研究方法論のパラダイムシフトをどのように図っていくのかということに問題の所在を見いだした。今，社会科授業研究に求められているのは，社会科教育の理念・目的と結んだ授業理論を明示することを基本にしながらも，学校・教室のリアリティの中で教員と子どもがつくり出す授業実践の事実（開発・実践・評価・改善のプロセスを含む）を的確に捉え，データに基づいて授業理論の有効性を評価し，具体的な授業改善・授業力向上の手立てを，実践者と研究者の協働的な研究体制のもとで示していくような方法論，すなわち社会科授業研究の教育実践学的方法論を構築し，それに基づく研究成果を蓄積していくことであると考えた。

　本プロジェクト研究において，実践者は授業研究の推進の主体として，研究者は実践者による研究の促進者（ファシリテーター）として役割を担いながら協働研究体制により，①PDCA サイクルに着目した授業研究（下位類型として a.授業開発プロセス解明研究，b.授業評価プロセス解明研究，c.授業改善プロセス解明研究を設定）と②子どもの社会認識発達に着目した授業研究を実施した。また，③教師教育における社会科授業力形成研究を展開した。そして，④その研究成果の解釈と方法論の反省をふまえて，⑤社会科授業研究の具体的な観点と方略を示した「社会科授業研究方法論スタンダード（試案）」を開発した。

　私たちは，本書を通して，社会科授業研究方法論のパラダイムシフトのひとつの形を示そうとした。社会科授業研究に携わる皆様の忌憚のないご意見・ご批評を賜れば幸いである。

2015 年 1 月

共同研究プロジェクトチームリーダー
鳴門教育大学大学院教授　梅津正美

目　次

はしがき
執筆者一覧
序　章　教育実践学としての社会科授業研究
　　　　　―視点と方法― ………………………………………… 1
　第1節　本研究の目的と主題設定の理由……………………………… 1
　第2節　社会科授業研究の方法と反省―論理実証主義の方法論―……… 2
　　1．社会科教育研究の基本原則 ……………………………………… 2
　　2．社会科授業研究の過程と指針 …………………………………… 3
　　3．社会科授業研究の反省 …………………………………………… 7
　第3節　教育実践学としての社会科授業研究の構想………………… 9
　　1．研究の方法 ………………………………………………………… 9
　　2．本書の構成 ………………………………………（梅津正美）… 11

第Ⅰ部　PDCAに着目した社会科授業研究 …………………………… 15
第1章　開発プロセスに着目した社会科授業研究 ………………… 17
　第1節　概念形成学習としての小学校社会科授業開発……………… 17
　　1．概念形成学習の開発プロセスの実際 …………（佐藤章浩）… 17
　　2．教育実習生による概念形成型授業の開発プロセス ………（伊藤直之）… 30
　　3．教師のキャリアに着目した開発プロセス研究の意義
　　　　―教員養成への示唆― …………………（佐藤章浩・伊藤直之）… 40
　第2節　批判的思考力育成学習としての中学校社会科授業開発…… 44
　　1．批判的思考力育成学習の授業開発と実践 ……………（森　才三）… 44
　　2．批判的思考力育成学習の授業分析と教師の授業力 ……（桑原敏典）… 58
　第3節　理論批判学習としての高校世界史授業開発………………… 73

1. 理論批判学習の授業開発と実践
    ——「産業革命とアフリカ」を事例に—— ……………（祐岡武志）………73
  2. 理論批判学習としての授業開発の分析・評価 ……………（原田智仁）…90
第2章　評価プロセスに着目した社会科授業研究 ……………………… 107
　第1節　研究者のファシリテーションによる評価プロセス
　　　　　　——社会認識形成に着目して—— ……………………………… 107
　　1. はじめに ……………………………………………………………… 107
　　2. 研究の方法 …………………………………………………………… 108
　　3. ファシリテーションの実際 ………………………………………… 112
　　4. まとめ ……………………………………………………（井上奈穂）… 119
　第2節　実践者のリフレクションによる評価プロセス
　　　　　　——価値観形成学習を事例として—— ………………………… 121
　　1. はじめに ……………………………………………………………… 121
　　2. 多面的な価値判断に基づく社会認識形成をめざす小学校社会科授業設計
　　　 ……………………………………………………………………………… 122
　　3. 多面的な価値判断に基づく社会認識形成をめざす小学校社会科授業実践
　　　 ……………………………………………………………………………… 124
　　4. 実践者のリフレクションによる評価プロセスの分析 …………… 133
　　5. おわりに …………………………………………………（紙田路子）… 134
　第3節　アクションリサーチによる社会科授業改善研究のプロセス … 136
　　1. 問題の所在 …………………………………………………………… 136
　　2. 授業改善のための評価研究の方法・手順 ………………………… 136
　　3. アクションリサーチの実際 ………………………………………… 137
　　4. 評価プロセスに着目した社会科授業研究における方法論 （峯　明秀）… 149
第3章　改善プロセスに着目した社会科授業研究 ……………………… 153
　第1節　授業仮説からアプローチする社会科授業改善の実際………… 153
　　1. 小学校社会科における授業改善の実際
　　　——小学校第6学年「大昔の人々のくらし」を事例に——…（大西慎也）153

2. 中学校社会科地理的分野における授業改善の実際
　　　　—「橿原市における自然災害」を事例に— ………（小谷恵津子）… 167
　　3. 中学校社会科歴史的分野における授業改善の実際
　　　　—「分立する権力と武士の登場」を事例に— ………（山内敏男）… 181
　第2節　授業仮説からアプローチする社会科授業改善の理論
　　　　　……………………………………………………（米田　豊）… 200
　第3節　授業場面からアプローチする小学校社会科授業改善………… 212
　　1. 小学校社会科授業改善に向けて ……………………………………… 212
　　2. 授業場面からアプローチする社会科授業研究 ……………………… 213
　　3. 授業場面からアプローチする授業改善の評価 …………（關　浩和）… 229

第Ⅱ部　子どもの社会認識発達に着目した社会科授業研究………… 237
第4章　子どもの社会認識発達に関する調査と社会科授業開発 … 239
　第1節　中学生の社会認識発達に関する調査…………………………… 239
　　1. 子どもの社会認識発達に着目した社会科授業研究の視点 ………… 239
　　2. 中学生の社会的思考力・判断力の発達に関する調査……………… 240
　第2節　中学生の社会的思考力・判断力の発達………………………… 248
　　1. 中学生の社会的思考力・判断力についての調査結果……………… 248
　　2. 中学生の社会的思考力・判断力の発達仮説 ……………（加藤寿朗）… 251
　第3節　中学生の社会認識発達の特性をふまえた社会科授業仮説
　　　　　—実験的授業の計画と実践における方法論— …………………… 254
　　1. 研究課題 ………………………………………………………………… 254
　　2. 実験的授業のための教授書とポストテストの開発 ………………… 254
　　3. 実験的授業の計画と実践 ……………………………………………… 266
　　4. データの分析と評価 ……………………………………（梅津正美）… 269

第Ⅲ部　教師の多様化をふまえた社会科授業研究 …………… 273
第5章　教員養成教育における社会科授業力形成
　　　　　―上越教育大学の社会系コースでの取り組みを事例として―
　　　　　………………………………………………………………… 275

　はじめに………………………………………………………………… 275
　第1節　教員養成教育における社会科授業力形成……………… 276
　第2節　上越教育大学とその教員養成教育……………………… 277
　第3節　上越教育大学社会系コースにおける社会科教員養成… 279
　　1. 1年次の教育 ……………………………………………… 279
　　2. 2年次の教育 ……………………………………………… 280
　　3. 3年次の教育 ……………………………………………… 283
　　4. 4年次の教育 ……………………………………………… 284
　おわりに―社会科教員養成の課題―………………（茨木智志）… 286

第6章　教員研修における社会科授業力形成 …………………… 289
　第1節　行政機関における研修（研究）の難しさと多様性 …… 289
　第2節　広島県立教育センターにおける平成17年度教員長期研修の
　　　　　実際と社会科授業力形成…………………………………… 290
　　1. 広島県立教育センターにおける平成17年度教員長期研修の実際 …… 290
　　2. 教員長期研修における社会科授業力形成 ……………………… 297
　第3節　教員研修における社会科授業力形成とその条件……… 302
　　1.「二つの目標齟齬の二重構造」とゲートキーピング ……… 302
　　2.「研修」から「研究」への変革の条件 ……………………… 304
　第4節　教員研修による社会科授業力形成が示唆するもの
　　　　　……………………………………………………（中本和彦）… 306

第Ⅳ部　社会科授業研究方法論の特質と課題―アジアの視点から― … 311
第7章　日本の社会科授業研究方法論の特質と課題 …………… 313
　第1節　問題の所在……………………………………………… 313

第2節　社会科教育関係学会誌における授業研究の動向………… 314
　第3節　混合研究法表記システムと視覚的ダイアグラム………… 316
　第4節　分析結果……………………………………………………… 318
　　1．質的データの量的データへの転換による解釈 ………………… 319
　　2．複数の質的データによる解釈 …………………………………… 320
　　3．質的データと量的データの両方を利用した解釈 ……………… 321
　第5節　日本の社会科授業研究の課題と展望…………（吉水裕也）… 325
第8章　韓国の社会科授業研究方法論の特質と課題……………… 329
　第1節　問題の所在…………………………………………………… 329
　第2節　授業研究に影響を及ぼした主要な要因…………………… 330
　第3節　社会科授業研究の類型と特徴……………………………… 334
　　1．文献研究 …………………………………………………………… 334
　　2．過程産出研究 ……………………………………………………… 335
　　3．媒介過程研究 ……………………………………………………… 336
　　4．質的研究 …………………………………………………………… 337
　　5．混合研究 …………………………………………………………… 338
　第4節　おわりに………………………………………（権　五鉉）… 339
第9章　インドネシアの社会科授業研究方法論の特質と課題 …… 345
　第1節　はじめに―授業研究の導入―……………………………… 345
　第2節　インドネシアにおける社会科授業研究の事例…………… 347
　　1．実践の概要 ………………………………………………………… 347
　　2．実践の分析 ………………………………………………………… 352
　　3．授業研究の現状 …………………………………………………… 354
　第3節　おわりに―授業研究の課題―…………（ナスティオン）… 356
終　章　社会科授業研究方法論のスタンダード化の可能性……… 359
　第1節　今なぜ授業研究方法論のスタンダード化か……………… 359
　第2節　米国のレッスンスタディが示唆するもの………………… 360

1. 社会科レッスンスタディの概要—UCI 歴史プロジェクトの場合— 361
　　2. 社会科レッスンスタディの具体的展開—ホルヴァーセンらの場合— ... 363
　第3節　関連諸科学の研究スタンダードの原理と特色 365
　　1. RAND のスタンダードにみる研究の一般的要件 365
　　2. AERA のスタンダードにみる教育研究の目的・原則・構造 366
　第4節　社会科授業研究方法論のスタンダード化に向けて 368
　　1. 社会科授業研究方法論固有の要件 368
　　2. 社会科授業研究方法論スタンダード（試案）............（原田智仁）... 369

あとがき 373

執筆者一覧（執筆順）

梅津　正美　鳴門教育大学大学院学校教育研究科教授
佐藤　章浩　鳴門教育大学附属小学校教諭
伊藤　直之　鳴門教育大学大学院学校教育研究科准教授
森　　才三　広島大学附属福山中・高等学校教諭
桑原　敏典　岡山大学大学院教育学研究科教授
祐岡　武志　奈良県立法隆寺国際高等学校教諭
原田　智仁　兵庫教育大学大学院学校教育研究科教授
井上　奈穂　鳴門教育大学大学院学校教育研究科准教授
紙田　路子　島根県浜田市立松原小学校教諭
峯　　明秀　大阪教育大学教育学部教授
大西　慎也　兵庫県淡路市立北淡小学校教諭
小谷恵津子　畿央大学教育学部講師
山内　敏男　愛知県豊川市立音羽中学校教諭
米田　　豊　兵庫教育大学大学院学校教育研究科教授
關　　浩和　兵庫教育大学大学院学校教育研究科教授
加藤　寿朗　島根大学教育学部教授
茨木　智志　上越教育大学大学院学校教育研究科教授
中本　和彦　四天王寺大学教育学部准教授
吉水　裕也　兵庫教育大学大学院学校教育研究科教授
權　　五鉉　韓国慶尚大学校師範大学歴史教育科教授
ナスティオン（Nasution）　インドネシア国立スラバヤ大学講師

序章　教育実践学としての社会科授業研究
―― 視点と方法 ――

第1節　本研究の目的と主題設定の理由

　本共同研究は，学校の社会科教育実践への貢献と学術研究への貢献を観点にして社会科授業研究の有効性を説くために，授業のPDCA（Plan開発-Do実践-Check評価-Action改善）サイクルと子どもの社会認識発達の特性を視点にした授業研究方法論を提案するとともに，社会科授業研究方法論スタンダード（試案）を構成することを通して，教育実践学としての社会科授業研究のひとつのあり方を示すことを目的としている。

　社会科授業研究は，実践的性格をもつ社会科教育学研究において中心的な位置を占めてきたと言えよう。また，授業研究は，教員の専門性開発の一翼を担って，学校で，あるいは学校区で活発に行われている。およそ社会科教育研究者[1]は，社会科授業を対象とする研究課題（リサーチ・クエスチョン）を設定するにあたり，社会科教育学研究への貢献と学校の社会科教育実践への貢献を意識しているであろう。「教育実践学としての社会科授業研究」は，「教育実践の理論（科学）化」とそれを通じた「学校教育実践への学の貢献」を志向した社会科授業研究のあり方・方向性を示している。

　本書の主題に関わって，社会科教育学と社会科教育実践学との関係について筆者らの立場を述べれば，前者と後者を別体系の学と捉え前者を解体して後者を樹立しようとか，限定された研究対象である授業実践を扱う前者のブランチとしての後者の学を構想するのではない。筆者らは，社会科教育学研究の本来あるべき姿，究極の姿として「社会科教育実践学」を構想したい[2]。

　社会科教育学の学的位置・研究の対象・領域・方法は，1971年に『社会

認識教育の理論と実践―社会科教育学原理―』が刊行され確立した。本書の序文で，編者の内海巌は，社会科教育学の目的・中心課題として，(1)社会科教育学の体系化，(2)社会科教育研究の科学化，(3)社会科教育実践の科学化を指摘し，(3)が究極の目的であると述べた[3]。図式的理解に過ぎるかもしれないが，社会科教育学の成熟・発展を，(1)→(2)→(3)の段階で捉えてみると，第2段階では，主に仮説演繹的に「理論を実践化する方向」で研究方法論が構築されてきたと言えよう。学の第3段階への展開は，第1・第2段階の成果を基盤にするとともにそれを反省して，「実践を理論化する方向」の方法論の樹立とその成果の蓄積を通じて果たされるのではないか。

「理論の実践化」と「実践の理論化」は往還的・相互補完的に捉え追求していかねばならない。「教育実践学としての社会科授業研究」は，この観点をふまえながら，「社会科授業実践の理論化」に一層力点を置いた研究課題を見い出し方法論を提案していくことをめざす。しかし，その研究課題や方法論は，確立されたものがある訳ではない。あくまで，研究者と実践者が協働して探し求め，具体的な研究事例に基づく討議を通じてブラッシュアップしていくものであろう。これこそが筆者らの共同研究の目的と本書の主題の設定理由である。

第2節　社会科授業研究の方法と反省―論理実証主義の方法論―

1. 社会科教育研究の基本原則

社会科教育研究が学問的研究として成り立つ基準は，独創性・客観性・実証性に求められるとされてきた[4]。そうした基準を満たす方法論におけるひとつのパラダイムとして日本の多くの研究者に認知され活用されてきているのが，「論理実証主義の方法論」である[5]。

論理実証主義の方法論は，次の2つの原則により説明することができる。第1は，研究の目的に関する原則である。社会科教育研究は，現に学校現場

でなされている社会科教育実践の事実（カリキュラム，授業，学習評価，教科書など）を分析・説明し，そこに内在する問題点を克服できる社会科教育理論（仮説）とそれに基づく教育実践の事実を創造していく営みである，とする[6]。研究の目的は，独創的な社会科教育理論を創造し，「あるべき社会科」を提案していくことにあるのであり，そうした意味で研究は規範的な性格をもつ。

第2は，研究の方法に関する原則である。客観的に確定できる社会科教育に関する限定された事象について論理的に説明できる理論（仮説）を，実践の事実に基づく反証と修正を経て成長させていく過程である，と捉える[7]。理論の反証と修正の手続き・過程こそが，研究の客観性と実証性を保証するのである。

2．社会科授業研究の過程と指針

論理実証主義の方法論に基づく社会科授業研究の具体的な展開を，筆者の最近の研究成果である「規範反省学習の授業開発」[8]を事例として，授業開発研究の過程とその遂行において研究者が保持している指針を明示するように説明していくことにする。筆者自身の研究ではあるが，本研究が，全国学会での発表を経て[9]学会誌に掲載されたことで，学術（学問的）研究として認知されるための形式的な手続きを踏んでいることを根拠に，社会科教育学研究としての授業開発研究の一例として取り上げることをお許しいただきたい。本研究の方法論を，論文構成（章立て）とそれに対応させた「研究遂行のための分析的な問い」により示し，表1にまとめた。

本研究が学会誌掲載論文として発表されるまでに，研究者が研究遂行の過程に即して分析的問いを導くために依拠した研究方法の「指針」は，次の通りである。

A．研究課題の設定
1．学校の社会科教育実践への貢献

学校教育における社会科教育・授業において今日的に重要だと思われる研

表1　事例「規範反省学習の授業開発研究」にみる方法論

研究課題 （題目）	規範反省能力の育成をめざす社会科歴史授業開発 ―小単元「形成される『日本国民』：近代都市の規範と大衆社会」の場合―
論文構成（章立て）	研究遂行のための分析的な問い
Ⅰ．本研究の目的	①本研究の目的は何か。 ②「社会科歴史授業」をどう捉え，意義づけるのか。 ③社会分析の視点としての「規範」とは何か。 ④なぜ「規範」が「社会科歴史授業」の教育内容になるのか。 ⑤本稿の論述の手順はどのようか。
Ⅱ．歴史教育における規範反省能力の育成	
1．規範反省能力の定義	⑥教育目標としての「規範反省能力」はどのように定義できるのか。
2．現代の社会問題認識と規範反省能力育成の意義	⑦現代社会をどう認識するのか。また，そこに内在する社会問題をどうつかむのか。その認識の基盤となる知識論は何か。 ⑧先行する社会問題学習の特質と限界をどう説明するのか。 ⑨今なぜ「規範反省能力」の育成をめざす社会科授業が必要なのか。
3．歴史教育目標としての規範反省能力	⑩「規範反省能力の育成」は，なぜ歴史教育の有効な目標になるのか。
Ⅲ．規範反省能力育成の授業構成論	
1．内容構成	⑪「規範反省能力」の育成のために，教育内容と教材を選択・構成する理論はどのようか。
2．授業過程の組織と学習方法	⑫授業過程を組み立てる理論はどのようか。授業過程と結ぶ学習方法の選択・構成の理論はどのようか。
Ⅳ．歴史的分野における単元開発の実際	⑬授業構成論に基づいて開発した単元は，どのように展開するのか。授業の展開は，「教授書」としてどのように示せるのか。
Ⅴ．単元の実践と授業の評価	⑭中学生に対する授業実践を通じて，規範反省能力の育成は達成できたと言えるのか。教育目標の達成を見取るための評価規準と評価基準をどのように構成し，学習評価のためのテスト問題を作成するのか。評価規準・基準に基づいて生徒のテスト結果をどのように評価し，授業の有効性を判定するのか。
Ⅵ．結語	⑮規範反省学習の，市民性教育としての意義は何か。

究課題を扱うこと。
2. 学術研究への貢献
  社会科教育学研究として独自の位置と意義を占めることができると考えられる研究課題を扱うこと。

B. 授業理論の構成
3. 科学的な研究の基準としての反証可能性の了解
  授業理論の科学性の基準は，反証可能性にあることを了解すること。反証とは，不利な証拠を積極的に探し求めて，理論の誤りを発見し反駁しようとする作業である[10]。反証可能性の高い授業理論は，授業実践と結びつけて，できるだけ具体的で，観察（テスト）可能なものでなければならない。
4. 教科固有の人間形成観の考察
  授業理論の構成には，必然的に研究者や実践者の人間形成と教科学習に関する価値観が反映する。その場合に，「社会科教育は，人間形成のどの部面に関われるのか」と問うこと，すなわち「社会科教育固有の人間形成のあり方」を考察しようとするスタンスをとること。
5. 授業研究における理論と実践の位相の明確化
  反証可能性の高い授業理論を構成するために，授業研究において，理論と実践に係る主要な4つの認識対象と位相を自覚的に捉えておくこと。4つの認識対象とは，第1に社会科教育の本質論[11]（社会科とは何か，社会科がなぜ学校教育の一教科として必要なのか），第2に社会科授業研究の方法論（社会科授業を対象に，何のために，どう研究するのか），第3に社会科授業理論（授業をどうつくるのか，どう評価するのか），第4に授業実践の事実（授業理論と結んで授業はどう実践されたか，子どもはどう反応したのか）である。これら4つは，後者が前者の認識対象になるという関係で結びついている（図1を参照）。
6. 論理的一貫性のある授業理論の構成
  授業理論は，教科論・目標論・内容論・方法論・評価論を貫いて説明する

図1　社会科授業研究の認識対象

こと。その場合，論の展開に用いられる概念は，実践の事実により批判（反証）できるように定義され，しかも統一した用法を保持すること。
7.「社会」についての認識論・知識論と授業理論との関係の説明
　社会科教育が「社会」を対象とする教育であるならば，そもそも社会をどのようなものと捉えるのか，社会はどのようにしてわかるのか，そのように社会を捉えわかることの意義は何なのか，といった問いに基づく社会認識論・知識論と授業理論との関係[12]を説明すること。
8. 授業開発と授業評価の一貫した説明
　社会科授業理論と授業実践の事実の結びつきを解明する方法として，「授業開発」と「授業評価」を措定することができる。授業開発と授業評価は研究サイクルとして一貫して論じること。

C. 授業理論の評価
9. 実験授業の平等性
　実験授業は，どのクラスにも最善の理論に基づいて同等の授業内容を確保すること。
10. 実験授業の公開性
　実験授業は，できる限り参観者に開かれた形で行われること。
11. 実験授業の校種・対象の広い範囲からの選択
　実験授業の校種・対象は，できる限り広い範囲から選択すること[13]。
12. 妥当な評価規準と評価基準の設定

授業理論に基づく授業実践に対する学習者の反応を分類・評価するために，妥当な評価規準と評価基準を設定し，それらに照らして授業の効果を量的・質的に実証すること。

D. 授業研究における論理実証的な記述の仕方
13. 一般的に，社会科授業研究（特に，授業開発研究）における論理実証的な記述の仕方は，以下の順序をふまえること。
   1) 目的（研究の目的は何か，教育目標は何か）
   2) 定義（教育目標はどのように定義できるのか）
   3) 動機（今なぜその研究や教育目標が要請されるのか）
   4) 分析（先行研究の到達点は何か，残された課題は何か）
   5) 理論（教育目標を達成するために授業構成論をどう立てるのか）
   6) 計画（理論に基づいてどのような授業計画を開発するのか）
   7) 実践（理論と計画を，子どもの実態の理解をふまえてどのように実践するのか）
   8) 評価（実践を通じて子どもはどのように反応したのか，教育目標が達成されたとする根拠をどのように確定できるのか）
   9) 改善（研究の特質と課題は何か，課題をどのように克服するのか）

3. 社会科授業研究の反省

　論理実証主義の方法による授業研究は，目的についてみると理論の一般化・汎用化をめざす規範的研究であり，方法についてみると仮説演繹的な研究である。もちろん，筆者の研究を事例に示した授業研究の指針は，誰もが守るべき厳格な規則ではない。あくまで研究の指針である。筆者の研究がそうであるように，指針は具体的な研究の遂行においてはバリエーションをもって現実的，且つ柔軟に運用されるものである。そのことをふまえた上で，論理実証主義の授業研究は，研究に対する批判可能性を高め，その科学化に貢献してきたと言える。

他方で，この型の授業研究には，学校現場の教員や子どもへの寄与の視点から厳しい批判がある。筆者がコーディネーターを務めた第24回社会系教科教育学会研究大会シンポジウム「社会科授業研究の有効性を問う」での議論をふまえると[14]，主な4つの批判を上げることができる。第1に授業開発研究について，授業理論と授業モデルの論理整合性はよく説明されるけれども，授業実践に基づく理論の実証については欠落しているか，概して弱い。そうした研究は，子どもの学びの実態や初等・中等教員それぞれの教育観，問題意識，あるいはキャリアステージの違いにより多様に展開する学校の社会科教育実践を改善することには必ずしも貢献していないとの批判である。第2に授業評価研究について，「優れているとされる授業理論」の有効性に関する実証の方法やエビデンスの提示が十分になされていないことへの批判である。第3に教員の授業力形成について，社会科教育学研究が，学校や教員による主体的・能動的な研究・研修を効果的に支援するための具体的な方法と授業実践を省察するためのデータを十分に提示できていないことへの批判である。第4に授業研究における研究者と実践者の関係について，研究者が望ましいと考える「理論の枠組み」を実践者に押しつけてしまいがちになるという意味で権力関係になってしまうことへの危惧である。

　ポストモダン・ポスト実証主義の思潮を背景にした人文・社会科学における社会構成主義の認識論・知識論[15]の視点からも，近年論理実証主義の授業研究の方法論に根本的な批判が投げかけられている[16]。社会構成主義の認識論・知識論は，事実と価値の一元論を基盤にして知識形成の主体性・構築性・文脈性を重視する。この認識論的立場から為される授業研究では，授業理論の客観性・科学性・汎用性は否定あるいは留保される。授業理論は，授業実践における教師と子どもあるいは子ども同士の相互関わりの意味を解釈することを通して「生成されてくる」のである。従って，授業研究の方法には，個別的・一回的・文脈的な実践の事実に密着して授業理論をつくり出していく質的（定性的）方法が用いられることになる[17]。

　授業研究の学校教育実践への貢献という社会的観点と社会構成主義の認識

論・知識論の台頭という方法的観点とが共鳴して，最近社会科授業研究においても質的方法がひとつのトレンドを形成しつつある[18]。それでも，実証主義の立場かポスト実証主義の立場か，一般化志向の研究か文脈重視の研究か，定量的方法か定性的方法かといった二者択一で自己の優位性を絶対視する議論は，不毛の議論になる。大切なことは，「社会認識を通して市民的資質を育成する教科」という社会科教育の本質と結びつけ，また学校・教員・子どもというステークホルダーを常に意識しながら，授業研究におけるそれぞれの方法論の特質と限界，適切性と適時性を吟味した上で，選択した方法論と具体的な研究事例を公開し，反省と討論を重ねていくことであろう。

第3節　教育実践学としての社会科授業研究の構想

1. 研究の方法

本研究の目的を達成するために，図2を基本枠組みにして，以下の8つの方法を採る。

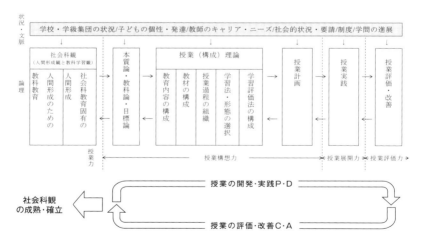

図2　社会科授業研究PDCAの基本枠組み

(1)授業理論を明示し，理論と実践の事実との結びつきを説明する。具体的には，授業理論に基づく事実づくりのプロセス（授業の開発プロセス）と，実践を通じた授業の評価・改善のプロセスを対象化して説明する。

授業理論には，社会的な思考・判断力と知識及び思考技能とを結びつけた社会科学力モデル[19]を参考に，①社会認識力（事実判断・推論能力）育成型，②社会的判断力（価値判断・意思決定力）育成型，③批判的思考力（知識（言説）分析・批判力）育成型，④メタ認識力・方法知育成型の4類型を措定する。
(2)授業理論と実践の事実との結びつきを説明する場合に，論理的一貫性を確保するとともに，学校教育・教員・子どもの置かれた社会的状況，授業実践の社会的文化的文脈，子どもの認知発達の特性などを加味する。
(3)授業研究の内容・方法・形態において，実践者と研究者の「協働研究体制」を構築する。本研究の遂行においては，便宜的に研究グループに属する学校教員を実践者，大学教員を研究者として位置づける。実践者は授業開発・実践・評価・改善を遂行する主体であり，研究者は実践者による授業研究遂行の支援者（ファシリテーターあるいはコーディネーター）としての役割を担う[20]。
(4)実践者と研究者の協働研究体制による社会科授業研究を，①PDCAサイクルに着目した授業研究（下位類型としてa.授業開発プロセス解明研究，b.授業評価プロセス解明研究，c.授業改善プロセス解明研究を設定），②子どもの社会認識発達に関する調査とそれに基づく授業開発研究，③教師教育における社会科授業力形成研究（下位類型として，a.教員養成教育における社会科授業力形成研究，b.教員研修における社会科授業力形成研究を設定）を主題に展開する。
(5)実践者は主に，「学校教育・教員・子どもの実態をふまえて，授業をどう開発・実践・評価・改善したか。なぜ，そのようにしたか。その成果は，何を根拠にどう主張できるか。」といった研究課題（リサーチ・クエスチョン）に答えるように研究を遂行し記述する。研究者は主に，「実践者の授業の開発・実践・評価・改善は，どうなっているか。なぜ，そのように見て取れるか。その授業研究の示唆するものは何か。」といった研究課題に答えるように研究を遂行し記述する。

(6)理論に基づく授業開発あるいは授業の評価・改善の有効性を実証するための方法として，定量的方法と定性的（質的）方法を，適宜組み合わせて用いる。
(7)本共同研究が提案する授業研究方法論の特質と課題，位置と意義について，アジア的視野から省察する。
(8)上記(1)～(7)の検討をふまえて，社会科授業研究方法論スタンダード（試案）を，①定義，②基本原則，③問題設定と研究方法，④事実の確定と分析・検証，一般化，⑤研究の倫理の5領域により構成する。

2. 本書の構成

第1章では，PDCAに着目した社会科授業研究のうち，①（社会認識力育成型の）概念形成学習，②批判的思考力育成学習，③（社会認識力育成型の）理論批判学習の理論に基づく授業の開発プロセスを解明し，その意義・課題について論じる。

第2章では，PDCAに着目した社会科授業研究のうち，①（社会認識力育成型の）社会的事象の構成要素の伝達授業，②（社会的判断力育成型の）開かれた価値観形成学習の理論に基づく授業の評価プロセスを解明し，その意義・課題について論じる。

第3章では，PDCAに着目した社会科授業研究のうち，①（社会認識力育成型の）概念探究学習，②（メタ認識力・方法知育成型の）正常性バイアス認識・防災行動学習の理論に基づく授業の改善プロセスを解明し，その意義・課題について論じる。

第4章では，中学生の社会認識発達の特性について，①社会認識力育成型，②社会的判断力育成型，③批判的思考力育成型に対応した調査問題の回答分析を通じて仮説を示し，その発達を促す授業開発の理論と方法について述べる。

第5章・6章では，教師教育における社会科授業力形成研究について，①教員養成教育と，②教員研修における社会科授業力形成研究の実際と方法の特質及び課題について述べる。

第7章・8章・9章では，教育実践学としての社会科授業研究方法論の特質・課題・位置についてアジア的視野から省察するために，日本・韓国・インドネシアの授業研究の動向とその特質と課題について比較・検討する。

終章では，本共同研究の総括の提案として，社会科授業研究方法論スタンダード（試案）を構成し，その論理・特質・限界を説明する。

（梅津正美）

【注及び引用文献】
1) ここでの「研究者」とは，「教科教育実践を学問的に研究する「専門家」集団」として規定する。この規定は，草原和博「教科教育実践学の構築に向けて―社会科教育実践研究の方法論とその展開―」兵庫教育大学大学院連合学校教育学研究科編『教育実践学の構築―モデル論文の分析と理念型の提示を通して―』東京書籍，2006年，p.54 による。
2) 教育学と教育実践学との関係についての議論は，次の文献で整理されており参考にした。岩田一彦「教育実践学の理念」兵庫教育大学大学院連合学校教育学研究科編，前掲書，pp.21-22.
3) 内海巖「序文」内海巖編『社会認識教育の理論と実践―社会科教育学原理―』葵書房，1971年，p.5.
4) 森分孝治編『社会科教育学研究―方法論的アプローチ入門―』明治図書，1999年，pp.10-11.
5) この方法論に依拠して，授業理論に基づく実践と学習評価及び授業評価まで展開している「授業開発研究」には，以下の文献を例示できる。いずれも博士学位論文を刊行したものであり，学問的研究としての社会科授業開発研究において，「論理実証主義の方法論」が基本になっていることを例証している。
岡崎誠司『変動する社会の認識形成をめざす小学校社会科授業開発研究―仮説吟味学習による社会科教育内容の改革―』風間書房，2009年．
疋田晴敬『社会的価値観形成の公民教育授業開発研究』第一学習社，2011年．
藤瀬泰司『中学校社会科の教育内容の開発と編成に関する研究―開かれた公共性の形成―』風間書房，2013年．
永田成文『市民性を育成する地理授業の開発―「社会的論争問題学習」を視点として―』風間書房，2013年．
中本和彦『中等地理教育内容開発研究―社会認識形成のための地誌学習―』風間書

房，2014 年．
6) 木村博一「社会科教育研究の対象・レベルと研究方法論―1982 年末～1985 年の紀要・研究集録の動向―」日本社会科教育研究会編『社会科教育論叢』33 集，1986 年，pp.46-47.
7) 森分孝治「授業研究の目的―社会科教育学の立場から―」日本教育方法学会編『子どもの人間的自立と授業実践』明治図書，1985 年，pp.178-181.
8) 梅津正美「規範反省能力の育成をめざす社会科歴史授業開発―小単元「形成される『日本国民』：近代都市の規範と大衆社会」の場合―」全国社会科教育学会編『社会科研究』73 号，2010 年，pp.1-10.
9) 梅津正美「規範反省能力を育成する社会科授業―歴史的分野単元「形成される『日本国民』～近代都市が持つ権力を考える～」の場合―」全国社会科教育学会第 57 回全国研究大会シンポジウム，宮崎大学教育学部，2008 年 10 月 25 日
10)「反証」の定義は，関雅美『ポパーの科学論と社会論』勁草書房，1990 年，p.3 による．
11) 社会科教育の本質は，一般に「社会認識を通して市民的資質を育成する」ことを中心概念とする教科であると規定される。内海巌，前掲論文，1971 年，p.7.
12) 本質主義と社会構成主義の認識論・知識論は，社会科授業理論の構成と教科の本質論をめぐる論争に影響を与えている。このことについては，梅津正美「社会科をなぜ「社会科」と呼ぶのか」社会認識教育学会編『新社会科教育学ハンドブック』明治図書，2012 年，pp.332-339 を参照されたい。
13) 規範反省学習の授業開発研究の場合，実験授業は，筆者が指導者となり，鳴門教育大学附属小学校（2007 年 11 月 28 日），徳島県立池田高等学校（2008 年 6 月 18 日・23 日），島根大学教育学部附属中学校（2010 年 8 月 4 日）において実践した。
14) シンポジウムにおける議論については，梅津正美「社会科授業研究の有効性を問う―社会科授業研究の教育実践学的方法論の探求―」社会系教科教育学会編『社会系教科教育学研究』25 号，2013 年，pp.91-94 を参照されたい。
15) 社会構成主義の認識論・知識論の理解には，次の文献を参考にした。
ピーター・バーガー，トーマス・ルックマン（山口節郎訳）『現実の社会的構成―知識社会学論考―』新曜社，2003 年．
ケネス・J・ガーゲン（東村知子訳）『あなたへの社会構成主義』ナカニシヤ出版，2004 年．
16) 例えば，佐長健司「社会的相互作用のなかの知識―中学校社会科授業における学習者のナラティブから―」日本社会科教育学会編『社会科教育研究』121 号，2014 年，pp.40-51 を参照されたい。

17) 教育研究における質的方法の概説は，次の文献が参考になる。
秋田喜代美・恒吉僚子・佐藤学編『教育研究のメソドロジー――学校参加型マインドへのいざない――』東京大学出版会，2005年．
18) 日本社会科教育学会編『社会科教育研究』120号（2013年）と121号（2014年）では，質的研究の特集を組んでおり，合わせて9編の論文が掲載されている。
19) 梅津正美「社会科におけるテスト問題構成の方法――社会科学力評価――」『鳴門教育大学研究紀要』22巻，2007年，p.4.
20) 日米の社会科教育研究者の研究観と方法論を，アンケートやインタビュー等により調査し比較考察した草原らの研究によると，米国では，実践者と研究者の役割は明確に分かれているという。実践者が授業理論に基づく授業の開発・実践にあたり（規範科学としての授業研究），研究者は授業に係る人物や状況をふまえ実践がどうなっているのかを明らかにして，実践者に授業の評価と改善のためのエビデンスを与える役割を担う（実証科学としての授業研究）としている。日本の社会科授業研究における「論理実証主義の方法論」とは，研究遂行者の捉え方や「実証」の意味づけが異なっているが，協働研究体制で授業研究を遂行する場合に，参照すべきひとつの姿を示している。
草原和博・渡部竜也・田口紘子・田中伸・小川正人「日本の社会科教育研究者の研究観と方法論――なんのために，どのように研究するか――」日本教科教育学会編『日本教科教育学会誌』37巻1号，2014年，pp.63-74.
川口広美・後藤賢次郎・草原和博・小川正人「教科教育学研究とは何をどのように研究することか――米国在住の社会科教育研究者に対するインタビュー調査を通して――」日本教科教育学会編『日本教科教育学会誌』37巻1号，2014年，pp.85-94.

第Ⅰ部　PDCAに着目した社会科授業研究

第1章　開発プロセスに着目した社会科授業研究

第1節　概念形成学習としての小学校社会科授業開発

　第1節では，概念形成学習としての小学校社会科授業開発を例に取り，自身の授業開発プロセスを対象化して佐藤が論じる（1項）。次に，教育実習生による授業開発プロセスの特徴と課題について伊藤が論じる（2項）。最後に，教師のキャリアによる開発プロセスの違いから，教員養成や教育実習指導に示唆することを，佐藤と伊藤がそれぞれ指摘する（3項）。

1. 概念形成学習の開発プロセスの実際

　例えば，小学校第5学年の「食料生産」の単元はどのように展開されているだろうか。「農業や漁業に携わる人々が工夫・努力し，わたしたちの食生活を支えてくれている」ということに焦点をあてた実践が多いように見受けられる。また，「日本の食料生産の問題を解決するためにどうすればよいのか」のような実践も見受けられる。共感的に物事を見たり，実際に判断をしたりする学習は子どもたちにとって間違いなく重要であるだろうし，私自身，大切にしている。しかし，それだけで現実社会の仕組みが科学的に分かったと言えるだろうか。合理的な判断が可能となるための概念が形成されたと言えるだろうか。草原和博は，「なぜ」「どうして」を考える判断力を育てようとすると，「教科としての社会科学」の確立が避けられない[1]と述べている。教科指導としての社会科の第一義的に目指すべき方向性は，科学的な概念の形成ではないか。工夫・努力や判断場面も大切にした上で，概念の形成を意図した授業を開発する際のプロセスについて考えたい。

　概念を形成する学習においては，形成すべき概念を確定したり，授業とし

て具現化するために発問の構成を考えたりと,教師が行うべきことが多い。ここで言う授業開発プロセスを,(1)概念の抽出プロセス,(2)抽出した概念の授業化プロセスに分けて考えることとする。経済概念の形成を意図した,小学校第5学年単元「守れ！にんじん（食料生産の学習）」を中心事例としつつ,第4学年単元「いほく安全マップをつくろう（警察の学習）」[2)],第4学年単元「津波にそなえる（津波防災の学習）」[3)]についても取り上げ,授業開発のプロセスを帰納的に見出していきたい。

まずは,「守れ！にんじん」の単元計画及び授業記録を以下に示す。

第5学年単元「守れ！にんじん」

【単元構成】

(1)日常生活におけるにんじんや,にんじん農家の減少について話し合い,学習の計画を立てる。
　『毎日食べているにんじんは,どのように作られているのだろう』
(2)にんじん農家の工夫・努力について調べ,話し合う。
(3)**産地廃棄の理由と解決策について話し合う。（本時）**
(4)クラスとしての解決策をまとめ,農家の方へ伝える。

【本時で形成をめざした概念】

供給量が増えれば価格は下がる。需要量と供給量の関係で価格が決まっている。（需要と供給にかかわる概念）

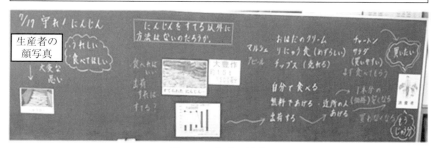

図1-1　本時の板書

【本時の授業記録】

展開	発問・指示	児童の反応 ＊つぶやき　・発表
展開1	・これまで学習してきた，にんじん農家のIさんが収穫のときを迎えた。どんな気持ちだと思う？	＊収穫できてうれしい。 ＊多くの人に食べてほしい。 ＊今まで大変な思い。 ＊やっと収穫。
展開2	・これを見てみよう。収穫後の畑の様子です。	＊え，まだいっぱい残ってる。 ＊食べれるのに…。 ＊なんで…？
	・間引いているものでもなく，虫がついているものでもない。実は，この年は大豊作だった。1500箱分捨てたそうです。	＊なんで…？ ＊出荷したらいいのに…。
	・みんなだったら捨てる？	＊捨てない。 ＊売る。
	○捨てる以外に方法はないのかな？	
	・みんながIさんだったらどうする？ワークシートに書いてみよう。	
	・どのように考えた？	・捨てずに，自分で食べたらいい。 ・出荷しても問題はない。 ・種をとればいい。 ・家のご飯に使えばいい。 ・無料コーナーなどを作って，近所の人にあげればいい。 ・あまったら近所の人にあげれば無駄にならない。
展開3	○確かに捨てるぐらいなら近所の人や町の人に無料であげればいいよね？　もらった人がうれしいよ。	＊いやいや……。 ＊うれしいけど，生活が……。 ・にんじんがなくなってお金が入ってこなくなって，生活が苦しくなる。 ・捨てるのも無料であげるのもだい

・どう？	たい同じだと思う。利益が出ない。 ＊いやいやいや！
・「いやいやいや」ってどういうこと？	・捨てたじゃがいもから新しいじゃがいもができる。にんじんも同じ。置いておいた方がいい。 ・「無料であげる」ということは，その人たちは買わなくてよくなる。自分のにんじんが全く売れなくなるので，損害が出てしまう。 ・あまった分の中で消費者にあげてしまったら，無料でもらえると分かってしまって，料理に使うにんじんをお金を出して買ってくれなくなる。
・無料で「どうぞどうぞ」とあげるとだれがうれしい？	＊消費者！
・でも，あげてしまうと……？	＊売れなくなる！
○じゃあ，出荷はいいんじゃない？売れるよね？	＊また，悪循環になる！ ・みんなが全部買ってくれる訳ではない。たくさん売ると，1本分のお金が高くなる。
・出荷すると1本分のお金が，変わってしまうの？	＊変わる変わる！
・このとき，実際の出荷した量と価格のグラフ，見てみる？	＊安い！ ＊どんどん下がってる……。
・ここでもし，捨てる決断をしなかったとしたら……？	＊もっと価格が下がる……。 ＊消費者は喜ぶけど，売る人は損をする！
・「もうじゅうぶん」ってなると，価格がどんどん下がってしまうんだね。	

展開4	・やっぱり……捨てるしかないんだろうか……？	（グループでの話し合い後発表） ・バターいためにしてそのまま冷凍をしておけばいいのでは？ ＊料理がしてあったら食べやすいから，みんながよく買ってくれる！ ＊買いたい！ってなる。
	・「もうじゅうぶん」だと消費者は買ってくれないけど，「買いたい」ってなってきたらどうなるの？	＊とても売れる！ ＊値段が上がる。
	・こんな方法って他にない？	・お肌のクリームもいいかも。 ・離乳食に加工する。 　めずらしくて買ってもらえるのでは。 ・にんじんのお菓子にする。 ・サラダにして売る。買いやすくする。 ・嫌いな人にも食べてもらえるように試食してもらう。 ・マルシェ（特産物市）に出展してアピールしたらいい。
	・Ｉさんをはじめ，もう実践されているかもしれない。実現が難しいかもしれない。でも，アイデアを出し続ければ，解決するものがでてくるかもしれないね。 ・今日の振り返りを書こう。	

(1)概念の抽出プロセス

　子どもに形成すべき概念を抽出するために，社会的事象や社会諸科学にあたることが不可欠であるだろう。その際の手がかりとして考えられるのは，①教科書・副読本等の読み解き，②社会に生きる人々からの聞き取り，③専門書・論文に示された概念の分析である。なお，ここで言う「概念」について，経済学等の学問的な概念それ自体を形成するというよりも，教材に即した具体的な説明をイメージしている。

①**教科書・副読本等の読み解き**

　例えば，小学校5年生の教科書や資料集を開いてみると，「農家のAさんの日々の仕事」や「作物の病気を乗り越えるまでの歴史」などが目に入る。生産の工夫や，困難を乗り越えてきた努力などが整理して記述されている。また，小学校4年生の教科書や副読本を開いてみると，「警察官のBさんの1日の仕事」や「厳しい訓練の様子」などが目に入る。安全なくらしを守る工夫や努力などが整理して記述されている。「社会で生きる人がいかに工夫・努力し，自分たちの生活を支えてくれているか」という共感的な理解を深めるためには重要な教材である。共感的な教材研究とともに，概念を意識して，教科書や副読本をもとに社会諸科学の視点からも教材研究も試みたい。

　先の「農家のAさんの日々の仕事」や「作物の病気を乗り越えるまでの取り組み」などの記述に共感しつつも，「工夫・努力によってすべての問題は解決しているのだろうか」「この記述を経済的な視点から読み解くことはできないだろうか」のように，教師自身が懐疑的な視点や批判的な視点，社会諸科学の視点からも分析していく。教科書や副読本の記述から視点を広げていく必要があるだろう。

②**社会に生きる人々からの聞き取り**

　社会に生きる人々，例えば，学校近くの農家の方，地域の交番の警察官の方からの聞き取りを行う。米田豊は，「『工夫と努力』を科学的に扱うことが大切である。しかし，人の顔が見えない実践では，無味乾燥な授業となる。人々の『工夫と努力』への共感から授業が始まっても，『原因と結果』の分析的思考で収束することが大切である」[4]と述べている。聞き取る内容としては，工夫や努力が中心となるだろうが，一方で，前述のような社会諸科学の視点をもった上で質問をしたり，話を聞いたりすることが大切になるのだろう。

　例えば，学校近くのにんじん農家の方から聞き取り調査をさせていただいた。「毎年新しい品種を試すなど試行錯誤を繰り返している」「発芽しやすい

ようにコーティングされた種を使っている」「9月の最初だけではなく，3回に分けて巻く」など多くの工夫や努力に関わる話を聞き取ることができた。さらに話を聞いていくと「とれすぎたにんじんは，そのまま捨ててしまう」という話を聞き取ることができた。経済的な視点が垣間見える事実である。

　また，学校近隣の交番の方から聞き取り調査をさせていただいたこともある。「道路標識の設置は，警察官1人の判断ではできないため，近隣の家1件1件に是非をうかがっていく」「地域の独居高齢者の家を朝・夕まわっていること」など多くの工夫や努力に関わる話を聞き取ることができた。法的な視点からの話を聞くために「警察官が守るべきルールや法はありますか」「職務上の制限はありますか」という質問も織り交ぜて行った。すると，「ドラマなどでは見るかもしれませんが……実は，交番のバイクではスピード違反の車を追いかけてはいけない決まりになっています」という話を聞き取ることができた。法的な視点が垣間見える事実である。その他にも，津波に対応する町役場の方からは，「避難タワーの要望はたくさん寄せられています。つくりたいのですが過去の津波を考えた危険性や予算などを考えると建設は難しいです。現在町役場としては堤防の再整備を検討しています」という，公共政策の本音を聞き取ることができた。教師自身が社会諸科学の視点から聞き取りを行うことにより，社会諸科学につながる事実が得られるのではないだろうか。社会に生きる人々からの聞き取りというと共感的な印象が強いが，概念の形成につながる視点を得ることも十分可能であるだろう。

③**専門書・論文に示された概念の分析**
　教科書や副読本の記述から考えたことや，社会で生きる人々から得た事実について，専門書や論文にあたる。「○○さんが教えてくれた△△という事実は，社会諸科学ではどのように説明されているのか」などを調べ，明らかにしていく。先の「とれすぎたにんじんを捨てる」という事実は，需要と供給を説明する「経済概念」に関わるだろう。「交番のバイクではスピード違反の車を追いかけてはいけない」という事実は，公務員の仕事における「法

概念」に関わり，「これまでの被害の事実を加味して政策を選択した」という事実は，公共政策における「リスク概念」に関わるだろう。

ここでは，①→②→③という流れを意識して概念抽出のプロセスを論じた。しかし，①～③は，この順序で行わなければならないという固定したものではない。順序を入れ替えたり，同時進行的に扱ったりできるものだと考える。

(2)抽出した概念の授業化プロセス

抽出した概念を教師の解説で教授する方法もある。しかし，片上宗二は，「子どもの追究が社会研究へと高まる道筋を考えることが，社会研究科としての授業方法ということになる。そう考えると，追究する視点の転換ができ，子どもの追究が広がり深まるように，しかもその追究が開かれているような学習方法が求められてくる」[5]と述べている。ここでは，「子どもなりの社会の見方」から出発し，その見方が広がったり深まったりするような授業展開を考えたい。その際の手がかりとして考えられるのは，①子どもの常識知の見取り，②概念の構造化，③ゆさぶりを組み込んだ授業構成である。

①子どもの常識知の見取り

子どもは，社会について何も知らないわけではない。生活経験やこれまでの学習から，自分なりの社会の見方（これより後は，常識知と表す）を培っている。学習の出発点となる常識知を見取る必要がある。

例えば，前述の実践であれば，社会科アンケート（事前調査・プレテスト）を実施した。米農家の学習を終えた後（にんじんの学習を始める前）に，アンケートを記述する時間を設定した。そのアンケートの中に，「米農家の方がうれしいのは，どのようなときでしょうか。苦しいのはどのようなときでしょうか。米農家さんになったつもりでふきだしに書きましょう」という問いを設けた。「『おいしい』と言ってもらえたときはうれしい」「たくさんお米がとれたときはうれしい」「立派なお米がとれたときはうれしい」「お米が病気になってしまったときは苦しい」「お米が少ししかとれなかったときは

苦しい」などの記述が見られたことから，米農家に対する子どもたちの常識知は，おおむね「農家の人は，品質のよい農作物をたくさん収穫することを望んでいる」というものだと判断された。もちろん，間違いではない重要な認識である。しかし，この認識と「たくさんとれた，品質の悪くない作物を捨てている」という事実とが出合うとどうなるだろうか。強い矛盾・疑問を感じ，新たに探求すべき課題が生じるのではないだろうか。「警察官は，スピード違反をした車をすぐに追いかけるはずだ」「役場の方は，町の人の安全を一番に考えているはずだ」のような，子どもの常識知は，概念の形成の出発点として欠かせないものである。

②概念の構造化

⑴で抽出した概念をいざ授業化するにあたっては，どのような具体的事実からその概念が説明できるのか，目の前の子どもたちにはその概念のどのあたりまでを形成すればよいのかなどを考える必要がある。つまり概念の構造化である。

純粋に概念の構造を明らかにするだけではなく，出発点となる子どもの常識知や，提示すべき事実も組み入れた構造図にすることにより，より実際の授業化に示唆を与え得るものとなるのではないだろうか。次頁に，構造図の一例を示す。破線で示した部分は，本時の学習だけではなく，今後の学習を含めて子どもたちに形成していく部分であると考える。

③ゆさぶりを組み込んだ授業構成

授業の中にゆさぶりを組み込むことが，概念を形成するための一つの有効な指導法略になり得るのではないか。小栗英樹は，小原友行や岩田一彦の論を用いながら「これまでに獲得した知識を一度打ち砕くのである。これによって生徒は学びなおしの必要を感じる。（中略）新たに獲得した知識は，以前よりも深まりのある（＝以前より説明できる範囲の広い，応用のきく）知識となる」[6]と論じている。以前より説明できる範囲の広い，応用のきく知識

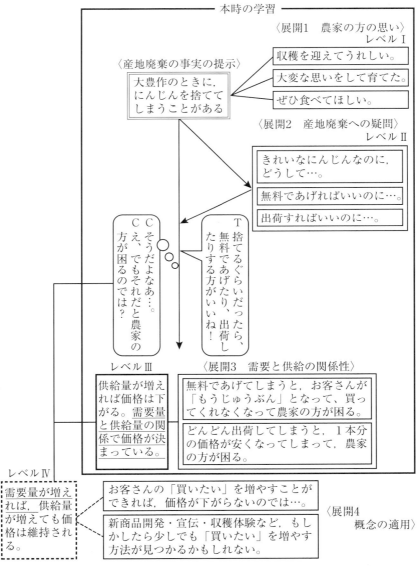

図 1-2 「守れ！にんじん」における経済概念の構造図

（筆者作成）

（概念）を形成するためには，いったんこれまでに獲得した知識（常識知）を一度打ち砕く必要があるのであろう。では，常識知を一度打ち砕くとは，授業レベルで考えた場合どのような働きかけなのだろうか。片上宗二は，「子どもがゆさぶられるのは，もちろん，自身の思考体制と矛盾する事象と出会った場合や意外性を感じる時などであろう」[7]と論じている。本項①で見取った子どもの常識知に対して矛盾する事実を提示したり，意外性のある事柄を問いかけたりする働きかけにより，子どもはゆさぶられ，新たな知識を求めていくのだろう。これらの論をもとに，ゆさぶりを組み込んだ授業展開を以下のように構想する。その実際を「守れ！にんじん（食料生産の学習）」「いほく安全マップをつくろう（警察の学習）」「津波にそなえる（津波防災の学習）を事例に考えていきたい。なお，展開1～4は，「守れ！にんじん」の授業記録や構造図とも対応している。

展開1　子どもたちの常識知の表出を促す。
展開2　表出した常識知でうまく説明できない事実を提示する。
展開3　子どもたちの知的な反発を生むような問いを投げかける。
展開4　形成した概念を用いて子どもたちが思考・判断する場面をつくる。

　展開1は，子どもたちの常識知をまず表出させるということである。「（単元を通して工夫や努力を学んできた）にんじん農家のIさんが収穫のときを迎えた。どのような気持ちなのだろう」のように，まずは人物や社会的事象に共感できる形で，自然に子どもたちの常識知を引き出したい。警察の授業を実践した際には，「スピード違反の車を見つけたら，交番の○○さんはどうするだろう」と問うことにより，「すぐに追いかける」「すぐにつかまえる」などの考えが表出された。津波防災の授業を実践した際には，「津波に対する町のみんなの願いはどのようなものだったか」を問うことにより，「安全な町になってほしい」「命を守ってほしい」などの考えが出された。何も考えていない状況では，意外性も驚きも感じない。ゆさぶりにより，矛盾や疑問を強く感じるためには自らの現時点の考えを自覚しておくことが必要である。常識知の明確化・強化とも言える場面でもある。

展開2は，子どもたちの常識知ではうまく説明できない事実に出合わせるということである。展開1で「収穫のときをむかえてうれしい」「たくさん収穫したい」などの考えを表出した上で，「大事に育てたにんじんを収穫せずに捨てている」という事実を写した写真を提示する。子どもたちからは，「え，まだいっぱい残ってる！」「食べれるのに……」「なんで？」などのつぶやきが聞かれた。警察の授業では，「交番のバイクはスピードはでますが，追いかけてはいけないことになっている」という交番の方の話を紹介したことにより，子どもたちは「え，なんで……？」「そんなんおかしい！」などのつぶやきが聞かれた。津波防災の授業では，前時に「砂をほって2mの堤防に戻す」という役場の方の対策を聞いて「避難タワーはつくらないの？」「え，それだけなの？」などのつぶやきが聞かれた。これらのつぶやきは自らの考えとのズレを感じたり，日常意識していなかった点を意識したりしたために，思わず出たものであると考えられる。常識知とのズレをついたり，思い込んでいた部分を意識化させたりすることにより，矛盾や疑問を生み，迷い葛藤するのであろう。

　展開3は，子どもたちの知的な反発を生むような問いかけを行うということである。子どもたちの話し合いが，「にんじんを捨てるのはもったいないので無料であげてはどうか」という方向性に向いたときに「確かに捨てるぐらいだったら，近所の人や町の人にあげたらいいよね。町の人は喜ぶよね」と問いかけた。子どもたちの中から「いやいやいや！」と反発するつぶやきが聞かれた。さらに，「出荷すればいい」という意見に対して「出荷すればいいよね。売れるよ」と問いかけた。「また，悪循環になる！」というつぶやきが聞かれた。それらの意味を問い返し話し合っていく中で，消費者（需要）と生産者（供給）の関係性が見えてきた。警察の授業では，「こんなきまりは無視して交番の○○さんがそのまま追いかけたほうがいいよね」と投げかけることにより，「そうではない！」「それはあかん！」などの言葉が聞かれた。津波防災の授業では，「命を守ろうと思ったら，もっともっと備えがいるみたい。役場の方は命を守りたくないのだろうか」とあえて投げかける

ことにより，「それはちがう！」「だって……」などの言葉が聞かれた。あえて反発を生むような問いかけを行い，子どもたちを知的に追い込むことにより，子どもたちは教師の問いかけに反論しようと必死に考えをめぐらせるだろう。断片的に知っている情報を頭の中で探し出そうとしたり，資料を強く求めたりするかもしれない。教師に反論するために子どもたち同士団結し，みんなが納得できる説明，つまり概念へと迫っていくのであろう。

展開4は，形成した概念を用いて思考・判断する場面をつくるということである。「無料も出荷も難しい……。（産地廃棄を）あきらめるしかないのか」ということをみんなで話し合った。最初は困っていた子どもたちであったが，「買いたい気持ちを増やせばいいのではないか」という方向に目が向いていった。「需要と供給」の概念を適用して，「需要量を増やせば，供給量を増やしても値崩れしないのではないか」と考えたのである。そこで出た考えは，稚拙なものであり，実現性に乏しい。しかし，概念を適用して見出した「方向性」は，将来において，社会問題を解決する資質となり得るのではないか。警察の授業では，警察官を事例に形成した法の概念を，同じ公務員である「教師」に適用させて考える場面を設定した。津波防災の授業では，役場の方のインタビュー映像の視聴後，「『命を守りたいと思っています。でも……』の後，何と続けたと思うか」を問い，考えさせた。見出した概念を活用したり言語化したりする場面を設定することにより，概念を自分のものとして扱えるようになるのではないだろうか。

本項では，実践例をもとに，概念形成学習の開発プロセスについて帰納的に考えてきた。その中で，小学校における「実践化」を見据えた授業開発プロセスを明らかにできたのではないか。社会諸科学の視点からの教科書・副読本及び社会に生きる人々の研究と，専門書・論文の研究とを組み合わせることにより，具体的事例と科学的概念の関係性を見出すことが可能となるだろう。さらに，見取った常識知を土台として，その変容過程を意識した授業を構想することにより，目の前の子どもたちの知識成長において，より効果的な展開が可能となるはずである。今後さらに，実践の成果と課題を明らか

にし，開発プロセスのより一層の精緻化をはかりたい。

(佐藤章浩)

2．教育実習生による概念形成型授業の開発プロセス

(1)教育実習生の社会科授業開発における傾向と課題
―教育実習自己評価の分析を通して―

　本項では，鳴門教育大学の学部3年生（以下，実習生）を対象に，彼らの教育実習中の授業実践や事後評価アンケートを手がかりにして，実習生の社会科授業開発における傾向と課題について指摘することにしたい。

　社会科の授業実践で大事なことは何か。この問いに対する答えは千差万別である。ある人は教材が大事というかもしれない。発問が大事だと言う人もあろう。板書を重視する人もいる。またある人は，教師の声の大きさや表情，言葉遣いによって，子どもの意欲や態度が影響されるからこそ，大事だと考える人もいることだろう。このように授業開発の規準は多様である。

　鳴門教育大学では，2003年から2007年にかけて「授業実践力評価スタンダード」を開発した。このスタンダードは，教科や領域別の「授業構想力スタンダード」と，通教科の「授業展開力・評価スタンダード」に分けられている[8]。それらのうち，「段階1」の内容を示したものが次ページ以降の表1-1と表1-2である。

　「段階1」とは，実習生が教育実習開始時までに到達していることが望まれる段階のことを指す[9]。つまり，スタンダードは，教育実習開始前には，自身が習得すべき授業実践力の到達目標として，そして，実習終了後は，自身の実践力を省察するためのチェックリストとして利用することもできる。そのような背景から，筆者が担当している「主免教育実習事後指導」では，スタンダードを用いての自己評価を実施している。

　実習生による自己評価は，「Ⅰ．授業構想力」から「Ⅲ．授業評価力」までの各項目について，到達できたと思うレベルを4段階（「十分に到達した」を4点，「不十分だった」を1点）で数値化させた。

表1-1 「授業構想力評価スタンダード」と自己評価結果

I．授業構想力の「段階1」における各観点		自己評価の平均値	
		平均値	実習生A
1．学習者の把握			
1）学習者の実態把握	学習者の社会科の既習内容を理解し，それを授業づくりに活かそうとしている。	2.9	4
2）学習への構え・ルールづくり	授業前や途中に，学習者に，学習への構えや学習に取り組む姿勢をつくるための適切や指示・助言を与えている。	3	4
2．目標の分類と設定	目標を，「関心・意欲・態度」，「思考・判断」，「技能・表現」，「知識・理解」の各観点から捉えて設定している。	1.8	2
3．授業構成			
1）教育内容の構成	学習指導要領や教科書の分析を通して教科の内容編成をつかみ，単元や主題についての教育内容を知識として整理している。	2.7	3
2）教材の選択・構成	教育内容を反映し，学習者にとって具体性のある教材を選択し構成している。	3	4
3）授業過程の組織	・導入・展開・終結の流れがある授業過程を組織している。	3.1	4
	・教育内容の習得にむけて，問いの順序性を考慮している。	2.5	4
4）学習法・学習形態の選択・組織	授業の目標・内容に照らして，中心となる学習法・学習形態を選択し展開している。	2.5	3
4．授業計画			
1）単元計画の作成	学習の順次性を考慮して，主題と時間数を割振っている。	2.4	2
2）学習指導案の作成	学習指導案の一般的な形式項目を理解し，授業の流れをイメージできるように表現することができる。	2.7	2
3）学習評価計画の作成	「関心・意欲・態度」，「思考・判断」，「技能・表現」，「知識・理解」の各観点ごとに，評価活動を計画している。	1.7	3

(鳴門教育大学特色GPプロジェクト編著『教育実践の省察力をもつ教員の養成―授業実践力に結びつけることができる教員養成コア・カリキュラム―』協同出版, 2010年, pp.291-292 より引用・加筆)

表1-2 「授業展開力・評価力評価スタンダード」と自己評価結果

Ⅱ．授業展開力の「段階1」における各観点		自己評価の平均値	
		平均値	実習生A
1．基礎的・基本的な授業態度（音声・表情・所作等）	学級全体に伝わる声の大きさ，話しの速さで話すことができる。自分の話し方の欠点を認知することができる。	3.4	3
2．教授活動の構成と展開			
1）個や集団への配慮	個への配慮を意識する。個それぞれに学び方があることを理解し，その特性を捉えようとする。	2.6	3
2）説明	わかりやすい言葉で，できるだけ端的に説明することができる。	2.4	4
3）助言・指示	助言，指示が，個または，学級全体に伝わったかを判断しようとする。	3	3
4）板書	文字の筆順や見やすさを考慮し，丁寧に板書することができる。板書と子どもの思考活動との関係を捉えようとする。→書くべき内容と書かなくても良い内容を選別できる。	2.5	3
5）教材・教具の活用	その情報から，子どもがどのように考えるかを推測し，教科書・補助教材プリントの活用を考える。	2.9	3
6）演技・表現性	教師の演技が，子どもに何らかの影響を与えることを考えようとする。	2.8	3
3．学習活動の喚起と促進			
1）授業の流れや分節化への考慮	授業が子どもとの相互交流で進められたことを理解する。	2.9	3
2）発問	自己の発問によって，子どもにどのような思考を促しているか考えようとする。	2.8	4
3）子どもの発言・行為への対応	子どもの発言や行為の真意を読み取る努力をする。	3	4
4）学習環境の構成とマネジメント	子どもの安全性及び，認知にどのような効果を与えるかを考える。	2.5	3
5）学習活動への即時的対応	子どもの思考を考え，話し合い活動や作業をその目的に合わせて，取り入れようとする。	2.8	3

4．学習活動に対する評価				
1）形成的評価	指導過程の文節ごとの達成すべきねらいと子どもの学習状況を捉える方法を使用し，評価する。		2.1	3
2）机間巡視	机間巡視の意味を理解し，授業中，目的をもって机間巡視できる。		2.8	4
3）学習評価法の工夫	用意した評価法を実施し，学習内容と評価法との妥当性を振り返ることができる。		1.9	3
Ⅲ．授業評価力の「段階1」における観点				
1．自己の教育・社会観，教育目標，授業構成論，指導法に対する省察・評価と授業改善	具体的な教師と子ども，子どもと子どもの相互交流を指摘できる。予想した反応と予想外の反応を区別し指摘できる。予想外の反応の要因を探る視点を認知する。		2.4	3

（鳴門教育大学特色ＧＰプロジェクト編著『教育実践の省察力をもつ教員の養成―授業実践力に結びつけることができる教員養成コア・カリキュラム―』協同出版，2010 年，pp.318-319 より引用・加筆）

　上記の表 1-1 と表 1-2 の右端には，3 カ年（2011 〜 13 年度）にわたる実習生による自己評価の平均値と，後述の実習生Ａの値を，それぞれ示している。これらのデータに対しては多様な解釈が可能であるが，本項では，特に「Ⅰ．授業構想力」（表 1-1）の自己評価において特徴的な数値を示した項目に注目してみたい。

　まず，実習生が高く自己評価した箇所として，「授業過程の組織」の点で，「導入・展開・終結の流れがある授業過程を組織している」という項目が挙げられる。続いて高い数値を示した箇所としては，「教材の選択・構成」の点で，「教育内容を反映し，学習者にとって具体性のある教材を選択し構成している」という項目が挙げられる。これらはいずれも「授業構成」に関するものである。それゆえに，実習生は，授業開発プロセスにおいて「授業構成」に高い関心を有しており，実習中には，特に「授業展開」や「教材」の点に力点を置いて授業化を図ろうとしたものと解される。

　他方，実習生が低く自己評価した箇所として，「目標の設定と分類」の項

目を挙げることができる。「目標を,『関心・意欲・態度』,『思考・判断』,『技能・表現』,『知識・理解』の各観点から捉えて設定している」という点についての自己評価は低い傾向にある。また,指導と評価の一体化を反映してか,「学習評価計画の作成」の項目に対する自己評価も同様に低くなっている。いま,これらの結果から,実習生の関心の低い項目だから自己評価が低いと結論づけるのは無理があるかもしれない。ただ,後述のように,個別の実習生Aによる指導案や具体化された規準を見ていくと,授業開発プロセスにおける実習生の関心は,全般的に「Ⅰ.授業構想力」（表1-1）よりも「Ⅱ.授業展開力」（表1-2）のほうに向けられていることが浮き彫りとなってくる。

(2) 教育実習生Aによる概念形成型授業の特徴と課題
① 指導案の比較
　次に,ある一人の実習生Aによって作成された指導案や自己評価結果を対象化して,授業開発プロセスにおける特徴と課題を,具体的に析出したい。
　実習生Aは,筆者やゼミ指導教員による聞き取りによると,大学の講義・演習で,佐藤章浩による「スーパーマーケットのひみつをさぐろう」[10]の授業映像を視聴し,それに強く影響を受けて,自身もこのような授業をやってみたくなったという。そして,実習生Aは,幸いなことに教育実習において小学校3年生の学級に配属され,佐藤実践の追試行の機会を得たわけである。実習生Aが作成した指導案は次ページの通りである。
　当然のことであるが,指導案には佐藤実践と似ている点が多い。例えば,スーパーマーケットにおいて見られる「安売り」という現象に着目させようとしていること,児童に「理想の安売り」を考えさせて,それが現実に可能であるかを問う,いわゆる「ゆさぶり」の発問を行おうとしていること,そして,児童をゆさぶることによって,消費者の視点から販売者の視点に転換させようとしていること,等々が挙げられる。その一方で,異なっている点もある。例えば,スーパーマーケットのほかに,コンビニエンスストアやデ

第1章　開発プロセスに着目した社会科授業研究　35

第3学年　社会科学習指導案

日時：平成○○年○月○日　○曜日　○校時
指導者：3年○組　教生　○○○○　印

1　単元・題材　見直そう　わたしたちの買い物　(4／8)
2　指導にあたって
　子どもたちは日常的に両親について行き，買い物を経験している。しかし，行きつけのお店を知っていても，なぜそのお店を利用しているのかという考えには至っていない。
　本単元では，スーパーマーケットやコンビニ，デパートのそれぞれの良いところを発見し，比較する。そして実際にスーパーを見学することから，お店でなされている工夫を学び，消費者と販売者両方の視点に立つことができるようにしたい。
　本時では，前時で挙げられた「金銭的なサービス面での工夫」に注目することにより，消費者視点から販売者視点に転換できるようにしたい。また，スーパーだけが様々な工夫をなしているのではなく，スーパー以外のお店でもお客さんを集めるための工夫がなされており，それぞれに得意分野があるということを理解できるようにしたい。
3　本時の目標
　教師からの「ゆさぶり」によって消費者視点から販売者視点に転換し，販売者側の願いを理解することができる。
4　展開

時　間	児童の活動	教師の支援	評　価
5分	1　前時の学習を振り返り，本時のめあてを確認する。 　お客さんのお願いをかなえるための工夫を調査しよう	1　前時の最後に出された問いを確認することにより，本時の学習への意欲・関心を持てるようにする。	○ノートを確認し，前回の振り返りができているか。(児童観察)
15分	2　理想の安売りについて考え，実際に行われている安売りと比較する。	2　理想の安売りについて考え，教師が持ってきた実際の安売りの画像と比較することにより，違いに気付き，理想の安売りを行うことは現実的に不可能であることに気づけるようにする。 ○理想の安売りについて考える。 　・「こんな安売りだったら嬉しいなという"理想の安売り"を考えてみよう。」 ○3〜4種類の割引きの値札の画像を提示する。 　・「みんなが考えた理想の	○ノートに記入できているか。(ノートへの記入)

			安売りとどう違うかな」	
15分		3 なぜ，安く売りすぎたらいけないかということについて話し合い，販売者の気持ちを考える。	3 教師からのゆさぶりを与え，販売者の視点になることにより，「お店のことも考えながら，お客さんの願いを叶えている。」ということを理解できるようにする。 ・「どうして安く売りすぎたらだめなのかな。ノートに理由を書いてみよう。」（ゆさぶり①）（販売者視点）	○自分の意見を発表できているか。（挙手）
10分		4 コンビニやデパートなどスーパー以外のお店の良いところを考え，発表し，比較し，次時への結びについて考える。	4 コンビニやデパートなどのスーパー以外のお店の良い点を比較することにより，それぞれに得意分野があることを理解できるようにする。 ・「（お店のことを考えながら）スーパーはこんなにも私たちに工夫をしてくれているのだから，スーパーだけに行けばいいのではないかな。」（ゆさぶり②） ・「（ゆさぶり②に対して）なぜだめなのかな。他のお店はスーパーより良いところがあるのかな。」 ・「この間学習したコンビニの良いところとデパートの良いところをもう一度発表してください。」 ○お家の人が日によって買い物に行くお店が変わることに着目することにより，考えながら買い物をしているということを理解できるようにする。（次時への結び）	○ノートに記入できているか。（ノートへの記入）

パートなどの小売店も取り上げようとしていること，それらとの比較を念頭に置いて，「スーパーはこんなにも私たちに工夫をしてくれているのだから，スーパーだけに行けばいいのではないかな」という2つ目の「ゆさぶり」を行おうとしていること，等々が挙げられる。佐藤実践との違いはなぜ生まれたのだろうか。

　佐藤実践と比較すると，大きく異なるのは「本時の目標」であることが分かる。佐藤は，目標を「小売店では，原価をベースとして一定の利潤を加算した上で価格を決定し，できる範囲で安売りを行っていることを説明できる」[11]と設定しているのに対して，実習生Aは，「教師からの「ゆさぶり」によって消費者視点から販売者視点に転換し，販売者側の願いを理解することができる」と設定している。つまり，佐藤は「原価」や「利潤」などの経済概念の形成に関わる目標を設定しているのに対して，実習生Aは「ゆさぶり」を通して「販売者側の願い」に接近することを目標としている。

　両者の目標の違いから，実習生Aの授業開発プロセスにおける1つの課題を指摘することができる。それは，佐藤が1項において指摘した「概念の抽出プロセス」の点である。教科書や副読本の記述，スーパーマーケットで行われている「安売り」という現象が，社会諸科学の専門書や論文ではどのようにとらえられているか。この点を実習生Aは検討しただろうか。

　そして，「抽出した概念の授業化プロセス」の点においても，課題が見受けられる。それは，佐藤実践のように，「原価」や「利潤」といった経済概念にもとづいて，授業の「構造化」が図られていない点である。実習生Aの指導案では，最後の10分間で，スーパーをコンビニやデパートと比較させようとしている箇所があるが，これらの具体的事実からいかなる概念を引き出そうとしているのかが不明である。もし仮に，授業前半において，「安売り」という具体的事実から「原価」や「利潤」といった概念に迫ろうとしたのであれば，「安売り」をしない事例として示すことで，概念を適用したり，反証する展開として組織するという選択肢もあったかもしれない。いずれにせよ，実習生Aは，佐藤実践の概念形成学習としての特質について理解が一

面的であったようである。それゆえに，授業開発プロセスも，「ゆさぶり」に象徴されるように「授業化プロセス」に傾斜していったように思われる。

②授業開発における規準の具体化

続いて，前掲の「授業実践力評価スタンダード」を用いた授業開発における規準を示し，授業開発プロセスにおける実習生Aの拠り所を探ってみることにする。筆者は，先述のように「主免教育実習事後指導」において，実習生にスタンダードを用いての自己評価を実施したが，授業開発プロセスのなかで何を重視しているかは人それぞれである。それを把握するためには，さらなる作業が必要となる。

そこで，さらなる具体化を図るために，スタンダードの各項目のなかから，「とくにあなたが重視する上位3項目」を挙げさせて，自身が到達すべき目標を記述させた。それが表1-3である。

実習生Aは，上位3項目として「発問の構成」「演技・表現性」「発言の取り上げ」を挙げた。これらはいずれも「Ⅱ．授業展開力」に関わるものである。この叙述と指導案から，実習生Aはとくに「発問」に高い関心を有していることは明白である。そして，授業開発プロセスにおいて重要視している

表1-3 「授業実践力評価スタンダード」を用いた規準の具体化
―実習生Aの場合―

第1位	「発問の構成」 　発問を作る際は，前発問や発問後の授業の流れを考慮し，子どもたちがその発問に対する答えを考えることによって，授業内容を理解することができる。
第2位	「演技・表現性」 　子どもたちに発言や問いかけをする際は，表情をやわらかく，豊かにし，発言しやすい環境を作り，主体的・自発的に学習活動ができる。
第3位	「発言の取り上げ」 　子どもたちが発言をする機会を与える際は，どんな意見も拾い上げ，教師が助言等を与え，自分の意見を述べる楽しさを実感し，学習意欲を引き出すことができる。

表1-4 実習生Aの授業に対するコメントの一部

本時のめあてについて	「お客さんのお願いをかなえるための工夫を調べよう」とありますが，今回学ばせたいことは，「お客さんとお店の願いのずれ」だと思うので，めあてと学習内容が合わないのではないかと思いました。
問い返しについて	「なぜ安くしすぎたらだめなの？」と問うたあと，問い返しが少なかったように思います。例えば，「商売にならん」と答えた子どもの意見に対して，「どうして商売にならないの？」のように問い返す必要があるかと思います。「え，だって……」に続く部分に，大切な社会の見方が現れると思います。

（波線は筆者による）

ことは，何を教えるかよりも，どう教えていくかにあるようである。経験の少ない実習生ゆえに，まずは授業の成立を第一義に考えたのだろう。

③実習指導教員からのコメント

実習生Aの授業に対して，佐藤は直接の指導教員ではなかったものの，事前の指導にも応じ，当日の授業を部分的ながらも観察してコメントを寄せてくれた。表1-4は，その一部を示したものである。

上記の佐藤から寄せられたコメントとして，「本時のめあて」と「問い返し」に関することがあった。これらのコメントは，いずれも指導案に対するものというよりも，当日の授業実践に対するものである。当日の授業展開の詳細については紙幅の都合で示すことはできないが，佐藤によるコメントは，実習生Aが，目標の設定と，それにもとづく教育内容の構成の点で，不十分であることを指摘するものとなっている。他方，実習生Aは，実習を振り返って，「発問」や「演技・表現性」「発言の取り上げ」を重要事項に挙げている。概念形成学習の授業開発プロセスにおいて求められる手続きと，実習生Aが大事に思う規準との間に，依然としてギャップがあることが明白となった。

2項では，「授業実践力評価スタンダード」の活用を通して，教育実習生の自己評価結果をもとに，実習生の社会科授業開発における傾向と課題につ

いて考えてきた。そして，実習生Aの事例を取り上げることによって，概念形成学習の開発プロセスについて具体的に考察した。その中で，授業開発プロセスにおける実習生のつまずきを明らかにできたのではないかと考えている。その内容は，1項において佐藤が示した開発プロセスと対比することによって，より明確になるし，つまずきの解消に向けて何が必要かを考えていくことへと発展していくことができるだろう。

　実習生に完璧を求めるのは酷である。ただ，実習を通して，何が課題であり，どのように改善していくかを明らかにすることは，よりよい教員養成を図っていくうえで大学側の責務である。今後さらに，データの蓄積と個別事例による検証を通して，開発プロセスのスタンダード化も視野に入れて，教員養成課程における改善と充実に努めたい。

（伊藤直之）

3．教師のキャリアに着目した開発プロセス研究の意義
　　―教員養成への示唆―

　1項では，実践例をもとに帰納的に見出した「概念形成学習の開発プロセスの実際」について述べてきた。2項では，実習生の自己評価結果や指導案の分析を通して「教育実習生による概念形成授業の開発プロセス」を明らかにしてきた。そのことを踏まえて，ここでは，今後，教育実習における指導をどのように改善していければよいかについて考えていきたい。

(1)教育実習における指導の改善に向けて
　1項で述べたように，概念を形成すべき学習においては，形成すべき概念を確定したり，授業として具現化するために発問の構成を考えたりと，教師が行うべきことが多い。2週間，4週間など極めて限られた期間で，この作業をすべて行うことは難しい。教育実習期間に入るまでの時間が非常に大切になってくる。所属校では，9月に主免教育実習を実施している。その前，

つまり 7 月の前半に主免実習事前指導という機会を設けている。ここでは，教育実習に臨むにあたっての心構えや準備物の連絡等を行う。さらには学年ごとに分かれ，実習時の各教科等の単元（学習する箇所）についておおまかな説明を行っている。本年度（2014 年度）からは，簡単ではあるが，「単元をいかにして組み立てるか」について各教科等の担当から助言を行った。

　概念を形成する授業を意図するのであれば，この事前指導の時間における指導内容をより深める必要があるだろう。具体的には，1 項で示した「概念の抽出プロセス」「抽出した概念の授業化プロセス」について，実習生と議論する時間をとるということである。

　まずは，「概念の抽出プロセス」についてである。「教科書・副読本等をいかに読み解いていくのか」「社会で生きる人々にどのような視点から聞き取りを行えばよいのか」「専門書・論文等をどのように活用すればよいのか」というような点を指導教員と実習生で協議しておくのである。指導教員の実践例や大学で開発した授業案をもとにそのプロセスを考えていくのもよいだろう。その際，「社会で生きる人々への聞き取り」については，指導教員が紹介するなどしてフォローする必要があるだろう。「概念の抽出プロセス」の土台が身につけば，実習までの期間，概念の形成を視点とした教材研究が可能となるのではないか。

　次に「抽出した概念の授業化プロセス」についてである。「単元における子どもの常識知はどのようなものなのか」「教材研究を通して見えてきた概念をいかに構造化するのか」「子どもの考えをゆさぶるには，どのような発問の原理が考えられるのか」という点を指導教員と実習生とで協議でしておくのである。このプロセスについては，事前指導の際には深く議論することは難しい。それは，実習生が学級の子どもたちとごく短い時間しか触れ合っていない（会っていない）からである。しかし，指導教員が子どものおおまかな常識知について説明したり，実習生の事前調査（常識知の調査）に協力したりすることにより，授業構想の「仮説」を立てることは可能であるだろう。その仮説をもとに，実際の実習で子どもと触れ合い，常識知を見取った

り，指導教員とさらに議論を深めたりしながら，授業構想を修正していけばよいのである。

　事前指導などの機会を充実させ，実習までの間に「概念形成の視点からの教材研究」を行い，「授業構想の仮説」をもって実習に臨めるようにすることが，教育実習の指導改善の第一歩ではないだろうか。現実の事前指導の時間は非常に短い。限られた時間の中で，可能な範囲で，少しでも「概念の形成」という視点から話し合う時間を組み込んでみてはどうだろうか。また，大学との連携・調整も不可欠である。「授業開発プロセスのこの部分は，大学で講義内容に入れていただいて，この部分は附属校の指導教員が担当する」「大学で教わった開発プロセスの原理を，附属校が実践として紹介する」などの役割分担も必要となってくるだろう。

（佐藤章浩）

(2)教員養成における指導の改善に向けて

　本節における考察の特色は，授業開発プロセスを検討する際に，従来のように，優れた実践だけを対象とするのではなく，"うまくいかない"実践と比較考察する点にある。加えて，研究者の第三者的視点に加えて，優れた実践を生み出す実践者の視点からも実習生の授業を検討し，両者の協働作業を通じて，授業開発プロセスの差異をより明確化しようとする点にある。

　実習生を対象にした大学における教員養成課程の指導と，教育実習校における実地指導は，事実上"分断"している。大学教員と実習校教員との交流の欠如によるところが大きいのは言うまでもないが，仮に交流したとしても，双方の問題意識に隔たりがあることも考えられる。

　本節における協働作業の実現のきっかけは，大学教員と実習校教員（そして実習生自身）における問題意識の一致ないし重なりにある。社会科の教科観や授業論の議論は置き，とりあえず小学校社会科における概念形成学習を是とした上で，授業開発という共通のテーマ，そして，教員養成という共通の課題のなかで，二者（ないし三者）が各々の授業に関わる資料を提供し合い，

且つそれらを対象化して省察したことにより生み出された成果である。

　２項で述べたように，実習生全般に見られる傾向として，「目標」の設定についての意識が不十分である一方で，「授業構成」や「学習活動の喚起と促進」に高い関心を寄せていることが明らかとなった。そして，実習生Ａは，概念形成という佐藤実践における本来の目標を見過ごして，「ゆさぶり」を目標にした授業化を進めていた。これを，実習生側の認識不足と結論づけるのではなく，大学教員側の指導改善の課題として受け止めてみたい。

　近年の教育養成課程において「実践力」の育成が重視される余り，授業観察や模擬授業への過度な傾斜があるように思われる。結果として，学部生には，入学以降早い段階から，授業を作り，演じることを要求してきた。その際に，先行事例として示されたものの一つが，佐藤による「スーパーマーケットのひみつをさぐろう」である。子どもの興味・関心を引く教材や教師によるゆさぶりは，実習生にとって魅力的に映るのだろう。

　しかし，教材や指導法も，目標に到達するために必要に応じて取捨選択されるものであり，それらの総合体として授業が構想され，実践される。自己評価の傾向性を踏まえて，各項目がアンバランスにならないように配慮しつつも，授業開発プロセスにおいてより重視すべき規準が何かを意識させて，序列化を図らせる。これが，大学教員側に課せられた課題である。

　また，２項で佐藤が指摘していた「概念の抽出プロセス」の指導にこそ，教員養成課程における改革要素があふれている。これまで授業開発プロセスについては，「教材研究」という広範且つ多義的な言葉で語られ，そのプロセスが不明瞭なまま，実習生に対して「教材研究が足りない」などと指導してきたことが多かったのではないか。佐藤によって明示化された「教科書・副読本等をいかに読み解いていくのか」「社会で生きる人々にどのような視点から聞き取りを行えばよいのか」「専門書・論文等をどのように活用すればよいのか」といったプロセスの諸段階は，いわば人文・社会諸科学の研究方法論とでも言うべきものである。

　小学校社会科を例にとると，産業学習（第５学年）と歴史学習（第６学年）

とでは，「概念の抽出プロセス」に関与する人文・社会諸科学の分野は相当異なってこよう。また，地域学習（第3学年及び第4学年）では，学習対象へのアプローチが総合的であるがゆえに，「概念の抽出プロセス」に関わる人文・社会諸科学の分野はより一層学際的になる。ここに，教育実習校の教員と大学教員（教科教育），そして，もう一つの大学教員（教科専門）との協働の余地がある。

本項では，小学校社会科における概念形成学習の授業開発プロセスを考察したが，その結果，教員養成において，上述の三者が取り組まなければならない課題と改善の可能性が示唆された。より良い社会科教師の養成を通して，より質の高い授業が子どもに提供されるために，望ましい三者の協働関係を引き続き模索していく必要があるだろう。

(伊藤直之)

第2節　批判的思考力育成学習としての中学校社会科授業開発

1. 批判的思考力育成学習の授業開発と実践

批判的思考力は社会科が育成をめざす市民的資質の中核として位置づけられる。しかし，批判的思考は，それにとどまらず，考えるためのスキルについて研究や教育を行う一つの分野となっている。本項（第2節の前半）では，そうした研究や教育の成果も瞥見しながら[12]，批判的思考力の捉え方とそれを育成する学習のあり方について論じ(1)，その育成をめざす授業づくりの手順を提起し(2)，それに基づいて開発した授業試案を提示する(3)とともに，授業づくりの実際について見えにくい部分を説明し(4)，批判的思考力を育成する方策・方略を提起したい。

(1)批判的思考力の捉え方と批判的思考力育成学習のあり方

授業づくりに着手する前に，その前提として，批判的思考力の定義づけを

しておかなければならない。本プロジェクトでは、授業類型の定義および内容を能力との関係で議論するなかで、批判的思考力について「知識（言説）に内包する価値・立場、あるいは、知識（言説）の主張の手続き・方法を吟味できる」力という定義を確認した[13]。このことから、批判的思考力は、知識（言説）の背後にある価値観や立場性、あるいは、知識（言説）の手続きや方法を解明することによって育成される、ということができよう。

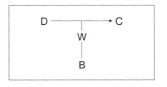

図1-3　トゥールミン図式

　批判的思考力育成学習の構想は以上のことをふまえてなされるわけであるが、こうした批判的思考力の解釈や定義づけに止まっていたのでは、授業づくりはストップしてしまう。もっと授業づくり・授業実践に引き寄せて、批判的思考力を捉え直す必要がある。背後の価値観や立場性、主張の手続きや方法に目を向けるためには、知識（言説）の構造を見渡す必要がある。ここで思いつくのがトゥールミン図式である[14]。トゥールミン図式（図1-3）は議論の論理構造を説明するモデルであるが、これを一つの論証図として知識（言説）に当てはめると知識（言説）の構造を分析的に捉えることができる。授業の学習内容もこの図式で整理すれば、学習内容の構造が明確になり、授業の組み立ても見えてくる。そのようなトゥールミン図式を授業の見取り図として援用して、授業実践の視点から批判的思考力を捉え直すと、「Wの妥当性を吟味する力」ということになる。Wは、Dによって支えられ、Bによって裏づけられているわけであるから、批判的思考力の育成をめざす授業は、まずDを解明することによってWを吟味し、さらにBの矛盾点を追究することによってWを吟味する、という二段構え（前者を「事実解明型」、後者を「矛盾追究型」と呼ぶことにする。）になる。本項では、そのうちの「事実解明型」の授業開発を提起し、「矛盾追究型」については別稿を期したい。「事実解明型」については、次のような授業仮説を設定することができよう。

> 　Cを被説明項として、「なぜ、Cなのか？」という問いを立て、Dを解明していけば、批判的思考力を育てることができる。

(2)批判的思考力育成学習の授業開発の手順

この授業仮説の下に，授業づくりは次の(ⅰ)～(ⅳ)のような手順で進む。

(ⅰ) **MQ の設定と見取り図の作成**：授業づくりはトゥールミン図式の授業の見取り図の作成から始まる。授業化しようと考えている事象(C)について「なぜCなのか？」というMQを立て，その問いの答えを考えながら事象(C)をトゥールミン図式に落としていけば，学習内容の概略が確定し，自ずと授業展開も見えてくる。トゥールミン図式の見取り図は授業づくりの作戦図であるわけである。(3)では，中学校社会科公民的分野の授業を提示するが，その授業見取り図を示すと次の図1-4のようになる。

(ⅱ) **MQ の導出**：次に取り組むのは，MQ をいかに学習者に提起するかという問題，すなわち，導入部の展開である。MQ「なぜCなのか？」と問うには，そう問わざるをえない状況が必要となる。例えば，「C」と全く矛盾する事柄の存在である。そこで，MQ を提起する導入部では，「C」と矛盾する既有知識を対比的に取り上げ，「Xであるのに，なぜCなのか？」というMQを導出する。この問いを追究することは，「C」である原因や理由を解明すると同時に，「X」の本当の意味の確認にもつながる。

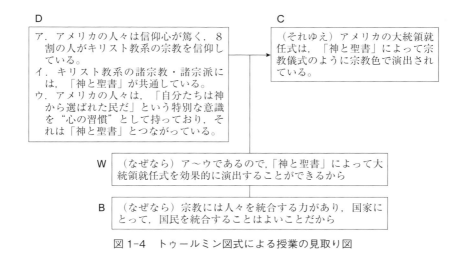

図1-4　トゥールミン図式による授業の見取り図

表 1-5 〈答えに導く観点〉〈考える立ち位置〉と SQ

答えに導く観点	考える位置	MQ「なぜCなのか？」のSQ	構成
原因（背景）	観察者	～の背景は何か，観察者の立場から……	展開1
原因（条件）	関係者	～の条件は何か，関係者の立場から……	展開2
理由（目的・意図）	当事者	～の理由は何か，当事者の立場から……	展開3

(iii) **SQ の設定とそれに基づく授業構成**：「なぜ」が問い求める答えは様々で，どの意味の「なぜ」か，問う方は自覚せず，答える方も取り違え，時として授業が混乱することがある。そこで，MQ を「答えに導く観点」と「答えを考える立ち位置」からリフレーミングして，三つの SQ を設定する。そして，これらの SQ に基づいて授業を構成していく。それを表にまとめると，上の表 1-5 のようになる。

(iv) **学習内容の確定・教材資料の選定**：ここまでで授業の骨組みができあがる。次は，学習内容の確定と教材の選定である。学習内容の概略は見取り図にまとめたが，それを修正・肉づけしなければならない。また，教材資料も選定しなけれなならない。教材資料は，授業づくりの作戦図である見取り図を見ながら，授業展開における機能，現物・視聴覚・統計・文書などの形態，1時間の授業で扱える分量などを考えながら準備していく。

(3) 批判的思考力育成学習の実際
①中学校社会科公民的分野の授業プラン

(2)の手順にしたがって開発した批判的思考力育成学習の授業プランを，次頁に提示する。提示する授業は，小単元「『アメリカ合衆国』という国―合衆国憲法から読み解く―」（全7時間）の7時間目にあたる[15]。なお，本授業は「事実解明型」の授業であるが，小単元の6時間目の授業は，「矛盾追究型」の授業として開発したものである。小単元は，中学校社会科公民的分野の憲法の発展的な学習として開発したもので，アメリカ合衆国という国を合衆国憲法から読み解いていくという形をとっているが，実は，合衆国憲法と比較することによって日本国憲法の理解をさらに深めるというねらいがあ

る。授業プランは，紙幅の関係で，評価規準を割愛し，展開3の資料⑥や資料⑧を読み解く部分の展開も概略を示すにとどめている。

批判的思考力育成学習の授業プラン―事実解明型の場合―

小単元　「『アメリカ合衆国』という国―合衆国憲法から読み解く―」について
小単元の計画（7時間）
　(1) 13植民地の形成と独立戦争
　(2) アメリカ合衆国憲法―制定のプロセスと内容構成―
　(3) アメリカ合衆国の発展―領土拡大と人口増加―
　(4) アメリカ合衆国の「大統領」―合衆国憲法第2条から考える―
　(5) アメリカ合衆国の「議会」―合衆国憲法第1条から考える―
　(6) アメリカ合衆国の「憲法改正」と「権利の保障」―憲法改正と憲法の意義―
　(7) アメリカ合衆国の「政教分離」―宗教の国「アメリカ」―　……本時
題目　アメリカ合衆国の「大統領就任式」
目標　アメリカの大統領就任式が宗教色を帯びている原因と理由を考察し，アメリカの国民統合の仕方と合衆国憲法の「政教分離」の意味について理解する。
学習内容
　①　アメリカの憲法は修正1条で「国教樹立の禁止（政教分離）」を掲げているが，その一方，大統領就任式は宗教色で演出され，政治に宗教が導入されている。
　　a．アメリカ人は信仰心に篤く，8割の人がキリスト教系の宗教を信仰しているので，大統領就任式が宗教色で演出されることもありうる。
　　b．大統領就任式では，特定の宗教や教会に拠るのではなく，キリスト教系の諸宗教・諸宗派に共通する「神（God）と聖書」を使っているので，アメリカ人は宗教色で演出された大統領就任式を受け入れている。
　　c．アメリカ人には「自分たちは神から選ばれた民である」という特別な意識に基づく「共通の宗教意識」があり，そうした意識を喚起する「神（God）と聖書」を使えば，大統領就任式を成功させ，新大統領への支持を広げることができる。
　②　アメリカ人には特別な意識に基づく「共通の宗教意識」があり，それを象徴する「神（God）と聖書」を利用してアメリカは国民の統合がはかられている。
　③　アメリカの「政教分離」は，文字通りの意味ではなく，共通の宗教意識を保証するため「政治は特定の宗教に依拠せず，各教会・各宗派に対し中立的立場をとる」という意味である。

第1章　開発プロセスに着目した社会科授業研究　49

授業展開

	授業者の発問・指示など	資料	予想される学習者の反応
導入	・アメリカで一番大切にされている権利は何だろう。憲法の修正１～10条から考えてみよう。 ・なぜ一番最初に掲げているのだろう。アメリカの建国から考えてみよう。 ・「国教樹立の禁止」は、普通、どういう言葉で呼ばれているか。 ○オバマの大統領就任式の写真を提示。オバマは何をしているか。 ・聖書や「God bless America」の言葉を使うのは、おかしくないだろうか。 ◎憲法では「政教分離」を掲げているのに、なぜ、アメリカの大統領就任式は宗教色を帯びているのだろう。アメリカの憲法の「政教分離」はどういう意味だろう。 ・その原因・理由を「観察者＝私たち」「観察者＝アメリカ国民」「当事者＝アメリカ政府」の立場から検討していこう。	① ②	・憲法の権利規定で一番最初に掲げられている「国教樹立の禁止・信教の自由」ではないか。 ・宗教や政治の自由を求めて北米に移住してきた人々が建国したという事情があるから。 ・一般には「政教分離」と呼ばれている。 ・左手を聖書にのせて宣誓し、宣誓の最後に「God bless America」と添えている。 ・「政教分離」であるのに、国の行事が宗教色を帯びているのは、おかしい。 ・本時の学習課題を確認する。 ・本時の学習の手順を確認する。
展開１	**１．アメリカ人の信仰心と宗教** ▶アメリカの大統領就任式が宗教色を帯びている原因（背景）を、観察者（私たち）の立場から考えてみよう。 T1：どんな背景があるのだろう。国の行事が宗教色を帯びる場合として、どんなことが考えられるか。 T2：どれがアメリカに当てはまるだろうか。 T3：本当に、アメリカ人は信仰心が篤いか、同じ宗教を信仰しているのか。 ▷これらの資料から、大統領就任式が宗教色を帯びている原因（背景）をまとめてみよう。	③ ④	P1：国民の信仰心が篤く、同じ宗教を信仰している。支配者が独裁者で信仰熱心。… P2：国民の信仰心が篤い、同じ宗教を信仰している、ではないか。 P3：アメリカ人の信仰心は群を抜いて篤い。８割以上の人がキリスト教系の宗教を信仰している。 ・アメリカ人は信仰心が篤く、８割の人がキリスト教系の宗教を信仰しているから。

展開 2	2．宗教色を帯びた大統領就任式 ▶アメリカの大統領就任式が宗教色を帯びている原因（条件）を，関係者（アメリカ国民）の立場から考えてみよう。 ・キリスト教系とはいえ，諸教会・諸宗派に分かれているのに，アメリカ国民は宗教色を帯びた国の行事を受け入れるだろうか。 ・どんな条件があれば，国民は宗教色を帯びた国の行事を受け入れるだろう。 ・共通しているものとは，何だろうか。共通点を表に整理し，検討していこう。 ・3つの宗教は，それぞれどれを認めているのだろう。 ・3つの宗教に共通しているものは何か。 ・大統領就任式で宗教色を演出するために使われているものは，何だったか。 ▷以上のことから，大統領就任式が宗教色を帯びている原因（条件）をまとめてみよう。	⑤	・受け入れることは難しいだろう。 ・キリスト教系の諸教会・諸宗派に共通したもので宗教色を演出する。 ・神（God），旧約聖書，新約聖書，イエス・キリスト，ローマ教皇の6つについて，プロテスタント，カトリック，ユダヤ教に共通しているものを検討する。 ・確認する。 ・神（God），旧約聖書が共通している。 ・聖書と宣誓の最後に付け添える「God bless America」。 ・大多数のアメリカ国民が信仰するキリスト教系の諸教会・諸宗派に共通するものによって，大統領就任式は宗教色で演出されているから。
展開 3	3．神（God）と聖書が意味するもの ▶アメリカの大統領就任式が宗教色を帯びている理由（意図）を，当事者（アメリカ政府）の立場から考えてみよう。 ・アメリカ政府は，どんな意図で，大統領就任式を宗教色で演出したのだろう。 ・大統領就任式は成功しただろうか。 ・成功した要因は何だろう。 ・なぜ「神（God）と聖書」が効果	⑥ ⑦	・大統領就任式を成功させるため。 ・人々は歓喜しているので，成功しているだろう。 ・「神（God）と聖書」が効果的だった。 ・「神（God）と聖書」は，アメリカ

第1章 開発プロセスに着目した社会科授業研究   51

展開3	的だったのだろう。「神（God）と聖書」にはどんな意味があるのだろう。 ・そうした意識は，今もあるのか。資料で確認していこう。 ▷以上のことから，アメリカ政府が，大統領就任式に「神（God）と聖書」を使い宗教色を演出する理由（意図）をまとめてみよう。	⑧	人の「自分たちは神から選ばれた民である」という特別な意識を喚起するから。 ・生活の至る所に「神（God）」に関係するモノやコトがあり，アメリカ人には「特別な意識」に基づく共通の宗教意識があることがわかる。 ・「神（God）と聖書」を使えば，アメリカ人の「共通の宗教意識」が喚起され，大統領就任式を成功させ，新大統領への支持を広げることができると考えたから。
終結	○なぜ，アメリカは政治に宗教を取り入れているのか，その原因・理由をまとめてみよう。 ・アメリカ政府が，「神（God）と聖書」をいろいろな場面で使えば，どうなるだろう。 ・ダイムコインの両面に刻まれた言葉から，どんなことがわかるか。 ○「共通の宗教意識」を守るには，政府はどうしたらいいだろう。 ・そのことを何と呼んだらいいだろう。	⑨	・展開1～3の▷でまとめたことを，まとめ直し確認する。 ・「共通の宗教意識」を喚起し，アメリカの人々をまとめることができる。 ・アメリカは「共通の宗教意識」によって国民を統合しようとしている，ということがわかる。 ・特定の宗教や教会に依拠せず，各教会や各教派に対し中立を維持する。 ・そのことを約束したものが，修正1条の「国教樹立の禁止（政教分離）」である。それは「宗教的中立の維持」と言い換えることができる。

〔教授資料とその出典〕
① 【憲法 修正1～10条／文書資料】…『新版 世界憲法集 第2版』岩波書店，2012年，pp.75-78。
② 【アメリカ大統領の就任式／画像資料】…Ameba［ENTERTAINMENT NOW（オバマ大統領2期目就任式）］
③ 【アメリカ人の信仰心／統計資料】…堀内一史『アメリカと宗教―保守化と政治化のゆくえ―』（中央公論社，2010年）等により筆者作成
④ 【アメリカの宗教／統計資料】…前掲③と同じ
⑤ 【三宗教の共通点／表紙料】…前掲③などにより，筆者作成
⑥ 【歓喜の大統領就任式／画像資料】…前掲②と同じ
⑦ 【丘の上の町／文書資料】…蓮見博昭『宗教に揺れるアメリカ―民主主義の背後にあるもの―』（日本評論社，2002年）などにより，筆者作成
⑧ 【アメリカ人の生活の中の"God"／毎朝の国家忠誠，"God"の入ったフレーズ】…筆者作成
⑨ 【アメリカのダイムコイン／画像資料】…ウィキペディア［10セント硬貨（アメリカ合衆国）］

②本授業の構成と内容知

　本授業は，導入部において，まず，既習知識（修正1条の「政教分離」）を確認して，それと矛盾する画像（宗教色を帯びた大統領就任式）を提示し，「憲法では『政教分離』を掲げているのに，なぜ，アメリカの大統領就任式は宗教色を帯びているのだろう」というMQを導出した。そして，そのMQを「答えを導く観点」とそれに対応した「答えを考える視点」からリフレーミングし，「なぜ」を「どのような」に言い換え，答えを考える立場を明示して，3つのSQを設定し，それに基づいて授業を構成した。各SQは展開1〜3において追究され，学習内容①のa〜cがそれぞれ習得される。終結部では，これらの学習をふまえ，ダイムコインの両面に刻まれた言葉（「私たちは神を信じる」「多から一が生まれる」）に注目して学習内容②をまとめ，さらに，学習内容③を確認する。以上が，本授業の構成である。

　本授業の背景となる知識[16]を一言で簡潔に表すと，アメリカニズムということになる。アメリカニズムとは，「民主主義や人権という〈理念〉を重視し，それを世界に実現しようとするアメリカという国を支持し，それを誇りに思う」アメリカ国民の感情のことである。簡単に言うと，アメリカ人の愛国心，ということになる。アメリカニズムは，特殊主義と普遍主義という2つの考え方を使って説明すると，構造的に捉えることができる。すなわち，アメリカは，理想の社会「丘の上の町」を建設すべく，〈神（God）〉から移民者たちに与えられた"聖地"であるという特殊主義が，独立戦争の独立宣言や合衆国憲法に規定された民主主義や人権という〈理念〉＝普遍主義と結びついて，アメリカニズムは成り立っている。つまり，自国が〈神（God）〉から与えられた"聖地"であるという思い込みを，民主主義や人権という〈理念〉が意味づけ正当化しているわけである。

　大統領就任式の演出で使われた「神（God）」と「聖書」は，アメリカ国民に〈理念〉を想起させる。その「理念」への国民の支持は大統領への支持にずらされ，大統領就任式は盛り上がり，国民が歓喜しているのである。ここで大事なことは，「神（God）や聖書」が特定宗教のものではないということ

である。それらはアメリカを"聖地"とし，〈理念〉を支持するアメリカ人の"共通の宗教意識"を象徴するものである。そうした"共通の宗教意識"は，国家が各教会・教派に対して中立の立場に立つことを前提にして成立する。それを担保しているのが，憲法の修正1条の「政教分離」であるわけである。

③授業の成果

本授業の実施から約1ヵ月後の12月16日，授業成果を計るため，ポストテストを行った。テストは，9.11の際のブッシュ大統領の国民に対する演説[17]の一部を読ませ，「大統領はなぜ聖書の『詩編』を引用したのか」そのねらいを説明させるもので，「授業クラス」と「他クラス」の両方で実施し，その比較により授業成果を確認することができる。授業では，大統領就任式が「神（God）と聖書」によって演出されている原因・理由を追究し，それらが国民統合の道具として使われていることを学習した。テスト問題は，そうした知識を，9.11という非常事態に際しブッシュ大統領が国民へ呼びかけた演説にあてはめて，「聖書」を引用したねらいを説明させようとするものである。この問題は，次に示したような仮説演繹法に基づいている。

・アメリカでは，「神（God）と聖書」は国民を統合する力がある。【仮説】
・もしアメリカで非常事態が起きたら，為政者は，国民をまとめるため，国民への呼びかけに「神（God）と聖書」を使うだろう。【予言】
・9.11という国家の非常事態では，大統領は国民にどういう演説をしたか。【観察】

解答の記述内容を宗教・支持・安心・団結・戦争・正義・その他の七つに分類して集計した[18]ものが，次のグラフ（図1-5）である。「授業クラス」に期待される解答は，〈団結〉〈戦争〉であるが，授業の成果を確認することができよう。「他クラス」は，国語的な読解による解答が目についた。また，「他クラス」には，「授業クラス」に全く見られない解答をした生徒がいる。〈宗教〉5名，〈その他〉5名がそれである。〈宗教〉は，聖書＝キリスト教と見なし，イスラームと対峙させて答えたものである。〈その他〉は，「ねらい

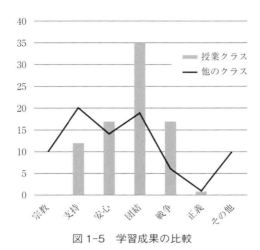

図1-5　学習成果の比較

を説明せよ」という問いの趣旨（大統領の意図を問う）をふまえず，勝手に別の「なぜ」を設定したり，一般的な文章作法の視点から答えたものである。このことは，次の(4)で述べる「なぜ」という問いの種類と関係している。

(4)**授業開発のブラックボックス**

　以上，授業開発のプロセスに沿って，批判的思考力育成学習の授業開発について述べてきた。しかし，これに倣って授業をつくろうとする時，はったと困るのではないだろうか。それは，いくつかブラックボックスになっているところがあるからである。(4)では，そのことについて二点補足する。

①**批判的思考力育成学習を起動する「なぜ」**

　批判的思考力育成学習はMQ「なぜ」によってスイッチが入り，それをリフレーミングした三つのSQによって起動していく。本授業の三つのSQは，前掲の表1-5に示したが，それは以下のような考えに基づいている。

　社会科において「なぜ」は重要性な問い／発問である。しかし，「なぜ」発問ほど厄介なものはない。授業者が発した「なぜ」の意味が学習者に伝わ

表1-6 「なぜ」という問いの諸要素と種類

問いの構造			応答の視点
問いの対象 —→	問いの観点 —→	問い求めるもの ←—	立ち位置・着目点
出来事・事象	原因	背景 → 具体的な背景	観察者の立場
		条件 → 具体的な条件	関係者の立場
行為	理由（意図・目的）	具体的な意図	当事者の立場
主張・信念・認識	根拠	手続きの正当さ	当事者の立場

らず，学習者が違う解釈をして授業が混乱した，あるいは，学習者が萎縮して教室が静まりかえった，という経験をした教師は多いだろう。では，なぜ，授業者の発問意図と学習者の解釈との間にズレが生まれるのだろうか。この問題について，対策を述べたものは多い[19]が，「なぜ」自体の構造を分析して論じたものは意外と少ない。そこで，社会科授業における主要発問としての「なぜ」いうことを念頭に置いて，その構造と種類を検討した[20]。その結果をまとめたものが，表1-6である。この表を一瞥しただけでも，「なぜ」発問がいかに厄介であるかわかろう。

「なぜ」という問いを構成する要素として《問いの対象》《問いの観点》《問い求めるもの》の三つを設定し，それに問いに対する《応答の視点》を加え，検討した。《問いの対象》とは，「なぜ」という問いが向けられる対象のことで，〈出来事・事象〉〈行為〉〈信念・認識・主張〉の三つが考えられる。《問いの観点》とは嘱目を《問い求めるもの》に導くものであり，《問い求めるもの》とは問いに対する答えのことである。《問いの観点》と《問い求めるもの》とは，"普遍－特殊"の関係にある。注目すべきは《問いの観点》であり，「原因（背景）」「原因（条件）」「理由（意図・目的）」「根拠」の四つが想定される。「原因」を「背景」と「条件」に分けているが，これは，「原因」を問う問いが「なぜ〜は起きたか？」「なぜ〜は起こったか？」というふうに一般化できることを考慮したからである。前者は「なぜ，それが必然であったか」について十分条件による説明を求めるものであり，後者は「それがいかにして可能か」について必要条件による説明を求めるものであ

る。これに因り、《問いの観点》としての「原因」を二つに分け、前者を「背景」、後者を「条件」としたわけである。また、「根拠」は、〈出来事・事象〉や〈行為〉の理由づけや裏づけに対する《問いの観点》であり、普通は、それらの手続きの正当さで応答する。以上、問いの三要素から、「なぜ」という問いを検討したが、もう一つ《応答の視点》がある。《応答の視点》とは答えを考える際の《立ち位置・着目点》のことで、対象に対する"近さ"から「観察者」「関係者」「当事者」の三つを想定することができる。「観察者」は「原因（背景）」、「関係者」は「原因（条件）」、「当事者」は「理由（意図・目的）」と「根拠」に対応している。"近さ"は、出来事・事象や行為に対する責任の感じ方の度合いに微妙な影響を与える。

　以上のことから、授業者の発問意図と学習者の解釈との間のズレは、《問いの観点》の誤認、《応答の視点》の取り違えに由来しているということができよう。ならば、授業者が「なぜ」発問をする場合、授業者は《問いの観点》《立ち位置・着目点》をはっきりと意識し、学習者にそれが伝わるように発問すれば、授業者の発問意図と学習者の解釈との間に生ずるズレは少なくなるはずである。すなわち、「なぜ」発問は、「背景／条件／目的／根拠はなに何か」「どんな背景／条件／目的／根拠があるか」というふうに、「なぜ」を「なに」や「どんな」に変換し、「○○の立場から／○○に着目して考えてみよう」と言い添えればよいわけである。批判的思考力育成学習を起動する三つのSQは、以上のような考えから設定したわけである[21]。

②批判思考力育成学習を稼動する「アブダクション」

　では、起動した授業は、どのように（どのような仕方で）稼動していくのだろうか。第2のブラックボックスはそれであるが、授業はアブダクション

表1-7　アブダクションの定式

・驚くべき事実Cが観察される。
・しかし、もしHが真であれば、Cは当然であろう。
・よって、Hが真であると考えるべき理由がある。

表 1-8　SQ1 のアブダクションの定式への適用

・アメリカの大統領就任式は宗教色を帯びているという事実が確認される。
・しかし，もし「大統領就任式が宗教色を帯びていることに原因（背景）がある」ということが真ならば，大統領就任式が宗教色を帯びているのは当然であろう。
・よって，「大統領就任式が宗教色を帯びていることに原因（背景）がある」ということが真であると考えるべき理由がある。

（仮説形成）の推論によって稼動し展開していく。

　アブダクションは「こういう仮説を立てれば，うまく説明できる。だからおそらくその仮説は正しいだろう。」という推論で，パースはそれを表 1-7 のように定式化している[22]。これをトゥールミン図式にあてはめると，事実Ｃ＝「Ｃ」，「Ｈが真であると考えるべき理由となる事実」＝Ｄ，「Ｈが真であること」＝Ｗとなり，アブダクションは，「Ｃ」と「Ｗ」から「Ｄ」を導く推論であることがわかる。ただ，「Ｗ」を仮定して「Ｄ」を探すわけだから，アブダクションは蓋然的で，論理学的には正しい推論ではない。しかし，新しい知識を発見し増やしてくことが可能で，社会科にとって重要な推論であるといえよう。

　展開 1 を事例に説明してみよう。展開 1 は，MQ「憲法では『政教分離』を掲げているのに，なぜ，アメリカの大統領就任式は宗教色を帯びているのだろう」をリフレーミングした SQ1「アメリカの大統領就任式が宗教色を帯びている背景を，観察者（私たち）の立場から考えてみよう」という発問で起動する。SQ1 をアブダクションの定式に落とすと，表 1-8 のようになる。

　先に提示した授業試案の展開部は，展開 1 のみ T1 〜 T3，P1 〜 P3 という記号をつけているが，展開 1 は，T1 で「学習者の既有知識をもとに，国の行事が宗教色を帯びる原因（背景）として考えつくものを仮説として列挙」させ，T2 では「その仮説を絞り込み，最善の説明への仮説を選択」させ，T3 では「その仮説が真であると考えべき理由となる事実を追究」させるように展開している。つまり，「仮説の列挙」→「仮説の絞り込み・最善の説明の選択」→「仮説の確証」というふうに展開しているわけである。こうし

た展開はアブダクションに基づいている。

(5)小括

　批判的思考力を育成する方略を，「授業開発の手順」と「授業開発のブラックボックス」で説明した。それらをまとめると，――[1]授業しようとする事象（C）をトゥールミン図式に落とし見取り図をつくり授業を構想する，[2]「なぜCか？」というMQを立て，それをリフレーミングした，背景・条件・意図（・根拠）を問う「なぜ」という三ないし四つのSQを設定して授業を起動する，[3] SQはアブダクションの推論に基づいて仮説を立て，それを確証するという形で稼動させる。――ということになる。

（森　才三）

2. 批判的思考力育成学習の授業分析と教師の授業力

(1)問題の所在

　本研究では，前項で論じられている森才三の批判的思考力育成を目指した授業を手がかりとして，教師の社会科観と授業分析力の関係を実証的に明らかにしたうえで，社会科教師の授業力について論じていきたい。

　これまで，社会科教育研究の成果として様々な授業構成論が提案され，研究者によって分析，整理，評価されてきた。その結果，この数十年で，社会科授業構成論の体系化は飛躍的に進んだ[23]。しかし，その一方では，そのような研究成果が一向に教育現場の授業改善に活かされていないという指摘もある[24]。つまり，新たな授業構成論が提案されても現場の教師に受け入れられていないのである。その理由については，様々な課題が山積する教育現場において教師が授業研究に割く時間が少ないからとか，学習指導要領や教科書に拘束されているからなどの説明ができるだろう。しかし，近年の研究成果によれば，教師はそのように自分を取り巻く条件に従うだけの受動的な存在ではなく，厳しい制約の中でも自分なりに工夫をして授業を開発・実践する能動的な存在であることが明らかになっている[25]。ただし，そのよ

うな力は必ずしも全ての教師が身に付け得るものではなく，また，経験を積めばどのような教師でも習得できるものではないことも指摘されている[26]。そこで，本研究では，現職教員に森の指導案と授業の映像を見て分析・評価してもらい，彼らの森の授業に対する評価の分析を通して，教師の社会科授業観と授業分析力の関係を明らかにしていきたい。

他者の授業を分析する力は授業力の全てとは言えないが，授業をどのように捉えるかということはその教師の授業力を推し量るうえで有効であるとされている[27]。本研究では，調査協力を依頼した教師に対して，批判的思考力に関する質問を行い，まず，彼らの社会科授業観を明らかにすることにした。そのうえで，森の指導案を読み授業実践の映像を視聴してもらった。授業後に，その授業を分析するとともに評価させ，その内容を分析して彼らがどのような視点から授業を捉え評価しているかを明らかにした。事前の質問と森の授業に対する評価を比較することで，彼らの社会科授業観と授業分析力の関係を解明できよう。このようにして明らかにした教師の社会科授業力に関する知見は，教員養成や教員研修のあり方の検討に役立つはずである。

(2) 提案授業における批判的思考力育成論と授業構成

森の提案授業における批判的思考力育成論は，梅津正美の定義に基づいており，批判的思考を，知識を成長・創造させる過程ではなく，その逆向きの過程として定義している点に特徴がある。つまり，批判的思考力は，思考力よりもレベルの高い，応用的なものとして位置づけられていると言える。

社会科における思考力については，森分孝治が，それは「問いと答えの間にある」とし，「特定の社会事象についてなにかを知り，わかろうとするとき，その事象に対して問いを投げ掛け，あれこれ調べ，仮説と検証を繰り返して答えにたどりつき，それを把握」する過程であると述べている[28]。森も，この森分の論の影響は受けており，提案授業の中でも森分が重視している思考を促す「なぜ」という問いの重要性に言及している。しかし，森分が，思考を見方考え方（理論的知識）によって，事実を関連付けて事象を解釈して

いく過程であると捉えているのに対して[29]，森（または梅津）の批判的思考力は，そのようにして導き出された知識を吟味する過程として定義している。すなわち，「思考」の結果を「批判」する力が批判的思考力と言ってもいいだろう。そのためには，解釈の根拠となっている事実や価値を吟味する必要がある。森は，定義だけでは授業づくりにとっては意味がないとして，批判的思考力を具体化するためにトゥールミン図式を活用し，図式の中のC（主張）に対して「なぜ，Cなのか？」という問いを立てて追究していくことが批判的思考力育成につながると述べている。

以上のような批判的思考力の定義に基づいて，森は批判的思考力育成を目指した社会科の授業構成論を提案している。森の提案する授業構成論の特徴は，思考力育成の過程が授業の過程となり，トゥールミン図式の主張を吟味する過程として授業が構成される点である。

森の提案する授業構成論を整理すると以下のようになる。

①授業で取り上げる事象について，トゥールミン図式を作成する。
②主張（C）と矛盾する事実を取り上げて，「なぜ，Cなのか？」という問いを作り，MQ（主発問）とする。
③MQに対する答えを導くためのSQ（下位発問）を設定する。
④MQやSQを追究するための学習内容や資料を選定する。

以上のように，森の批判的思考力育成学習は，社会的事象の解釈の吟味過程として組織されると言ってもよい。この森の授業構成論で注目すべきは，③のSQ設定の過程である。探求学習論では，MQの答えを予想しそれを事実に基づいて検証していく際の問いがSQとして設定される。しかし，森は，「なぜ」という問いを解明するためには，観察者，関係者，当事者という三つの立場から事象を捉える必要があるとして，これら三つの異なるアプローチからMQの答えを導き出し，それらを総合して最終的な解答を導き出させるように授業を構成している。前者の二つの立場は，事象を条件と結果の

関係から捉えさせるのに対して，最後の当事者としての立場は目的と行為の関係から捉えさせようとするものである。前者のうち，直接的な原因を探るのが関係者としての立場からのアプローチであり，そのような原因が生じた社会的，歴史的背景にさかのぼって説明しようとするのが観察者としての立場からのアプローチである。以上のように，森の批判的思考力育成を目指した社会科授業構成論は，探求型の社会科授業構成を基盤としながらも，社会形成科としての社会科論で方法原理として取り上げられることが多いトゥールミン図式を採用したり，理解主義社会科の原理の一つである目的と行為による事象の解釈を方法として位置づけたりするなど複合的な性格を持っており，従来の様々な社会科授業構成論を総合したうえで森独自の論として成立していることが分かる。

(3) 批判的思考力育成を目指した社会科授業の特質

森は，(2)で述べた授業構成論に基づいてアメリカ合衆国の大統領就任式を教材とする中等公民領域の授業を開発し実践した。筆者は，2013年11月15日にその授業を広島大学附属福山中・高等学校にて参観をした。授業は指導案にそって行われたので，授業の内容については前項で森が示したものを参照していただきたい。ここでは，まず，時間の経過にそって授業の様子を記述していく。

実際の授業の概要を，経過時間とともに表したものが表1-9である。授業は，米国憲法の修正条項を確認するところから始まる。資料として示した修正条項を読ませたうえで，「この中でアメリカの人が一番大切だと思っているものはどれか」と尋ねる。そして，最初に挙げられているものが最も大切だと推測できないかと促したうえで，それが「国教樹立の禁止」と「信教の自由」であると板書をする。次に，オバマ大統領の就任式の写真を黒板にはる。生徒に対して注目させたいこととして，大統領が手にしているものと，大統領が述べている言葉を挙げる。そして，手にしているものが聖書であり，大統領が先生の最後に述べるのが「God, bless America.」という言葉である

表1-9 単元「アメリカ合衆国の『大統領就任式』」の授業記録

経過時間	教師の指示・発問
3分	・資料を配布。 ・アメリカ合衆国憲法の修正条項を確認(配布資料)。 ・「アメリカの人が一番大切だと思っているものはどれか」と発問。 ・「最初に挙げられているものが,一番大事だと思わないか」と説明。 ・問いの答えが,「国教樹立の禁止」「信教の自由」(板書)であることを説明。
6分	・「オバマ大統領の就任式の宣誓」(配布資料)の写真を黒板にはる。 ・注目してもらいたいところが二つあり,一つは手にしているもの,もう一つは,大統領の言葉であると説明。 ・「聖書に手を当てている」(板書)ことと,・「God, bless America.」(板書)が宣誓の最後の言葉であると説明する。
10分	・「聖書と「God」は,おかしくないか。憲法に違反していないか。」と疑問を投げかける。 ・「大統領就任式が,宗教色を帯びているのはおかしくないか。なぜなのか。今日はこれを考えていく。」と述べ,目標を確認。 ・「なぜ」は3種類あると述べ,3つの観点から問いを追究していくことを説明。
13分	・日本人の自分たちから見て,先の問いに対する答えとして納得いく説明は何かと問い,「信仰心があつい,ほとんど同じ宗教」と仮説を板書。 ・資料「米国人の信仰心」と資料「米国の宗教」という統計で確認。 ・アンケートの結果から,信仰心があついことが確認できる。80%以上がキリスト教系であると説明。
19分	・「なぜ,宗教色を帯びているのか」の第一の仮説は検証されたことを述べたうえで,それは当事者でもない,関係者でもない,観察者の視点であると説明。 ・「米国の人にとって見たらどうですか」と問い,関係者の観点から問いを追究するとどうなるかと投げかける。(3名くらい指名するが,答えは出ない。)
24分	・共通しているものなら受け入れられるだろう(板書)と説明し,ユダヤ教,カトリック,プロテスタントの三者を表にして比較していく。 ・「共通するものは神と聖書。新約か旧約かは分らない。聖書は微妙だな。」と説明。
27分	・第2の答えは,「特定の教会,教派によらず共通しているものを使っているから」(板書)と説明。
28分	・3番目は当事者の視点であることを説明し,米国政府の目的を考える必要があることを指摘。アメリカへの移民がどういう人であったかを答えさせ,資料を読んで,移民が自分たちの使命をどのように考えていたかを確認。
34分	・移民は自分たちのことを特別な人,神から選ばれた民であると考えたことを確認。

42分	・資料をつかって，学校で毎朝宣誓が行われていることや，慣用句の中に「God」がよく使われることを確認して，聖書や神がアメリカの人々の日常生活のあちこちに入り込んでいることを説明。
48分	・「ダイムコイン」のコピーを黒板にはり，そこに何が書かれているかを読み取るように指示。ラテン語で「多数から一つが生まれる」「私たちは神を信じる」と書かれていることを確認。宗教によって国をまとめようとしていることを説明。
50分	・「特定のもの（宗教）に依拠してはいけない」，「国は（宗教的に）中立を維持しなければならない」ということが国教樹立の禁止にあたることを説明。 ・次の時間の課題を予告。

（筆者作成）

ことを説明する。この後，この授業のMQ（主発問）に関わる疑問を提示するために，憲法の規定と写真の様子が矛盾していないかどうか尋ねる。そのうえで，MQである「なぜ，米国の大統領就任式は宗教色を帯びているのだろう」を提示する。

　森は，MQを示した後，まず観察者の視点から「なぜ」の解答を導こうとする。そして，米国民の「信仰心があつい」ことと，彼らが「ほとんど同じ宗教」を信じているという仮説を提示し，資料でそれらを確認させていく。次に，関係者の視点から追究させる。そのために，米国民にとってはどのような答えが納得いくだろうかと生徒に投げかけている。そして，皆に共通するものであれば受け入れるのではないかと説明し，ユダヤ教，カトリック，プロテスタントを比較していく。そして，神と聖書はいずれの宗教にも共通していることを生徒に確認させている。「なぜ」に対する二番目の解答は，「特定の教会，教派によらず共通しているものを使っているから」となる。最後に，当事者である米国政府の視点からのアプローチについて考えさせる。そして，この大統領の宣誓には目的があり，それを明らかにしなければならないことを示唆する。次に，そもそも米国に移民としてやって来た人々の目的は何であったかを問い，「宗教的に迫害された人」が，「理想の社会を作ろうと」してやって来たことを生徒から引き出している。ここで，米国民が，最初，自分たちのことを神から選ばれた特別な人であり，特別な土地を与え

られたと考えたことを確認している。さらに，学校で毎朝行われている忠誠の誓いや，アメリカの慣用句の中に見られる「God」という言葉に注目させたうえで，米国人の生活のあちこちに神や聖書が入り込んでいることを理解させている。このことを理解させるための最後の決定的な切り札として森が示したのが，ダイムコインである。授業ではコピーした大きなコインを黒板に貼り，その表裏を生徒に確認させる。そして，そこに書かれている「多数から一が生まれる」，「私たちは神を信じる」という言葉を確認したうえで，合衆国政府が，宗教によって国をまとめようとしていることに気付かせている。

終結部では，MQに対する3つの観点からの解答を確認した。そして，国教樹立の禁止とは国が宗教的に中立であり，特定の宗教だけを支持することはないということを説明して授業が締めくくられている。

森の実践の特質は以下の3点にまとめられる。

(ⅰ) 教師が問い，教師自身が答えるという問いと答えの形式で展開。
(ⅱ) 問いに対して仮説をたて資料によって検証していく過程として組織。資料は教師自身が解説。
(ⅲ) 生徒が考えたり発言したりする時間はほとんどなく，教師による語りに終始。

このように，森の授業は，一見，教師が一方的に説明するだけの講義型の授業のように思われる。実際，発問の場面は多数あったものの生徒が答えたのは，3番目の観点から「なぜ」を追究した際に，アメリカに移ってきたのはどういう人たちであったかという，これまでの学習内容を確認した時と，資料として示したアメリカの慣用句の空欄にあてはまる「God」という言葉を聞いた時くらいである。今回の授業については，森自身が授業の中で再三述べていたが，内容がやや難しく資料の数も多かったため，確かに，生徒に考えさせたり発言させたりする時間をとることは困難であった。しかし，今

回の授業が，森の実践の中で例外的なものであるとは言えないだろう。筆者は，これまでにも何度か森の授業を参観したことがあるが，それらの授業のスタイルも今回のものと同様で，授業は森自身の語りを中心に展開していた。

　このような森の授業実践は，我々がよく目にする思考力の育成を目指した授業とはかけ離れたものである。一般的には，思考力育成を目指した授業では，生徒に資料を読み取らせたり，グループで話し合いをさせたり，発表をさせたりする場面が多く取り入れられている。森の実践のような授業が，思考力育成を目指した授業として公開されたとしたら，参観した多くの教師は驚き，場合によっては呆れるのではなかろうか。しかし，この森の授業実践の背後には，一般的に思考力育成を目指した授業とされるものとは全く正反対の思考力育成原理がある。それは，先に取り上げた森分孝治によって示された下記のような社会科における思考力の定義である[30]。

ア）思考は内容(知識・理解)と形式(思考技能)が一体となったものであり，両者を切り離しては，思考力は考えられないし，育成できない。
イ）知り分かっていることが次の思考・判断を促し，それを正しく適切なものとしていく。思考力には，知識・理解が含まれる。

　このような考え方は，思考を知識・理解とは切り離し，社会科だけではなく教科を越えて通用する力と捉える学習指導要領に基づく思考力の捉え方とは異なっている。一般には，子どもはじっと話を聞いているだけでは思考を働かせないし，そのための力も身に付かないと考えられている。しかし，森の授業は，教師の話をじっと聞き，教師が行った探究を生徒が頭の中で追体験することで彼らの思考は刺激され，その力が身についていくということを前提としている。もちろん，森自身が生徒に考えさせたり，発言させたり，話し合わせたりする時間は必要ないと考えているわけではない。確かにそのような活動は教育上有意義であるし必要だが，思考力育成のためにより必要なものは子どもがより質の高い知識を知り，理解していく過程であるという

ことなのだ。そのため，限られた時間の中で選択するための優先順位をつけるとするならば，前者よりも後者の順位が高くなってしまうのである。

(4)中堅教師と若手教師の社会科授業観と授業分析力との関係
①調査の方法

　本研究では，森が開発した授業の指導案と実際の授業の映像を2人の教師に評価してもらう中で，彼ら自身の社会科授業観や思考力育成に対する考え方を明らかにしていく。他者の授業に対する評価に教師自身の授業設計に対する考え方が現れることは先に挙げた木原の研究でも指摘されている[31]。また，授業を分析・評価する力は，教師の授業力の重要な要素の一つである[32]。

　調査を依頼した2人の教師は，いずれも全国社会科教育学会や社会系教科教育学会での発表経験を持ち，大学の研究者とともに共同研究に取り組んだこともある教師である。したがって，現場の教師の中でも，学会の研究成果としての社会科の理論をよく理解している教師であると考えらえる。

　1人は岡山県の高等学校の公民科の教員で，既に数校での勤務を経験している教職9年目の中堅である（A教師とする）。もう1人は兵庫県の中学校の社会科教員で，初任校に務める4年目の若手である（B教師とする）。

　2014年7月から8月にかけて，2人の教師に森の指導案と実践を記録したDVD，そして調査用紙を送付した。2人には，事前アンケートを記入し

表1-10　事前・事後アンケートの質問内容

【事前アンケート】 1.社会科で育成すべき思考力，特に批判的思考力とはどのようなものだと思いますか。 2.思考力，特に批判的思考力を育成するうえで大切なことは何だと思いますか。 3.あなたなら，思考力，特に批判的思考力育成のためにどのような題材を用いますか。 【事後アンケート】 1.視聴した授業の指導者の批判的思考力のとらえ方について，どのように思いますか。 2.視聴した授業の教材は，批判的思考力を育成するうえで適切だと思いますか。 3.視聴した授業の指導は，批判的思考力を育成するうえで適切だと思いますか。

てから，DVDを視聴させた。視聴後に事後アンケートを記入するとともに感想をまとめさせた。それぞれのアンケートの内容は，表1-10の通りである。

2人の教師には，アンケートを提出させた後に，アンケートの回答内容についてさらに説明を求めるため口頭でのインタビューを行った（2014年8月）。A教師には，実際に会って約30分のインタビューを行い，B教師とは，電話によって約20分のインタビューを行った。

②結果の分析

2人の教師のアンケートの結果を表に整理したものが，表1-11，1-12である。事前アンケートを見ると，両教諭ともに思考力の育成と知識・理解を一体のものと捉えていることが分かる。例えば，A教師は，「基本的・基礎的知識や概念で根拠づける」ことを重視しており，B教師は，事象を捉える「見方や考え方」が不可欠であると考えている。この点は，思考力育成においても共通しており，両者ともに基本的・基礎的知識の習得や見方や考え方の設定が重要であると指摘している。

批判的思考力育成のための題材としては，環境問題とアフリカの貧困を挙げている。2人の教師は，それぞれの題材を取り上げた理由を述べているが，2人とも，それらを論争問題として捉えている点が興味深い。A教師は，「各国の立場の違い」や「解決過程の違い」があって，「多面的・多角的に考察させやすい」として環境問題を挙げている。また，B教師は，「貧困の原因はアフリカ諸国の問題であるという見方考え方」に対して，「貧困は先進国の援助によって助長されている」という見方考え方を提示し，「生徒の考えを揺さぶることができる」という理由からアフリカの貧困を取り上げている。

2人の違いは，思考力育成の部分によく表れている。A教師の方がB教師よりも，問題解決に主体的に取り組もうとする態度や，自分の考えをまとめたり集団で話し合ったりするスキルを重視するなど，思考力育成の捉え方が

表 1-11　2 人の教師の批判的思考力育成に対する考え方（事前アンケート）

問	A 教師	B 教師
1. 思考力，特に批判的思考力の定義について	「基本的・基礎的な知識や概念で根拠づけながら，社会的事象を多面的・多角的に考察し，よりよい問題解決をはかろうとする力」として捉えている。特に批判的思考力と表現する場合には，「基本的・基礎的な知識や概念で根拠づけ」るという部分が強調される。	批判的思考力とは，社会事象を批判的な視点でながめることで問い（テーマ）を生み出し，一般的な常識とは違った見方や考え方で事象を捉えることができるようになる力。
2. 思考力，特に批判的思考力育成において大切なことについて	以下の 3 点が重要。 ①社会的事象について，認識を深めさせるだけでなく，生徒に「今そこにある解決すべき問題」としてとらえさせて主体的な問題解決へとつなげていくような授業展開の工夫をはかる。 ②生徒の考察が根拠のない独りよがりの考えにならないように，社会的事象を考察するために必要な基本的・基礎的な知識を確実に習得させる。 ③自分の考えを言語でまとめ，互いの考えを伝え合うことで，集団の考えを深めることができるような場面を設定する。 　以上のうち，「公民的資質の育成」という点からは，特に①が重要。	これまでの通説を批判的にながめることで，最終的に育みたい社会的見方・考え方（理論）を，教授者が到達目標として設定することが大切。
3. 思考力，特に批判的思考力育成のための題材について	題材選択にあたっては，以下の 2 点に留意する。 ①社会的事象について，立場が異なれば見方や考え方も異なるということに気付かせることができるような問題であること。 ②生徒の常識を大きくゆさぶることができるような事例がある問題。 　以上の 2 点を踏まえると，環境問題を挙げることができる。	アフリカの貧困問題。

第1章　開発プロセスに着目した社会科授業研究　69

表1-12　2人の教師による森実践の分析・評価（事後アンケート）

問	A教師	B教師
1. 視聴した授業の批判的思考力の捉え方について	中学校学習指導要領社会科「公民分野」の目標(4)「現代の社会的事象に対する関心を高め、様々な資料を適切に収集、選択して多面的・多角的に考察し、事実を正確にとらえ、公正に判断するとともに適切に表現する能力と態度を育てる」の趣旨がよく踏まえられている。特に「事実を正確にとらえ、公正に判断する」という点から思考力に着目すると、このようなとらえ方になるのだろうと思った。	トゥールミン図式の論理に基づく授業を常に実践できるとは限らない。よって、全ての単元を通して育む力という点では、授業者の批判的思考力の捉え方には疑問がある。
2. 視聴した授業の教材について	中学校という発達段階を考えると、政教分離を考察するアメリカ合衆国憲法というフィールドは身近なものではないため、生徒には難しい題材であったのではないか。そのため、知識や概念を教える時間が多くなってしまった。日本国憲法から政教分離を考察させたり、日本国憲法との比較という観点からアメリカ合衆国憲法における政教分離を考察させたほうが、生徒にとっては考察のフィールドが身近になり、授業展開としても教える時間を多くとらなくてよいではないか。	授業者が定義する批判的思考力を育成するための教材としては、日本の子どもたちにとっては、宗教について考える時間の直後でないと考えづらい。
3. 視聴した授業の指導について	生徒に直接的に発問して応答を求める場面は確かに少なかったが、考察するために必要な知識や概念はよく精選されており、考察すべき論点もよく整理して授業を展開していたので、声に出さなくとも生徒は自身の頭の中で思考を深めながら授業を受けることができたのではないかと思う。 しかし、学習指導要領で強調される「言語活動の充実」というこ	実際の授業（指導）では、授業者が主張する批判的思考力「理由づけの妥当性を吟味する力」を育んでいるというよりは、多面的・多角的な視点の習得をねらいとしていた。批判的思考力を育むためには、主張、根拠、理由づけ、その裏付けを整理していく学習活動が必要であり、その指導場面が映像を見る限りではなかった。 批判的思考力を育むためには、

	とを踏まえれば，論点となる部分については発問化して生徒自身の言葉で考えをまとめさせ，それを発表しあうなどの場面を取り入れることで，より一層効果的であったのではないか。	生徒自身にWの裏付けとなる知識Bについて思考させる場面を設定する必要があるが，そのような場面は見られなかった。

多様になっている。

　森の実践に対する2人の教師の評価は，予想以上に好意的なものであった。公立の中高等学校の教員である2人の教師からは，森の実践のような一方的に教師が語りかけるだけの授業は附属の進学校だから成立するのであって，公立の学校では通用しないというような批判が出ても当然だと思われたが，表に示しているように思考力育成の原理に沿ったものとの一定の評価をしている。比較的厳しい評価をしているB教師も，後のインタビューにおいては，教え方に問題はあるものの，思考力育成に不可欠である内容の深さという点で森の授業を高く評価していた。

　しかし，アメリカ大統領の就任式という教材については，生徒にとって身近なものではなく考え難いのではないかというA教師の意見や，宗教についての学習と関連させる必要があるというB教師の意見のように，学習者の視点から問題点が指摘された。これは，森の実践そのものに対する批判というよりは，森の実践を一般化して他の学校で実践する場合や，自分が勤務校で実践する場合を想定して示された問題点である。このような評価は，次の森の指導に対する評価にも見られる。A教師は，生徒が発言する時間が十分ではなかった点が不満であることを認めつつも，「生徒は自身の頭の中で思考を深めながら授業を受けることができたのではないか」と述べている。そのうえで，生徒自身の言葉でまとめさせ発表させるなどの指導が必要としている。また，B教師もトゥールミン図式を使って思考させる場面が必要であったという意見を述べている。両者ともに，森の提案する授業構成が，実際に森の授業を受けている生徒に対しては一定の成果をおさめていることを認め

ながら，他の学校や他の生徒にも応用できる理論としては，教材選択や指導面でさらなる工夫が必要であることを指摘しているのである。

　2人の教師は，授業に対する感想を述べる中で，さらに森の実践の改善に関して具体的な提案をしていた。A教師は，最後に日本国憲法との比較をさせて，生徒自身に自分たちにとって解決すべき問題は何かということに気付かせて，主体的に問題解決に取り組むよう促すべきだと主張していた。また，B教師は，トゥールミン図式を使って，生徒に根拠の部分を考えさせる学習活動を行うことで批判的思考力が一層高まるだろうと述べている。

③総合考察

　森の批判的思考力育成論は，探求型の社会科授業論を基盤としながらも，様々な社会科授業論の要素を総合した独自のものであり，それに基づく授業は，一般的に取り組まれている思考力育成を目指した授業とは異なるものであった。森の指導案を分析し，授業を視聴した2人の教師は，森の授業の問題点を指摘しつつも全体的には高く評価し，インタビューでは両教師ともに指導案を修正して自分も是非実践してみたいと語った。彼らが，森の授業をこのように評価できたのはなぜか。探求型の社会科を目指しているという共通点に気付いたことも，その一因として考えられよう。しかし，二人の教師が普段の研究で目指している授業は，森の実践とは全く異なるものである。A教師は，シミュレーション教材の開発に取り組んでおり，B教師は，話し合いを重視し生徒に自分の考えを作らせる授業作りに取り組んでいる。このように二人が目指している授業は，森の提案授業とは全く異なる形のものである。それにもかかわらず，森の授業実践に対して2人が一定の評価をしたのはなぜか。それは，批判的思考力や社会科授業に対して，2人が自分なりの考えを確立していたからではないか。A教師は，批判的思考力について，学習指導要領をふまえて，「基本的・基礎的な知識や概念で根拠づけながら，社会的事象を多面的・多角的に考察し，よりよい問題解決をはかろうとする力」という明確な考えを持っていた。A教師は，学会や地域の研究会にもよ

く参加をしている。学習指導要領を読み込みつつ，学会等での議論を参考にしながら，自身の思考力観を作り上げていったのであろう。B教師の批判的思考力の定義も，はっきりしている。「社会事象を批判的な視点でながめることで問い（テーマ）を生み出し，一般的な常識とは違った見方や考え方で事象を捉えることができるようになる力」というその定義については，大学院での研究を通して学んだことであると，B教師はインタビューの中で答えている。また，A教師は，感想の中でも次のように述べている。

> 生徒に直接的に発問して応答を求める場面は確かに少なかったが，考察するために必要な知識や概念はよく精選されており，考察すべき論点もよく整理して授業を展開していたので，<u>声に出さなくとも生徒は自身の頭の中で思考を深めながら授業を受けることができたのではないか</u>と思う。特に，<u>観察者・関係者・当事者の視点からの「なぜ～か？」という問いを軸にした授業構成については，社会的事象を多面的・多角的に考察させる方法として大いに参考になった</u>。（下線は筆者）

このように，A教師は，森実践の前提となっている原理を見抜いたうえで，3つの視点から「なぜ」を考えさせるという提案を，自分が重視している多面的・多角的に考察させるということの中に組み込み，自己の批判的思考力育成論を成長させている。両教師ともに，分析・評価した授業について表面的な事実を捉えるだけではなく，背後にある原理に照らし合わせて考察し評価できているからこそ，このような成長が見られたのであろう。

本研究では，森の社会科授業構成論と授業実践を分析・評価したうえで，それを2人の教師に分析・評価させ，彼らのコメントを分析して社会科授業観と社会科授業力の関係を明らかにしようとした。本研究の結論としては，下記の4点を指摘できる。

1) 自己の社会科授業観が確立しており，それを自覚できている教師は，他者の授業実践を正しく分析・評価することができる。

2)他者の授業実践を正しく分析・評価するためには，その実践の背後にある授業者の社会科授業観を読み取り，自己のものと比較・考察できなければならない。
3)他者の授業実践を正しく分析・評価することができる教師は，他者の授業の問題点を指摘し改善策を提案できる。
4)他者の授業の問題点を指摘し改善策を提案できるようになれば，他者の社会科授業観の良さを取出し，自己の社会科授業観を見直し改善することができる。

　現在，教員養成や教員研修において，教育現場の課題を発見しその解決を図ることで実践的な力を育成することが重視されている。しかし，先に挙げた本研究の成果をふまえるならば，個別の課題への対処という表面的なことではなく，その人が持つ教科観や授業観の確立が教師の授業力の成長には不可欠であると言えるだろう。

（桑原敏典）

第3節　理論批判学習としての高校世界史授業開発

1．理論批判学習の授業開発と実践
　　―「産業革命とアフリカ」を事例に―

(1)はじめに―本項の目的―
　本項では，高校世界史の授業開発事例として単元「産業革命とアフリカ」を取り上げ，理論批判学習としての開発プロセスを示す。そして，開発した授業の実践結果を明らかにするとともに，そこから得られた成果と課題について言及し，授業改善の可能性を示す。
　単元「産業革命とアフリカ」の目的は，イギリスに始まる産業革命が，世界の他地域との関連からアフリカに与えた影響や，その後のアフリカと世界

にもたらした変化を，持続可能な開発を考える視点から歴史的に探究させることと，産業革命に対して学習者が持つ考え方を授業の前後で分析・評価させることで，より良い社会のあり方を展望させることである。

従来の世界史において，産業革命はイギリスの技術革新から始まり，その後ヨーロッパ諸国へ波及したことに関する学習内容が設定されており，アフリカが産業革命の影響を受けたことには，直接触れられていない。ましてや，現代におけるアフリカの貧困などの諸問題が，ヨーロッパ諸国による植民地化と関連することを歴史的に学習する機会はない。そのことが，現代のアフリカに関わる諸問題が解決されない一因となっているのではないだろうか。

グローバルな視点から考えると，21世紀に入り10年以上が経過した現在，20世紀から取りざたされてきた環境破壊や経済格差などの課題は，より深刻さを増してきている。その深刻な課題に対応し，社会が安定したより良い未来を創造していくためには，新たな視点が必要となる。そのために注目するのが持続可能な開発を考える視点を取り入れた世界史教育である。なぜなら，持続可能な開発を考える視点は過去と現在，そして未来をつなぐものであり，歴史的な課題探究に学習者を向かわせることができるからである[33]。

(2)**授業開発の論理**
ア　持続可能な開発を考える視点による産業革命とアフリカの理論の意義

産業革命と周辺諸国の関係を説明する理論としては，「ウィリアムズ・テーゼ」が知られている[34]。英領西インド諸島の奴隷経済が，イギリス産業革命を支えたとするその論理は，批判や修正が指摘される点はあるものの今日でも有効な枠組みと考えられている[35]。ウィリアムズの論理は，A・G・フランクに代表される従属理論[36]が，「周辺」国の低開発と「中心」国の繁栄をコインの裏表の関係で説明したことと通底する。この観点はヨーロッパ諸国に歴史の反省を促すとともに，産業革命が一国内で自発的に達成されるものではないことを印象付けた。

この論理に着目し，主に角山栄や川北稔の研究に依拠してイギリス産業革

命を取り上げ，グローバルな視点から理論を探求する教授＝学習モデルを開発したのが原田の研究である[37]。綿工業をめぐる，イギリスとインドの相互関係を歴史的に学習させる構造は，理論批判学習として先駆的な事例である。しかし，そこで扱われる地域はインドが中心であるため，アフリカについては大西洋三角貿易との関連の中で部分的に扱われるにとどまる。

アフリカとの関連性が示されていない点については，ウィリアムズの主張もラテン・アメリカがヨーロッパ中心の経済体制に組み込まれた関係を強調するものであり，アフリカの変化に着目する視点から現代の貧困の要因を歴史的に探究するには限界がある。従って，ウィリアムズやこれまでの従属理論では産業革命とアフリカの関連付けが弱いことと，その後の現代世界との関連性が見られないことが指摘できる。

これに対して，アフリカと産業革命を関連付けた事例としては，持続可能な開発を考える視点に関する研究を進める米国のNPO法人グローバル・ラーニングが開発した事例集がある[38]。ここでは具体的な授業計画として「アフリカと産業革命」が示されており，その内容はウォルター・ロドネーの理論[39]に依拠している。これはアフリカへの産業革命の影響に言及するものであり，ウィリアムズが西インド諸島とイギリス産業革命との関連で示した関係を，アフリカの低開発と産業革命にはじまる資本主義経済との関連性から追究するものである。つまり，ロドネーの理論はイギリス産業革命の発展にアフリカが関わったことを，奴隷貿易の事実や植民地化に着目して説明するものであり，アフリカが抱える歴史的な課題を，イギリスをはじめとするヨーロッパ諸国との関係から説明しているのである。また，ロドネーはアフリカが抱える課題を現代の経済体制との関連性からも論じており，複数の視点からアフリカの貧困の要因を歴史的に探究する展望が得られるのである。

この事例集を分析した研究[40]では，持続可能な開発の視点を世界史に導入する方途が明らかにされている。それは，現代の諸問題から歴史の学習を始め，課題の探究により歴史事象を分析・考察させることである。さらに課題について学習者に決断させ，社会的行動につなげることも示されている。

また，タンザニアの経済開発計画相だったアブデルラーマンが，ロドネーの研究手法を一言でいえば，「現在を知ろうとする者は，過去を検討しなければならず，将来を知るには過去と現在を検討しなければならないということである。」と評する[41]ことから，この事例集で扱われているロドネーの理論が，過去と現在と未来を関連付ける持続可能な開発を考える視点と関わることが分かる。

　つまり，アフリカの貧困を課題探究的に学習するには，アフリカの内部の構造に着目するロドネーの理論と，現代の諸問題から学習を構成する持続可能な開発を考える視点が，新しい視座を示すものとして注目されるのである。

イ　持続可能な開発を考える視点による産業革命とアフリカの関係

　ロドネーの理論に基づきながら，持続可能な開発を考える視点から産業革命とアフリカの関係を時代別に示すと，次のようになる。

Ⅰ　アフリカの現代の動向（20世紀～現代）
Ⅱ　ヨーロッパ諸国の帝国主義とアフリカの植民地化（19世紀～20世紀）
Ⅲ　イギリス産業革命のアフリカへの影響（18世紀～19世紀）
Ⅳ　大西洋三角貿易を通したイギリスとアフリカの関係（17世紀～18世紀）

　奴隷貿易に着目するウィリアムズの理論は，Ⅲ～Ⅳの段階に当たり，西インド諸島での奴隷労働の富がイギリスのリバプールなどの奴隷貿易港にもたらされ，その富を資本として勃興した綿工業の発展がイギリスに産業革命をもたらしたとする。これに対してロドネーは，奴隷貿易がアフリカに与えた影響をイギリス産業革命との関連から明らかにする。そして，その後のヨーロッパ諸国への産業革命の広がりが，ヨーロッパ諸国による植民地獲得競争をもたらし，アフリカが西欧列強の植民地として従属性を強めていくことになるとし，Ⅱの段階について言及するとともに，その資本主義経済が現代のアフリカに与える影響まで視野に入れた，Ⅰの段階にも言及している。

グローバル・ラーニングが示す持続可能な開発を考える視点では，Ⅰの現代の諸問題から学習を始めることを提唱しているため，現代から遡及的に学習を進める構成となる。これは，持続可能な開発を考える視点が課題の探究を学習プロセスに含むため，おのずとこの順序性を持つことになるのである。

ウ 持続可能な開発を考える視点による産業革命とアフリカの理論の体系化

産業革命とアフリカの理論の体系化にあたっては，先のⅠ・Ⅱ・Ⅲ・Ⅳの段階を踏まえるとともに，グローバル・ラーニングの事例集分析から得られた単元編成の論理[42]により，最後に学習者の価値観の変化を振り返る「産業革命の評価」を考える段階を設ける。すると，以下のA～Eの5つが設定されることになる。

　　A：現代アフリカの動向，B：帝国主義とアフリカの植民地化－ａイギリスの帝国主義，ｂアフリカの植民地化，C：産業革命とアフリカへの影響－ａイギリスにおける産業革命，ｂ産業革命のアフリカへの影響，D：大西洋三角貿易とアフリカ－ａアフリカにおける奴隷貿易，ｂ奴隷貿易のアメリカへの影響，E：産業革命の評価

これらの段階に従い，持続可能な開発を考える視点による研究に則して理論の命題化と構造化を次のように行った。

A：現代アフリカの動向
　ⅰ）アフリカに自然遺産を中心とする危機遺産が多く分布することは，アフリカ諸国が現在も様々な問題を抱えていることを示すものである。
　ⅱ）国内の世界遺産が全て危機遺産に指定されているコンゴ民主共和国では，政情不安を背景とした紛争や貧困，環境破壊などが見られる。
　ⅲ）世界には豊かな国と貧しい国があり，その経済格差が南北問題と定義され，現代のアフリカでは依然として大きな格差が見られる。

B：帝国主義とアフリカの植民地化
a 現在，イギリスの世界遺産が世界各地に分布しているのは，かつての帝国主義政策により，世界中に植民地を持っていたことの名残を示す。
　ⅰ）イギリスは産業革命の進展による資本主義経済の発展により，「世界の工場」の地位を確立し，世界の多くの国や地域に進出して植民地とした。
　ⅱ）イギリスは，３Ｃ政策やアフリカ縦断政策が示すように，他のヨーロッパ諸国を制しながら，アフリカやインドを中心に植民地圏を形成した。
　ⅲ）イギリスの植民地政策により，現地の自然や伝統社会が破壊され，資本の輸出に伴う経済進出や自由貿易主義による不当な支配が行われた。
b 産業革命が進んだイギリスや，産業革命が波及したヨーロッパ諸国は，原料供給地と海外市場の獲得を目指して，アフリカの植民地化を進めた。
　ⅰ）ヨーロッパ諸国は，イギリスに始まる産業革命の波及に伴う資本主義経済の発展により，原料供給地や海外市場の確保を必要とした。
　ⅱ）ヨーロッパ諸国は，自国の経済発展を実現させるため，帝国主義政策を推進し，経済が発展途上にあったアフリカやアジアを支配した。
　ⅲ）ヨーロッパ諸国による植民地政策で資本主義の影響が強まり，アフリカでは強制的に資源や原料が搾取され，帝国主義による支配が進んだ。

C：産業革命とアフリカへの影響
a 産業革命は，広大な海外市場を開拓して国内で資本の蓄積が進んでいた18世紀のイギリスで綿工業から始まり，他の産業分野に広がった。
　ⅰ）17世紀，東インド会社を通じて輸入されたインド産の綿製品（キャラコ）がイギリス国内で競って消費された。これを衣料革命と呼ぶ。
　ⅱ）インド産の綿製品の輸入と消費が大幅に増大する中，イギリス国内の毛織物業を守る目的で，1700年にキャラコ輸入禁止令が出された。
　ⅲ）国内の高まる綿製品の需要に応えるため，イギリスでは毛織物に代わって綿製品が作られるようになり，綿工業が盛んになった。
b 綿工業の原料を供給することでアメリカ大陸がイギリス産業革命と関連

するとともに，綿花栽培の労働力としてアフリカから奴隷が供給された。
　ⅰ）綿工業の原料である綿花はイギリスでは栽培できず，アメリカのプランテーションで大量に生産され，多くの労働力を必要とした。
　ⅱ）プランテーションで綿花栽培の労働力として活躍したのは，奴隷として使役された黒人であり，アフリカから奴隷貿易で供給された。
　ⅲ）産業革命は，綿工業の発展によりイギリスには富と資本主義を，アフリカには奴隷の供給による国内の低開発と貧困をもたらした。
D：大西洋三角貿易とアフリカ
a アフリカは，イギリスから武器や綿布を購入する対価として，アフリカの戦争等で獲得した捕虜を奴隷としてアメリカ大陸に送った。
　ⅰ）ゴレ島は，奴隷貿易の事実を伝える世界遺産で，多くのアフリカ人が家族や地域から切り離されてアメリカに送られた負の歴史を伝える。
　ⅱ）奴隷貿易は，伝統社会の破壊，人口停滞による低開発，奴隷獲得のための戦争を，アフリカ社会にもたらした。
　ⅲ）奴隷貿易はアフリカ人に対する蔑視を生み，人種の優劣の考えが広まり，黒人に対する人種差別が起こる一因となった。
b アフリカから供給された奴隷を労働力として使役し，アメリカで生産された綿花がイギリスに送られ，イギリス綿工業の発展を支えた。
　ⅰ）アメリカに送られた奴隷は，大量の労働者を必要とする綿花プランテーションの安価な労働力として，多くの需要があった。
　ⅱ）奴隷貿易は，自然の破壊と資源の搾取，プランテーションの開発，奴隷の過酷な労働をアメリカ社会にもたらした。
　ⅲ）奴隷貿易が禁止されても，過酷な奴隷労働はなくならず，その後のアメリカ社会において，黒人に対する不公正な差別をもたらした。
E：産業革命の評価
　ⅰ）イギリスの植民地で奴隷貿易の拠点であったガーナは現在安定しているが，カカオ豆の取引では国際価格の低下などが問題となっている。
　ⅱ）アフリカが現在も低開発の状態に置かれているのは，グローバル化の

進展によるヨーロッパ中心の資本主義経済の影響がある。
ⅲ）現在のアフリカはヨーロッパ諸国の植民地支配から政治的には独立を獲得してきたが，経済的に不公正な関係が現代まで残されている。

(3)事例と探究の論理
ア 「産業革命とアフリカ」の主な事例
先の理論体系に沿って主な事例（資料）を示せば，次のようになる。

A：現代アフリカの動向
　産業革命（教科書），危機遺産の一覧（表），危機遺産の分布（地図），コンゴ民主共和国の危機遺産（資料），世界各国のGDP一覧（資料）
B：帝国主義とアフリカの植民地化
　イギリスの世界遺産の分布（地図），イギリスの海外植民地（地図），イギリスのアフリカ縦断政策の様子（地図），19世紀のアフリカ分割（地図），エチオピア帝国の独立（資料），リベリア共和国の独立（資料）
C：産業革命とアフリカへの影響
　「当世風の結婚」ホガース（絵画），インドからのキャラコ輸入指数（グラフ），イギリスの貿易品目の変化（グラフ），ルイジアナ州の木綿生産地（絵），綿花畑で働く黒人（写真），大西洋奴隷貿易の奴隷数（1701～1810）（図）
D：大西洋三角貿易とアフリカ
　世界遺産「ゴレ島」（資料），世界遺産「リバプール海商都市」（資料），大西洋三角貿易の概要（地図），アフリカの奴隷獲得の様子（絵），奴隷輸送船の様子（図），アメリカの綿花輸出量（グラフ）
E：産業革命の評価
　世界遺産「ガーナのベナン湾沿いの城塞群」（資料），奴隷貿易資料『サラガのバオバブ』[43]（絵本），綿布価格と比較したココア価格[44]（グラフ）

これらの事例は，主に教科書や市販の資料集に掲載されているものを用い

ながら，持続可能な開発を考えるための教材となる世界遺産[45]に関わる事例や，文献からの引用を授業者が加工した文書を資料として提示する。

イ 「産業革命とアフリカ」の探究の論理

次に，探究の論理をいかに構成するかを検討した。先の理論に基づき，「なぜ，アフリカでは貧困などの現代の諸問題が顕在化しているのか。」を中心的な問いとして，その要因を遡及的に探究する構成とした。この展開を基本的な問いの形で示すと次のようになる。

Ⅰ　アフリカの現状
　　「なぜ，アフリカでは貧困などの現代の諸問題が顕在化しているのか。」
Ⅱ　19～20世紀のアフリカ
　　「なぜ，アフリカがイギリスなどヨーロッパ諸国の植民地となったのか。」
Ⅲ　18～19世紀のイギリス産業革命の影響
　　「なぜ，アフリカがイギリスの産業革命と関わったのか。」
Ⅳ　17～18世紀の大西洋三角貿易の影響
　　「なぜ，アフリカが大西洋三角貿易に組み込まれたのか。」
Ⅴ　アフリカの発展
　　「なぜ，アフリカの発展は歴史的に阻害されてきたのか。」

(4) 単元「産業革命とアフリカ」の授業計画

1. 単元名「産業革命とアフリカ―イギリスとアフリカの未来を決定付けた関係とは？―」

2. 単元の目的
　イギリスに始まる産業革命が，世界の他地域との関連からアフリカに与えた影響や，その後のアフリカと世界にもたらした変化を，持続可能な開発を考える視点から分析・考察させることで産業革命を評価させ，より良い社会のあり方を展望させる。

3. 単元の目標
(1) 現代の世界には多くの克服すべき課題があるが，特にアフリカでは様々な問題が顕在化し，社会の持続可能性が脅かされていることを，世界の危機遺産の分析から理解させる。
(2) ①現在，イギリスに属する世界遺産がヨーロッパ以外にも分布することから，かつてイギリスが世界中に多くの植民地を形成し，世界の連携性に不公正があったことを認識させる。
②自国の経済発展を持続させるために，他国の植民地化を進めたヨーロッパ帝国主義諸国の進出が，アフリカに与えた影響を持続可能性の視点から考えさせる。
(3) ①イギリスで産業革命が始まった理由を世界との関連性の中で考えさせ，綿工業とその原料・労働力の供給関係から，インド・アメリカ・アフリカとの関連性を認識させる。
②イギリスで起こった産業革命をイギリスの国内外の情勢を踏まえて考察させ，産業革命がアフリカに与えた影響を考えさせることで，産業革命の認識を再考させる。
(4) ①セネガルに残る世界遺産ゴレ島とイギリスの世界遺産リバプール海商都市の歴史から，大西洋三角貿易がアフリカ社会にもたらした影響を認識させる。
②大西洋三角貿易による黒人奴隷の流入とその後の奴隷貿易の廃止により，アメリカ大陸に起こった変化について認識させ，現代のアフリカ社会との関連性を考察させる。
(5) アフリカの歴史と現状の分析・考察をもとにして，各自が産業革命を評価し，将来のより良い環境・開発・公正の実現に何が必要か考察させ，議論させる。

4. 単元の構成（5～8時間配当）
(1) 現代世界の動向・・・（1時間）
「なぜ，アフリカでは貧困などの現代の諸問題が顕在化しているのか。」
(2) 帝国主義と植民地化・・・（1～2時間）
「なぜ，アフリカがイギリスなどヨーロッパ諸国の植民地となったのか。」
(3) イギリス産業革命・・・（1～2時間）→（**本時**）
「なぜ，アフリカがイギリスの産業革命と関わったのか。」
(4) 大西洋三角貿易・・・（1～2時間）
「なぜ，アフリカが大西洋三角貿易に組み込まれたのか。」
(5) 産業革命の評価・・・（1時間）
「なぜ，アフリカの発展は歴史的に阻害されてきたのか。」

5. 授業展開

以下に，研究授業として公開した本時(3)の指導細案（教授書）を示す。

単元	教師の指示・発問	資料	教授・学習活動	学習者に獲得させたい知識
活動(3)（展開）	◎なぜ，アフリカがイギリスの産業革命と関わることになったのか。		T　問題提起	・アフリカの貧困などの主な要因は，産業革命にさかのぼることから，産業革命がアフリカに与えた影響を考察する。
	○産業革命とは何か， ①自分のイメージを記述する。 ②教科書の記述を調べる。 ③①と②の違いを記録する。	資料1（WS） 資料2 資料1（WS）	T　発問する S　記述する S　調べる S　記録する	・自由に記述する。 ・産業革命は，広大な海外市場を確保していたイギリスでおこり，綿工業から他の産業にひろがった。
	・産業革命の技術革新は何から始まったのか。		T　問題提起	・イギリス産業革命の技術革新は，綿工業から始まった。
イギリス産業革命	○なぜ，イギリスでは作れない綿花を原料とする綿工業が起こったのか。 ・なぜ，イギリスは当初綿製品を輸入したのか。	資料3	T　発問する S　答える	・17世紀，東インド会社が輸入した綿製品が競って消費された（衣料革命）。
	・イギリス政府は，輸入が増大する綿製品にどのように対処したのか。	資料4	T　発問する S　答える	・国内の毛織物業を守る目的で，1700年にキャラコ輸入禁止令が出された。
	・その後，イギリスにおける綿製品はどのようになったのか。	資料5	T　発問する S　答える	・国内の高まる需要に応えるため，イギリスでは毛織物に代わって綿製品が作られることになった。
	○産業革命とアメリカの関わり ・綿工業の原料である綿花はどこで作られたのか。	資料6	T　発問する S　答える	・労働力を必要とする綿花栽培は，アメリカのプランテーションで盛んになった。
	・アメリカの綿花プランテーションで働いたのは誰か。	資料7	T　発問する S　答える	・綿花生産の労働力として活躍したのは，奴隷として扱われた黒人である。
	・アメリカで働く黒人はどこから連れてこられたのか。	資料8	T　発問する S　答える	・アメリカで使役された黒人は，アフリカから奴隷貿易で供給された。
	○産業革命がアフリカに与えた影響 ・産業革命が始まった要因を振り返り，アフリカに与えた影響を話し合う。	資料1（WS）	T　発問する S　話し合う	・産業革命はイギリスに発展と富を，アフリカに低開発と貧困をもたらした。

| | ○産業革命とは何か，これまでの学習を振り返り，その意義を考える。 | 資料1
(WS) | T
S | 発問する
考察する | ・活動の最初で記述した産業革命の認識が変化したかどうか，確認する。 |

資料1 記録用ワークシート，資料2 教科書，資料3「当世風の結婚」ホガース，資料4 インドからのキャラコ輸入指数，資料5 イギリスの貿易品目の変化，資料6 ルイジアナ州の木綿生産地，資料7 綿花畑で働く黒人，資料8 大西洋奴隷貿易の奴隷数（1701～1810）。

(5) 本時「イギリス産業革命」の実践の概要

本時では，「なぜ，アフリカがイギリスの産業革命と関わったのか」を授業をつらぬく問いと設定し，5つの段階で構成するワークシートを作成した。

第1段階「産業革命とは何か」では，自分のイメージと教科書の記述を比較させ，その違いを理解させることから始める。ここで学習者に獲得させたい知識は，「イギリス産業革命の技術革新が綿工業から始まった」ことである。

第2段階では，綿工業の原料となる綿花がイギリスでは栽培できないことから，「なぜ，イギリスでは作れない綿花を原料とする綿工業が起こったのか。」を問いに，イギリス産業革命の歴史を綿工業の発展から探究的に学習させる。

第3段階では，学習者は，インド産のキャラコ輸入禁止令を経てイギリスで綿工業が盛んになることを認識し，さらに「産業革命とアメリカの関わり」で，綿花がアメリカのプランテーションで栽培されることを学習する。

そして第4段階では，「イギリス産業革命がアフリカに影響を与えた理由」をアメリカのプランテーションで使役される黒人奴隷の存在から考察していくのである。この考察では，まず自分が考えた理由を記述し，それをもとにグループで話し合う機会を設けた。一人だけでは理解が深まっていない学習者に新たな観点を得る機会を与えることと，他者の意見を整理することで，自分の考察を深める機会とするためである。

最後の第5段階では，「産業革命とは何か」で最初に記した自分のイメージが授業後にどのように変化したのかを，「変化があったこと」と「変化がなかったこと」に分けて整理した。表1-13は，学習者の「変化があったこと」の記述をまとめたものである。

表 1-13 学習者の「変化があったこと」の記述

番	性別	変化があったこと
1	男	アフリカの人々が綿の労働のためだけに奴隷にされているのは衝撃的だった。
2	男	産業革命はイギリスで起こり、その背景には、アフリカ人の奴隷貿易がからんでいるということを知った。
3	女	私はまず、産業革命が何かわからなかったので勉強してよかったです。綿工業がさかんに行われていた。交通革命なども勉強になった。私の中では良いイメージになりました。
4	男	綿工業から始まったことを初めて知った。そして黒人の奴隷が多く労働していることも知った。
5	男	革命が起こると必ず犠牲が伴う。人のエゴでたくさんの人が犠牲になり、それにより産業が発展したことに驚いた。
6	女	産業が変わって、良くなるための運動だと思っていたけど、アメリカの黒人奴隷が関わっていたりして、ちょっと悪いイメージがついた。
7	女	綿工業だけでなく、他の産業部門に広がり、イギリスだけじゃなくて、世界にも広がった。アメリカのプランテーションが盛んになった。
8	女	ただの輝かしい革命のイメージだったのに、黒人奴隷などの悲しい歴史があったことにショックを受けた。
9	男	産業革命で交通革命が起こった。人手不足のため奴隷が使われた。綿工業が盛んに行われた。
10	男	イギリスの工業が発展した背景にはアフリカの奴隷問題も関わっていることが分かった。
11	女	黒人奴隷が厳しい環境で働かされていた。
12	女	産業革命はイギリスだけが関わり、世界の国にとっていい事ばかりだと思っていたが、産業革命がおこっていい影響があった国がある反面、奴隷として連れて行かれたアフリカの人達がいることが分かった。
13	女	産業革命とは良い所ばかりだと思っていたが、綿花のプランテーションで働かされていたのが奴隷の黒人だったので、良い所ばかりではないと思った。
14	女	はじめは政治を動かすような大きな変化としか思っていなかったけど、そんな表面的なことだけじゃなくて、色んな国が関わってきていたり、別の革命のもとになっていたり、奴隷にされてきたアフリカの人々にも関係してきてると思った。
15	女	産業革命は、ただ単に工業や技術の発展で世界各国に影響していると思っていたけど、綿工業や交通革命につながりがあったことも知った。また、イギリスはキャラコ輸入禁止令や、アフリカの黒人や奴隷貿易との関わりがあった。
16	男	最初は工業、テクノロジーが大きく発展し、人々の生活が大きく裕福になったと思っていたけど、その裏側では黒人奴隷の人身売買が大きな問題となっていた。

17	男	産業革命は良い事ばかりだと思っていたけれど，思っていたより悪い影響も多かった。
18	女	イギリスの植民地のアフリカで，奴隷として黒人がたくさんひどい扱いをされていたことを改めて詳しく知りました。
19	男	産業革命に関わって，植民地で奴隷が働いていた影響があったのは初めて知った。
20	男	アフリカの人達，産業革命の裏側にこんな暗い歴史があるとは思わなかった。今まで産業革命はどちらかと言えば華々しいイメージだった。
21	女	産業革命という立派な名前だけど，その裏には「奴隷」という大きな裏方がいて，そのことが現在のアフリカの環境や政治環境に関わっていることを知った。
22	女	産業革命と聞いたら，とってもすごいことでイギリスすごいなぁ……と思っていたけど，実際，三角貿易で黒人たちが奴隷として使われていたんだと知ると，イメージが悪くなった。
23	男	私は最初，産業革命は産業が発達してはなやかなものだと思っていたが，実は黒人奴隷といったブラックな（暗い）面が見えてきた。
24	女	様々な発明によって人々は生活がしやすくなって良い方向に時代は動いたのかなと思ったら，その裏では黒人が奴隷として扱われていたために綿花生産などが発展したということで，印象が180度がらりと変わった。
25	女	イギリスだけで産業革命が行われたと思っていたけど，アフリカの奴隷も関わっていたなんて知らなかった。そういう奴隷とかがあったなら，産業革命は全てうまくいって成功というわけではないんじゃないかって思った。
26	男	自分が考えていた産業革命とは機械などの工業ばかりかなと思っていたが，本当は綿工業の技術革新から始まった。
27	女	綿工業から始まった。黒人が奴隷として使われていた。黒人奴隷が使われたことによって今のアメリカがある。
28	女	自分が持っていた産業革命のイメージが変わったのは，奴隷を使うことによって社会がくずれていた国があったこと。奴隷を使って物と交換していたことも私は知りませんでした。
29	女	私は産業が発達するというイメージを持っていて，何かを得るために戦争をして負けると奴隷になり，伝統的な社会までも壊される背景があったのは知りませんでした。
30	男	生産のための政治などの荒れた事から始まるというのが最初のイメージだったけど，交通革命や黒人差別問題など，色んな観点から産業革命があるんだと思った。
31	女	黒人が産業革命に関わっていることを知らなかった。単に産業が発展したんじゃなくて，黒人奴隷の力で発展できたというイメージをこれから持とうと思った。
32	女	産業革命は綿工業から始まって広がっていったと学び，だんだんと発達することで，この時代は現代に大きな影響を与えたんだと思う。
33	女	産業の中心が地中海から大西洋へと移り，綿工業が発達し，奴隷が使われた。

34	男	産業革命には交通革命が含まれているんだなぁというイメージになった。
35	女	産業革命で労働者が必要だからと、黒人同士を戦わせて奴隷にしていたことは驚きました。
36	男	他の授業で取り組んでいる、コットンの勉強にもつながっていたということ。
37	女	私は、産業革命は、人々に良い影響を与えたと思っていたが、まったくの逆で、人々が苦しんでいることを知った。人を売ったりしていることもびっくりした。
38	女	奴隷として黒人が扱われたことを知らなかったから、イメージが悪くなった。かわいそう。奴隷などいないと思っていた。
39	男	産業革命が綿工業から始まったのは意外だった。黒人奴隷は産業革命によって作られたので、産業革命があって良かったのか悪かったのか、どちらとも言えない。

(6) 授業の成果と課題

ア 「産業革命がアフリカに影響を与えた理由」の学習者の記述から

　第4段階の「自分の考え」と「グループの話し合い」の記述からは、39名中35名の学習者が奴隷貿易によるアフリカ社会の変化を理由に挙げていた。従って、目的とした「イギリス産業革命がアフリカと関連すること」は大西洋三角貿易の存在を通して認識されたことになる。奴隷貿易に言及しなかった4名は「イギリスが発展することでアフリカが発展途上となった」など、アフリカに対する影響の理由が具体的に示されていない回答であった。また、図1-6の学習者の例のように、グループの話し合いを経ることで、アメリカのプランテーションの存在や、アフリカ内部での奴隷獲得戦争などの記述が多くなり、より具体的かつ多角的に認識が深まっていることが分かる。

「自分の考え」	「グループの話し合い」後の記述
イギリスで産業革命が起こり、多くの労働者を必要としたため、アフリカ人が奴隷として働くことになった。アフリカの社会が狂った。	砂糖プランテーションで多くの労働者が必要となり、アフリカの黒人を奴隷とするため、黒人同士の戦争を引き起こし、負けた黒人を奴隷とした。このため、アフリカでは人口の低下、低開発を招いた。

図1-6　グループ活動による学習者の考えの変化の例

イ　学習者の「産業革命のイメージの変化」の分析

　第5段階の,「産業革命とは何か」で最初に整理した自分のイメージが授業後にどのように変化したのかについては, 39名中17名（表中の網かけ部）が産業革命についてマイナスの評価が現れたことを記述している。17番（男）「産業革命は良い事ばかりだと思っていたけれど, 思っていたより悪い影響も多かった。」は, 最も素直な回答であるし, 37番（女）「私は, 産業革命は, 人々に良い影響を与えたと思っていたが, まったくの逆で……。」も産業革命に対して持っていた良いイメージが逆転したことを記している。また, 変化のなかった記述については,「産業革命がイギリスで起こったこと。」や「産業革命により工業が発展したこと。」など, 教科書で見られる基本的な記述に変化がなかったこととして共通する。これらのことから, 教科書に基づく産業革命の学習からは, 産業革命がイギリスを始め, 人類に発展をもたらした面だけに学習者の認識が集中していることが分かる。

　他には, 産業革命の二面性に着目した記述が見られることも注目される。39番（男）「……産業革命があって良かったのか悪かったのか, どちらとも言えない。」では判断がつかない様子が読み取れ, 産業革命は良い所ばかりではないことに認識が広がっている。12番（女）「……産業革命がおこっていい影響があった国がある反面, 奴隷として連れて行かれたアフリカの人達がいることが分かった。」では, より具体的に産業革命が良い影響をもたらした国とそうでないアフリカの対比が記されている。これらの記述からは, 学習者が産業革命の影響をより広い視野で考察できていることが読み取れる。

　産業革命の影響が現代と関連することに言及している記述は, 21番（女）「産業革命という立派な名前だけど, その裏には『奴隷』という大きな裏方がいて, そのことが現在のアフリカの環境や政治環境に関わっていることを知った。」で, 現在のアフリカの環境と奴隷貿易という見えにくい歴史が, 産業革命と関わっていることに認識が広がっている。同様に, 32番（女）「産業革命は綿工業から始まって広がっていったと学び, だんだんと発達することで, この時代は現代に大きな影響を与えたんだと思う。」では, 産業

革命による工業の発達が現代まで影響を与えたことに言及している。アフリカと産業革命との関連が，現代のアフリカの低開発につながることを歴史的に探究することが本単元の目的であるので，その意味では，これらの記述をした数名は，単元全体の学習目的に近づいていると考えられる。

ウ　総括

以上をまとめると，ロドネーの論点であるイギリス産業革命の発展にアフリカが関わったことは，本時の第4段階における奴隷貿易の認識から学習者が習得していることが分かる。特に，グループの議論で認識の深まりが見られた学習者がいたことが注目される。この議論で，アフリカ内部の奴隷獲得戦争などの事象が共有され，ロドネー理論の理解が広がったことが大きい。ただ，19世紀のアフリカの植民地化については一部の学習者に記述が見られたが，現代のアフリカが抱える諸問題との関連性についてはほとんど記述がないことから，学習者の認識が時間的には広がっていないことが分かる。

ロドネー理論に依拠したことで，教科書の記述を超えて産業革命の実像に迫ることができた。特に第5段階では，産業革命の良い面だけでなく，悪い影響も含めた二面性があることを学習者が考察・探究により認識している。これは歴史事象を批判的に捉える視点として大切にしたい。しかし，持続可能な開発を考える視点として設定した，現代のアフリカの諸問題と産業革命を関連付ける時間的な視座と，産業革命がイギリスとアメリカ以外の世界の諸地域とも関連性を持つことを認識する空間的な視座については，いずれも少数の学習者の記述からしか読み取ることができず，単元の目的に到達するためには，より多くの学習者に掴ませることが課題となる。そのためには，単元全体だけでなく個々の授業計画の中に，現代とのつながりや他地域との関連性を考察させる学習活動を組み入れる等の授業改善が必要となろう。

（祐岡武志）

2. 理論批判学習としての授業開発の分析・評価

(1)はじめに―社会の説明力と理論批判―

　数年ほど前から池上彰が人気である。われわれが，日頃何気なく感じているモヤモヤっとした疑問を，歯切れよく解説してくれるからである。「なるほど，そうだったのか」と腑に落ち，急に世界が明るくなったように感じる。池上氏のソフトな人柄やテンポよい語り口にもよるだろうが，何よりわれわれを納得させるのはその説明力であろう。人は説明を求められれば，既有の知識や経験をもとに自分なりに辻褄を合わせようとする。多分こうではないかと推理し，一番もっともらしい説明を採用するが，それは仮説に過ぎない。この説明的仮説（expository hypothesis）を理論というのである[46]。つまり，池上氏は社会の諸事象，諸問題を説明する理論の使い手といってよい。

　もちろん，ある社会事象の原因や人物の行為の目的は一つとは限らない。むしろ多数の原因や目的が複雑に絡み合っているのが常である。したがって，池上氏の場合，単独の理論で説明するというより，複数の理論を組み合わせて，より複合的，体系的に説明していると考えられる。こうした理論の複合体をモデル（model）と称するが[47]，それもまた理論であることからすると，すぐれた理論の選択と実践面での活用が説明力の根幹をなすことが了解されよう。それゆえ社会認識形成を目標に掲げる社会科教育では，何をおいても理論の習得と活用を重視せねばならない。

　しかし，説明力を担保するのはすぐれた理論の選択と活用だけではない。例えば，理路整然とした説明であっても釈然としない場合がある。それはなぜか。まず，説明が建前一辺倒の綺麗事で，リアリティに欠けることが挙げられよう。また，明確なデータや根拠（証拠）がない場合もある。つまり，説得力のある説明には，すぐれた理論の他に，理論を活用する場（事例）のリアリティと，理論の妥当性を証明する証拠が不可欠なのである。

　では，なぜ理論の習得・活用ではなく，理論批判なのか。いうまでもなく，理論が説明的仮説に他ならないからである。仮説であるからには証拠に基づ

く吟味・検証が不可欠であろう。こうした理論の発見・習得から吟味・検証までの一連の過程を,「批判」と称する。日本で批判というと, 人の言動の誤りや欠点を指摘し正そうとすることと捉えられがちであるが, 理論批判とか批判的思考という場合の批判はそれとは異なり, 物事を検討して評価することを指す。そこに否定的含意はないのである。

(2) **理論批判学習としての授業開発の要件と分析・評価の視点**

　冒頭で説明力に言及したのは, 理論の重要性を示すのと同時に, 社会認識を間主観化する方策として,「認識」を「説明」に転換することの意義を明らかにするためである[48]。社会科教育の目標を社会認識形成というだけでは, 何をどうすれば形成できるのか, 何がどうなれば形成できたのかわかりにくい。だが, 口頭であれ文章であれ説明させてみれば, 何がどの程度わかったか評価・判定できる。つまり, わかるというのは説明できるということなのである。それゆえ, 社会科教育の目標を,「社会について合理的に説明できるようにすること」と捉え直せば, 社会科授業開発の目的も明確化し, 理論批判学習のための手立ても講じやすくなろう。

　では, 理論批判学習のための授業構成はどうなるのか。ここでは, それに向けた授業開発の要件ないし課題を考察しよう。

　第一は, 主題に応じていかなる理論を選択し, どう教育内容にしていくかである。先に「すぐれた」理論と称したが, そこには二つの意味が込められている。一つは理論の汎用性が高く説明力が大きいこと, 学界において一定の評価がなされていることである。逆に, 説明力が小さかったり, 内容が極端だったりすれば, いかに熱狂的な支持者がいたとしてもすぐれた理論とはいえない。もう一つは, 教育内容としての妥当性をもつことである。たとい理論の説明力が高かったとしても, 多数の生徒に理解不能であったり, 学ぶ意味が感じられなかったりすれば, それは教育内容とはいえないのである。それゆえ選択した理論は, 生徒の理解度や単元構想を踏まえて分析的に命題化し, 構造化することが必要になる。理論の多くは複数の説明的仮説からな

るモデルだからである。

　第二は、理論を発見・習得させ、吟味・検証させるために、いかにリアリティのある事例を選択するかである。この事例のリアリティにも、また二つのことが含意されている。一つは、文字通りヴァーチャルではない現実社会を取り上げること、つまり時間と場所の特定された、できるだけ現在に近い事例を扱うことである。むろんシミュレーション教材の方がリアリティを感じさせる場合もあろう。だが、それはあくまで教材論のレベルであり、事例としては現実の社会にこだわりたい。もう一つは、生徒の生活感覚との近接性である。例えば、日本国憲法の社会（生存）権を学習するオーソドクスな事例に朝日訴訟がある。生存権に関する判例は少ないとはいえ、この訴訟が起こされた1957年の日本という時代状況は生徒にとってリアリティのあるものではなかろう。むしろ、生活保護世帯でのクーラー設置の是非が問われた桶川事件（1994年）や、その後もたびたびニュースになる生活保護費の不正受給の方が事例としてリアリティに富むのではないか。いずれにせよ、事例のリアリティは世界史学習において最重要な要件といえるだろう。

　第三は、理論批判のためのプロセスをいかに論理的に構成するかである。そもそも、理論批判の誘因は何だろうか。理論が説明的仮説であることを想起すれば容易にわかるように、それは問いである。他者から問われることも自ら問うこともあるが、とにかく問うことから思考はスタートする。理論批判も例外ではない。問いには、When? Where? Who? What? How? 等があるが、理論批判にとって重要なのは推理を促す問いWhy? である。「なぜ～なのか」と原因や理由、目的を問われるからこそ、自分なりに推理し「…だから、～ではないか」と説明的仮説＝理論を形成するのである。それゆえ、理論批判の過程は「なぜ」という問いを核に構成する必要がある。

　しかし、なぜ型の問いを立てるのは意外に難しい。例えば、学生の教育実習で、「大化の改新はなぜ起きたのか？」の問いから始める授業を目にすることが少なくない。これは無意味な問いである。その理由は二つある。一つは、大化の改新はこれから学習するのである。改革の内容やそこに至る経緯

を学ぶ前に，なぜ起きたのかと問われても答えようがない。つまり，なぜ型の問いは（事件や行為の）結果を前にしてその原因や理由，目的を問うわけだから，まず事実としての乙巳の変やその後の政治改革を学習しなければならないのである。だが，それではなぜと問うタイミングが遅くなってしまい，主発問の役割を果たせなくなる恐れが強い。もう一つは，仮に大化の改新の概要を学んだ後にそう問うたとして，何をどう推理しろというのか。教科書記述を見て，蘇我氏が勝手な振る舞いをしたからとか，豪族間の権力争いがあったからとしか答えられまい。個別事件の背景を推理させるには知識が足りないし，一般化して推理させれば陳腐な説明に留まる。要は推理に奥行きが生まれないのである。ここに，理論批判のプロセスを論理立てることと，教育内容として妥当な理論を設定するという第一の要件（課題）が不可分なことが了解されよう。因みに，私ならばこの主題に関して，「蘇我氏打倒に始まる一連の政治改革が，なぜ大化の改新と称されたのか？」と問いたい。誰が，いつ頃，何のために，そう称したのかを推理させることで，7世紀の日本史像のみならず，歴史が勝者により書かれることがわかってくると思うからである。それこそ，すぐれた理論ではなかろうか。

　第四は，生徒の理論批判を保証する資料（教材）を提供できるかどうかである。理論批判を誘発するのは問いであるが，その手がかりとなる資料の有無は生徒の推理に雲泥の差をもたらす。社会科に関心がある，歴史や地理が好きで好きでたまらないといった生徒を除けば，どんなに社会の本質を突くような問いであっても，それだけでは容易に思考を促すことは難しかろう。また，一定の理論を発見したとしても，それを検証する証拠資料がなければ，結局正解を教科書に求めるか，教師の解説を待つしかない。近年，米国では史資料の主体的読解を中心にした「歴史家のように読む（考える）」学習が注目されている[49]。日本でも資料活用の技能が重視されるが，観点別評価が求められるから資料を活用するのではなく，理論批判に資料が不可欠だから活用するのだということを銘記したい。ただし，あらゆる状況を想定して，教師が多様な資料をすべて準備すべきだというのではない。教師は理論批判

に不可欠な主教材を準備するのであって，その他は必要に応じて生徒自身に探索させたり，収集させたりすればよいだろう。

　第五は，上記の一から四までの要件を勘案し，主体的に授業開発をすることができるかどうかである。学年共通のシラバスがあるから独自の授業ができないとか，高校（大学）入試に備えるために教科書を一通り教えねばならないといった発言をする者に，理論批判学習や授業開発研究を論じる資格はない。社会科の教師としてのプロフェッションに誇りをもち，自分のやり方で授業を開発し実践する。そして，結果（生徒の社会認識の成長）に責任をもつ。この主体性とチャレンジ精神こそが授業開発研究を支えるのである。それゆえ，理論批判学習としての社会科授業開発とは一定のノウハウを応用すれば済む小手先の作業などではなく，教師自身の社会認識力や批判精神が試される真剣勝負なのである。

　以上を整理しておこう。なお，これらの要件が理論批判学習としての社会科授業開発研究の分析・評価の視点となるのはいうまでもない。

---

①主題に応じてすぐれた（学問的に，教育内容的に）理論を選択し，教育内容として構造化しているか。**―教育内容としての理論の妥当性―**
②理論批判を展開する事例にリアリティ（社会的に，生徒の感覚的に）はあるか。**―事例のリアリティ―**
③理論批判の過程は論理的に（なぜ型の問いが無理なく効果的に）構成されているか。**―理論批判過程の論理性―**
④理論批判を保証する確かな資料（主教材として効果的に機能）が提供されているか。**―資料の適切性―**
⑤主体的な授業開発（既存の制度や常識に挑戦的）になっているか。
―授業開発の主体性―

---

(3) 祐岡武志の世界史授業開発の分析・評価 [50]

ア　教育内容としての理論の妥当性

　祐岡は単元「産業革命とアフリカ」を説明する理論として，W.ロドネーの理論モデルを選択した。これは現代におけるアフリカの低開発の原因を，16世紀以降形成された世界規模の資本主義的分業体制に求める世界資本主

義論の一つである。その点で，E.ウィリアムズと基本的に同じ立場に立っている。ただし，ウィリアムズがイギリス産業革命の原因を17～18世紀の大西洋三角貿易（奴隷貿易）との関係で論じたのに対し，ロドネーは産業革命後の西欧列強による帝国主義的植民地支配がアフリカの低開発をもたらしたとし，現代をも視野に入れた論を展開している。それゆえ，持続可能な開発の視点で世界史学習を構想する祐岡が，「産業革命とアフリカ」の授業開発にあたってロドネー理論に着目したことは十分に首肯できよう。

　アフリカの低開発の背景には，自然，政治，社会，民族，宗教等の多様な要因が考えられるが[51]，一般的日本人のアフリカ認識が「暗黒大陸」「野蛮」「劣等」「未開」等の「ヨーロッパ経由のまなざし」[52]に留まっている現状からすると，アフリカの貧困と西欧の繁栄とを同じコインの裏表に過ぎないと説く理論は，生徒の常識に挑戦する見方として，また公正とは何かを問う見方として教育的にも意義があろう[53]。ただし，それを教育内容としてどう分析的に命題化し，構造化しうるかが問われてくる。

　教育内容の全体は，A現代アフリカの動向，B帝国主義とアフリカの植民地化，C産業革命とアフリカへの影響，D大西洋奴隷貿易とアフリカ，E産業革命の評価からなっており，Aの原因をBに，Bの原因をCに，Cの原因をDに求め，最後に産業革命とアフリカの関係を総括しようとする構造には説得力がある。しかし，命題化された説明的知識に着目すると，アフリカを中心に位置付けたいとする意図とは裏腹に，アフリカを主語とする命題は少ない。特にBにおいて，植民地化により「現地の自然や伝統社会が破壊され」，「資源や原料が搾取され」たことは挙げているが，世界資本主義の分業体制に組み込まれたことの説明はない。また，Cにおいても大半が英国を主語としており，アフリカに関わって奴隷貿易に触れるものの，それは次のDの内容と重なってくる。本来ここで注目すべきは，西欧諸国で奴隷貿易が禁止されると，奴隷に代わり象牙が珍重され，産業革命の進展と共にアブラヤシや落花生が主役になることである。それらの食物からとれる油は紡績機，力織機の他，鉄道の車輪を統制する機械油として重宝されたからである[54]。

ここで大切な点は，原料や資源が搾取されたことではなく，原料や資源の生産に依存せざるを得ない国際体制，つまり世界資本主義体制に組み込まれたことなのである。この二重構造こそが，一つのコインの裏表としてアフリカと西欧を捉える理論の要だといってよい。

イ 事例のリアリティ

祐岡の授業開発研究に一貫する問題関心は，「持続可能な開発」の視点からの世界史教育へのアプローチである。主な事例として，世界遺産を取り上げているのはその現れであろう。文化遺産にしろ自然遺産にしろ，国内の遺産についてはユネスコによる認定をめぐって大きな社会的ニュースになることもあり，リアリティのある事例といってよい。むろん，多少の地域差はあるに違いないが，祐岡の勤務校の場合，法隆寺というまさしく世界遺産のお膝元にあることから，リアリティを欠くということはまず考えられない。その点で，事例としての世界遺産への着目は高く評価される。

しかし，対象は外国の世界遺産であり，とりわけ日本の高校生に馴染みの薄いアフリカのゴレ島やガーナの城塞群，イギリスのリバプールとなると，場面の設定や活用のタイミングなど，事例の扱い方が問われてこよう。実際のところはどうだったのだろう。まず，第1時では危機遺産を取り上げ，アフリカに危機遺産が多く分布することやコンゴの具体事例を通して，長期化する紛争と貧困など持続可能性が脅かされている現状に迫らせる。巧みな事例活用といえよう。続く帝国主義の時代においては，英国の世界遺産が世界的に分布することから，その帝国主義支配の広がりに気づかせようとする。また，大西洋奴隷貿易ではリバプール海商都市を，最後の産業革命の評価ではかつて黄金海岸と称されたガーナの城塞群を取り上げ，西アフリカの金や奴隷の積出港と英国との深いつながりを理解させようとしており，世界遺産の事例が主題と見事に合致していることがわかる。

残念なのは産業革命とアフリカへの影響である。いくつかの図像資料が用いられるものの，世界遺産に関連する事例はない。英国国内には，紡績工場

関連の世界遺産としてダーウェント，ニューラナークがあるし，製鉄業ではブレナボン，産業革命期の輸送に関しては鉄道のアイアンブリッジ，運河のポントカサステがある。これらを活用するなどして，本単元に一貫して世界遺産からアプローチすれば，生徒の関心は一層深まったのではないか。それだけではない。ユネスコの世界遺産条約が締結されて40年，約1000件の世界遺産のうち半数近くをヨーロッパ諸国が占める実態は何を示唆しているだろうか。世界遺産の南北格差が南北問題の直接的反映とはいえないにしても，西欧を中心とする特定の価値判断が影響していることは確かだろう[55]。そうした問題意識から産業革命を考察し，アフリカの未来を展望すれば，祐岡の目指す持続可能な開発の視点がより生かされたのではなかろうか。

ウ　理論批判過程の論理性

祐岡の単元に見られる理論批判過程（探究の論理）は以下の通りである。

Ⅰ　なぜアフリカでは貧困などの現代の諸問題が顕在化しているのか？
Ⅱ　なぜアフリカが英国などヨーロッパ諸国の植民地となったのか？
Ⅲ　なぜアフリカが英国の産業革命と関わるのか？
Ⅳ　なぜアフリカが大西洋三角貿易に組み込まれたのか？
Ⅴ　なぜアフリカの発展は歴史的に阻害されてきたのか？

問いと答えの関係で全体を整理すれば，Ⅰ＜Q現代アフリカの諸問題の原因→A帝国主義の植民地支配＞→Ⅱ＜Qアフリカ植民地化の原因→A西欧の産業革命＞→Ⅲ＜Q産業革命とアフリカの関連の原因→A大西洋三角貿易＞→Ⅳ＜Q三角貿易にアフリカが組み込まれた原因→A黒人奴隷貿易の利益＞→Ⅴ＜Qアフリカの低開発の歴史的原因→A西欧諸国中心の資本主義的分業体制の世界化＞となる。一貫してなぜ疑問を用いて現代から過去に向けて原因を探っていこうとする遡及的手法は，探究の論理に則っているというだけでなく現在理解のための歴史教育としても高く評価される。

ただし，一つだけどうしても不自然なのはⅢの問いである。先に批判的に例示した問い「大化の改新はなぜ起きたのか？」と同じく，生徒には容易に推論できない問いである。英国の産業革命とアフリカが深く結び付いていた事実を学習する前に，その原因を問うからである。少なくとも，「アフリカが英国の産業革命とどう関わるのか？」を問うてから，「それはなぜか？」と問わなければ，探究は断絶してしまう。現に，筆者の観察した研究授業がこの箇所であったが，教師の意図はともかくとして，なされた授業は産業革命がアフリカに与えた影響を説明する展開（どのような影響を与えたか？）になっていた。探究の論理を生かすならば，Ⅲの問いは「なぜ西欧諸国では産業革命が起きたのに，アフリカでは起きなかったのか」とすべきである。そうすれば，「西欧諸国は大西洋三角貿易で資本を蓄積したのに対し，アフリカは奴隷の供給源として三角貿易に組み込まれ，従属的立場を強いられたからである」という説明が必要になり，ごく自然に次のⅣは「なぜアフリカが大西洋三角貿易に組み込まれたのか」という問いになってこよう。おそらく祐岡は，産業革命とアフリカをつながなければという思いが強すぎて，自然な探究の論理をそこだけ見失ったものと考えられる。

エ　資料の適切性

　ここでは，研究授業として公開された第3次の「産業革命とアフリカへの影響」に絞って，資料（ワークシートを含む）の適切性を考察しよう。祐岡は本時の展開を5段階に区分し，導入部と終結部で「産業革命とは何か」という同じ問いを投げかけ，学習の前と後での認識の変容を分析している。

　導入ではまず各自の直感的イメージを，次に教科書の該当する記述をワークシートに書かせている。期待するのは「英国の産業革命は綿工業の技術革新から始まった」とする認識内容（説明）であるが，本来「産業革命とは何か」の答えは，「農業社会から工業社会への大転換」となるはずであり，問いに適切さを欠いているといわざるを得ない。期待する説明を求めるには，まず産業革命に関する上記の定義を説明した後に，「英国の産業革命はどん

な分野から始まったのだろう。この絵画（資料3「当世風結婚」ホガース）の中にヒントがあるから，よく見て答えよう」と問い，各自の答えをその理由と共にワークシートに書かせるべきである。

　祐岡は第2段階でホガースの絵画を提示し，「なぜ英国は当初綿製品を輸入したのか」と問うているが，生徒の資料の読み解きも十分とはいえず，結局教師の側で説明してしまった。これでは折角の絵画資料も生かされまい。その理由として考えられるのが，問いと資料が完全に対応していないことである。つまり資料から事実を読み取ったり，資料で予想や仮説を検証したりするのではなく，教師の説明を補足するもの―なければなくても済むもの―として資料を位置付けているのである。同様に，資料4と「英国政府は輸入が増大する綿製品にどう対処したか」の問い，資料5と「その後，英国における綿製品はどのようになったか」の問いにも明確な対応関係は見出せない。もちろん，いずれも授業では一定の役割を果たしており，これらの資料が不要だというのではない。おそらくこれは祐岡固有の問題ではなく，日本の社会科授業に広く見られる傾向といってよい。その証拠に，教科書における資料の位置付けが挙げられる。大事なのは本文記述であり，資料はあくまで本文記述を補足したり，堅めの本文記述の印象を和らげる位置付けに過ぎないのである。この「本文記述」を「教師の説明」に置き換えれば，全くの同型であることが事情をよく物語っていよう。

　これに対し，第3段階の資料6「ルイジアナの木綿生産地」，資料7「綿花畑で働く黒人」，資料8「大西洋奴隷貿易の奴隷数」と問いの関係はやや様相を異にする。そこでは問いと資料が，ある意味で明確に対応している。例えば資料6の問い「英国綿工業の原料である綿花はどこで生産されたか」の答えは「ルイジアナ（アメリカ，新大陸）のプランテーション」であり，資料7の問い「綿花プランテーションで働いたのは誰か」の答えは「黒人奴隷」である。つまりどちらも見事に対応しているのである。ただ，いずれも生徒の思考を促す問いとしてはレベルが低い。資料6の場合，答えは標題に示されているし，資料7にしても絵を見れば働いているのが黒人であることはす

ぐわかるからである。つまり，資料から考えさせるというより，資料に答えを見付けるという設定になっている。ここにも日本の社会科に一般的な一問一答式の正解暗記型学習が影を落としているといえよう。

オ　授業開発の主体性

　祐岡の開発した授業は，細部にいくつかの問題をはらみながらも，既存の教科書や大学入試対応の授業とは一線を画し，持続可能な開発という未来志向の視点から世界史教育内容編成に挑戦した点で主体的な授業開発と評価することができよう。祐岡は筆者とチームを組んだことにより，本人の意図とは関係なく理論批判学習の授業開発に位置付けられてしまった。だが，結果的にかなり完成度の高い授業開発を行い，実践を通して反省・検証することができた。その意味は大きい。なぜなら，理論批判学習とは何かについて，彼自身が身をもって実感したと思うからである。

　先に述べたように，理論批判学習であれ何であれ，授業理論はノウハウではない。それは自己の社会についての見方であり，生き方そのものといってもよい。したがって，まずは教師自身の切実な問題関心を出発点に，本物の研究を行うしかないのである。やらされる授業研究でできるものではない。理論批判学習の場合，何より大切なのは問いである。自分の中から湧き起こる問い，社会の矛盾や不合理を追求する問い，より良い未来のために生徒と共に探究したいと願う問い，それがすぐれた理論を呼び込むのである。心の底からの問いなくしてすぐれた理論は見えてこない。否，本質的な問いを自覚すれば，向こうからすぐれた理論が飛び込んでくるといえるかもしれない。その本物の体験が，教師の力量形成につながるのである。

(4) 結び―社会科・理論批判学習・授業研究―

　高校の社会科が解体，再編成されて四半世紀になる。それで何が変わったかと聞かれて明快に答えられるわけではない。ただ，社会の本質に切り込み，矛盾を質していこう，よりよい社会のあり方を共に考えようという気概は，

確実に教師の中から薄れているのではないか。研究授業等の本来ハレの授業でさえ，大胆な教育内容や教材は影を潜め，観点別評価に基づくこじんまりとまとまった学習指導案が目立つようになった。そこに教師の切実な思いや社会への憤りは感じられない。あまりにスマートなのである。

　それは社会の変化のせいかもしれないが，私には社会科の精神が失われたことによる教育の危機，日本社会の危機と映る。このままでは小・中学校の社会科も危ういのではないか。教育課程に名前が残るかどうか，時間（単位）数が多いか少ないかではない。それに対する教師のスタンスが何よりも問題だと思うのである。道徳科と見分けの付かない科目「公共」，日本の伝統文化科ともいうべき必修「日本史」の足音が，そこまで近づいている。それらを招き寄せているのは一部の保守的政治家ではなく，社会科の精神を忘れた多くの教師かもしれないことを銘記したい。

　理論批判学習が教育論としてすぐれているかどうかはわからない。だが，社会科の精神の核をなすのは，社会の現実に立ち向かうことであり，権力に負けないことである。それを可能にするのは知の力しかない。知力を担保するのは合理性に基づく意思決定であり，社会科でそれを可能にするのが理論批判学習だと筆者は考えている。祐岡の開発した授業は，現代アフリカの貧困の原因を理論的に探究し，そこから公正な未来を共に考えようとする理論批判学習になっていた。祐岡の授業研究から学ぶべき点は多い。

　社会科は人々の生き方であり，現実社会への問いかけであると述べたが，授業研究も同じである。大切なのは形式ではない。より良い授業を共につくり，実践を通して共に反省し，授業改善につなげようという共同（協働）性こそが授業研究の核をなすことを最後に確認しておきたい。現在の日本で，そうした意欲をもつ教師は決して少なくない。ただ，そのための時間と場所がなかなか確保できないという問題があるのも確かである。まずは同じ職場の同一学年集団から，あるいは社会科（地理歴史科・公民科）の教師集団から，場合によっては孤軍奮闘することから，第一歩を踏み出したい。その勇気が，授業研究の大きな推進力となるはずである。

　　　　　　　　　　　　　　　　　　　　　　　　　　　　（原田智仁）

【注及び引用文献】
1) 草原和博「社会科学教育としての社会科の成立理由―社会科学力観の再検討―」全国社会科教育学会編『社会科研究』56号，2002年，p.6.
2) 実践の概要は，草原和博・山田秀和・佐藤章浩「社会科学教育の再構築―不確実な時代の主権者育成―」全国社会科教育学会第61回大会シンポジウム，2012年，配布資料に詳しい。
3) 実践の概要は，佐藤章浩「防災学習を通したリスク概念の形成―第4学年単元『津波にそなえる』を事例に―」全国社会科教育学会第60回大会自由発表，2011年，配布資料に詳しい。
4) 米田豊「産業学習：人々の工夫や努力の科学化」全国社会科教育学会編『社会科教育実践ハンドブック』明治図書，2011年，p.60.
5) 片上宗二『「社会研究科」による社会科授業の革新―社会科教育の現在，過去，未来―』風間書房，2011年，p.32.
6) 小栗英樹「生徒へのゆさぶりを活用した社会科授業の試み：歴史的分野「鎖国」の授業を事例として」『宇都宮大学附属中学校研究論集』51，2003年，p.43.
7) 片上宗二『社会科教師のための「言語力」研究―社会科授業の充実・発展をめざして―』風間書房，2013年，p.105.
8) 梅津正美「特色GPプログラム「教育実践の省察力をもつ教員の養成」の理論と方法」鳴門教育大学特色GPプロジェクト編著『教育実践の省察力をもつ教員の養成―授業実践力に結びつけることができる教員養成コア・カリキュラム―』協同出版，2010年，p.15.
9) 同上，p.285.
10) 佐藤章浩「小学校社会科における経済概念の形成―第3学年単元「スーパーマーケットのひみつをさぐろう」を事例に―」全国社会科教育学会編『社会科研究』73号，2010年，pp.41-50.
11) 同上，p.46.
12) 伊勢田哲治・戸田山和久ほか編『科学技術をよく考える―クリティカルシンキング練習帳』（名古屋大学出版会，2013年），戸田山和久『科学的思考のレッスン―学校で教えてくれないサイエンス』（NHK出版，2011年），同『科学哲学の冒険―サイエンスの目的と方法をさぐる』（日本放送協会，2005年），野矢茂樹『論理トレーニング』（産業図書，1997年）を参考にした。
13) この定義づけは，梅津正美氏が提起した「授業における『思考・判断（力）』と『問い』・『知識』」の表に基づいている。梅津正美・加藤寿朗ほか，「中学生の社会的思考力・判断力の発達に関する研究―歴史的分野を事例とした調査を通して―」

（鳴門教育大学研究紀要, 28巻, 2013年, pp.64-79）を参照されたい。

14）トゥールミン図式については, 尾原康光「社会科授業における価値判断の指導について」（全国社会科教育学会編『社会科研究』39号, 1991年, pp.70-83）を参照されたい。

15）本小単元は, 2013年の2学期に, 筆者の勤務校である広島大学附属福山中学校において, 3年A組（男子20名, 女子21名）を対象に行い, 7時間目の本授業は11月15日㈮第5校時に実施した。なお, 本稿で提示した授業試案は, アメリカ人独特の宗教意識（所謂「市民宗教」「見えざる国教」）と宗教との違いがわかるよう「共通の宗教意識」と表現し, 実施時の試案を若干手直している。

16）本授業の学習内容は, 以下の文献より学んで設定した。堀内一史『アメリカと宗教—保守化と政治化のゆくえ—』（中央公論新社, 2010年）。古矢旬『アメリカニズム—「普遍国家」のナショナリズム—』（東京大学出版会, 2003年）。蓮見博昭『宗教に揺れるアメリカ—民主主義の背後にあるもの—』（日本評論社, 2002年）。中野実責任編集『シリーズ21世紀の政治学宗教と政治』（新評論, 1998年）。野村達朗『世界史リブレット32 大陸国家アメリカの展開』（山川出版社, 1996年）。森孝一『宗教から読む「アメリカ」』（講談社, 1995年）

17）この演説は, 聖書の『詩編』を引用し,「God bless America」の言葉で終わっている。つまり,「神（God）と聖書」か使われているわけである。

18）テスト結果は, 次のように処理した。解答の記述内容を一読しての分類枠を案出し, 二読で大雑把な分類を行って三読で分類を確定する。生徒一人の記述を2ポイント, 二つの分類枠に関係する場合は1ポイントずつ分け, 分類ごとにポイントを集計する。

19）藤川大祐氏は「発問の前提の明示」（「発問とその前提—発問の論理に関する研究—」,『授業実践開発研究』第4巻, 2011年）, 吉川幸男氏は「複文型の発問」,『「差異の思考」で変わる社会科の授業』明治図書, 2002年）を主張している。ただ, これらは「なぜ」に限定しているわけではない。

20）入江幸男「三種類の『なぜ』の根は一つか？」（大阪大学哲学講座『メタフュシカ』35号別冊, 2004年）, 同「問答の意味論と基礎付け問題」（『大阪大学文学部紀要』第37号, 1997年）, 同「問の構造」（大阪大学文学部『待兼山論叢』第20号, 1987年）, G・H・フォンウリクト『説明と理解』（産業図書, 1984年）, 吉川幸男「近代の戦争に多い"引き金・原因"とは」（『社会科教育』No.530, 2003年）を参考にした。

21）本授業では,「根拠」以外の三つのSQを問いづけることにより理由づけを確認してその裏づけを見つけ出すよう授業を構成しており,「根拠」を問う「なぜ」は

敢えて SQ として設定していない。
22）米盛裕二『アブダクション―仮説と発見の論理―』勁草書房，2007 年，p.34.
23）例えば，草原は民主主義社会の形成者を育成するために何を取り上げ，どのように学習させるかによって社会科教育の新潮流として位置づけられる諸理論を整理している。草原和博「社会認識と市民的資質」社会認識教育学会編『新社会科教育学ハンドブック』明治図書，2012 年，pp.67-75.
24）中本は，新しく開発された教育内容開発研究の成果が個人のものとされ，教育現場に影響を与えていない点に研究と実践の乖離が見られるということを指摘している。中本和彦「『学習材』を活用した地理授業モデルの実証・検証―中等社会科教師による単元『インド』の実践比較を通して―」社会系教科教育学会編『社会系教科教育学研究』22 号，2010 年，p.31.
25）このような考え方は教師のゲートキーピング論と呼ばれ，スティーブン・ソーントンによって提唱されている（スティーブン・J・ソーントン著／渡部竜也・山田秀和・田中伸・堀田諭訳『教師のゲートキーピング―主体的な学習者を生む社会科カリキュラムに向けて』春風社，2012 年）。また，草原は，教育内容を工夫する際に発揮される力をカリキュラムデザイン力として，その特質を実証的に明らかにしている（草原和博「多文化的性格の地域を教師はどのように教えるか：社会科教師の意思決定の特質とその要件」日本社会科教育学会編『社会科教育研究』116 号，2012 年，pp.57-69）。
26）渡部らは，経験年数の長い教師の方が，多様な教授方法を用いることができるようになるわけではないことを明らかにしている（渡部竜也・川崎誠司「教師の年齢・経験年数が社会科授業の実態や意識に与える影響について―東京都小学校教員対象アンケート調査（2009 年度）の結果を中心に―」東京学芸大学社会科教育学会編『学藝社会』29 号，2013 年，pp.45-63）。
27）木原は，他者の授業に対する教師の評価コメントを分析し，授業設計の力量を明らかにしようとした（木原俊行『授業研究と教師の成長』日本文教出版，2004 年）。
28）森分孝治「社会科における思考力育成の基本原則―形式主義・活動主義的偏向の克服のために―」全国社会科教育学会編『社会科研究』47 号，1997 年，pp.1-10.
29）森分孝治「社会的なものの見方考え方の拡大・深化・体系化」広島大学附属小学校学校教育研究会『学校教育』№ 1000，2000 年，pp.36-39.
30）森分前掲論文（1997 年），p.3.
31）木原前掲書，pp.59-70.
32）谷田部玲生研究代表科学研究費補助金基盤研究（B）（平成 18 ～ 20 年度）「社会系教科における現職教員の授業力向上プログラム作成のための研究」研究成果報告

書，2009 年．
33）祐岡武志「ESD の観点を導入した世界史教育内容編成論―グローバル・ラーニングのカリキュラムフレームワークの分析より―」『グローバル教育』16 号，2014 年，p.55，図 2
34）エリック・ウィリアムズ著，中山毅訳『資本主義と奴隷制』，理論社，1987 年．
35）小林和夫「ウィリアムズ・テーゼと奴隷貿易研究」『パブリック・ヒストリー』第 6 号，2009 年，pp.112-125．
36）A・G・フランク著，大崎正治（他）訳『世界資本主義と低開発』柘植書房，1976 年．
37）原田智仁『世界史教育内容開発研究―理論批判学習―』風間書房，2000 年．
38）Jeffrey L. Brown et al., *A Sustainable Development Curriculum Framework for World History & Cultures*, Global Learning, Inc., 1991．
39）ウォルター・ロドネー著，北沢正雄訳『世界資本主義とアフリカ―ヨーロッパはいかにアフリカを低開発化したか―』柘植書房，1978 年．
40）前掲論文 33），pp.52-66．
41）前掲書 39），p.4．
42）前掲論文 33），pp.58-60．
43）よねやまひろこ文，エドモンド・オパレ絵『サラガのバオバブ』新日本出版社，2008 年．
44）ロバート・C・アレン著，グローバル経済史研究会訳『なぜ豊かな国と貧しい国が生まれたのか』NTT 出版，2012 年，p.137．
45）世界遺産が「持続可能な開発」と関わることについては，祐岡武志・田渕五十生「国際理解教育としての世界遺産教育―世界遺産を通した『多様性』の学びと学習者の『変化』―」『国際理解教育』Vol.18，明石書店，2012 年，pp.14-23 を参照されたい．
46）神山四郎『歴史入門』講談社，1965 年，p.124．
47）高根正昭『創造の方法学』講談社，1979 年，p.44．
48）森分孝治『社会科授業構成の理論と方法』明治図書，1978 年，pp.86-87．
49）S.Wineburg, D.Martin & C.Monte-Sano, *Reading Like A Historian: Teaching Literacy in Middle and High School History Classrooms*, Teachers College, Columbia University, 2011．
中村洋樹「歴史実践（Doing History）としての歴史学習の論理と意義―『歴史家の様に読む』アプローチを手がかりとして―」，全国社会科教育学会編『社会科研究』79 号，2013 年，pp.49-60．

50) 祐岡氏と筆者は理論批判学習による授業開発チームを組んで本研究に取り組んだ。主題の設定から理論の選択，教材構成等は基本的に祐岡氏が行い，筆者は折に触れて助言し改善を求めた。それゆえ本授業開発の責任の一端は筆者も負っている。
51) 勝俣誠『新・現代アフリカ入門—人々が変える大陸』岩波書店，2013 年．
52) 赤阪賢「外部世界とアフリカ」,『世界の歴史 24・アフリカの民族と社会』中央公論社，1999 年，pp.235-282.
53)「公正 equity」の概念は，環境，開発とともに，グローバルラーニングによる下記の事例集において「持続可能な開発」を捉える視点の一つに挙げられている。
Jeffrey L.Brown et al., *A Sustainable Development Curriculum Framework for World History & Cultures*, Global Learning Inc., 1991.
54) 宮本正興・松田素二編『新書アフリカ史』講談社，1997 年，p.286.
55) 大西秀之「世界遺産を巡るポリティクスとアジアの文化的価値」『アジア情報室通報』11 巻 4 号，2013 年．

第2章　評価プロセスに着目した社会科授業研究

第1節　研究者のファシリテーションによる評価プロセス
　　　　―社会認識形成に着目して―

1. はじめに

　教員が形成すべきとされる資質・能力の1つに,「教科等に関する専門的知識及び技能（教育職員養成審議会答申，1997）」がある。具体的には,「単に知識等を学ぶだけでなく，そのときどきに学校教育において子どもたちに授けることが必要な内容について適切に教科指導等を行う能力」及び「教科等に関する専門的知識及び技能の教授に当たっては，単にそれぞれの学問分野の研究成果や特定の技能の修得にとどまらず，教職に就いてから後も，社会の変化や学問研究の進展等に自ら対応し，自立的に学習を進めることができる基礎的な能力」である。言い換えれば，社会，学校，子どもの要請を踏まえ，学問分野の研究成果を教科指導の中で再構成できる力といえる。

　このような力を育成する上で，大学における教員養成の場ではどのような手立てが求められるだろうか。その1つが，授業を評価するための枠組みを持つことといえよう。特に，社会科は教科としての本質が統一されていない（棚橋，2007，p.22）。そのため，同じ授業を同じ場で見ていたとしても,「社会科観」が異なれば,「よい授業」になったり,「よくない授業」になったりする。その反面，自身の「社会科観」が意識されることは少なく，結果，授業の「よさ」についての対話が難しい現状がある。その意味で言えば，まず，自身の持つ「社会科観」を意識化するための場を設定することが必要であると言えよう。

　2012年に鳴門教育大学で実施した「現代の諸課題と社会認識教育」では，研究者がファシリテーターとして授業の評価プロセスに関わり,「社会科観」

を意識化させた。以下，そのプロセスと結果，明らかにされた「社会科観」を示し，社会科の授業評価の可能性を見ていこう。

2. 研究の方法

(1)評価プロセスにおけるファシリテーターの位置づけ

学習を促進するための指導者を開発教育では，ファシリテーターという。開発教育は，「開発を巡る諸問題を理解し，望ましい開発のあり方を考え，ともに生きることのできる公正な地球社会づくりに参加することをねらいとした教育活動（小貫，2000）」である。そのため，従来の知識伝達型の学習と異なり，指導者は「ファシリテーター（促進者）」として，「学習者のさまざまな経験や知識を尊重しながらそれらを引き出し，対話を生み出し，相互の学びあいを築く役割が期待される（田中，2002）」。社会科観を意識させるためには，「よい授業とは何か」を提示するのではなく，「よい社会科授業とはどのようなものか」「よいと言われている社会科授業は，なぜよいと言われるのか（棚橋，2007，p.3）」を考えさせる場を設定することが必要である。それは，開発教育に見られるファシリテーターのような役割といえよう。

では，ファシリテーターとしてどのような場を設定すればいいのだろうか。以下，図2-1はその場を示したものである。

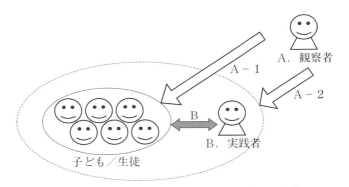

図2-1　授業評価におけるファシリテーションの場

授業は通常,「B. 実践者」と「子ども／生徒」の間で行われる。そのため, 授業を評価する際のエビデンスとなるのは,「A. 観察者」から見た「A－1. 子ども／生徒の実態」,「A－2. 授業における実践者の指示, 発問, 教材の実態」となる。しかし, 当事者である実践者による説明では, 経験や個別の状況にその論理が埋没することが多く,「B. 実践者」自身の評価は, 他者に共有可能な形で示すことが難しい。そのため,「A. 観察者」と「B. 実践者」の役割を分離させ, 授業の事実の確定と共有させる場が不可欠である。以下, このような場を設定するための方略を見ていこう。

(2)授業評価のための枠組みの設定

　社会科は, 社会認識を通して市民的資質を育成する（内海編, 1971, p.7）教科とされる。このような「社会科」の本質に関わる定義を踏まえ,「社会認識」や「市民的資質」の意味, もしくは, これらの関係性をどう捉えるか, そもそも, その教科固有の役割とは何か（片上, 1994）など, その「目標」についての様々な議論が展開している。そして, それぞれの論者が提示した「目標」に対応する形で, 何を教えるべきなのかといった「内容」についての議論, どう教えるべきなのかといった「方法」についての議論が存在している。それらが志向しているのは「目標」,「内容」,「方法」の一貫した社会系教科の教科教育としての理論の構築であった。その意味で授業開発研究や過去のもしくは海外のカリキュラム分析研究では, 理論の抽出, もしくは, 具体化, 言い換えれば, 社会系教科において「形成すべき学力」の明確化・具体化が目指されていた。しかし「形成すべき学力」の多くは, 学校教育を終え, 社会で活躍している大人を想定しており, 実践者はその育成を見届けることはできない範囲を内包している。そのため, 観察可能なエビデンスとして捉えることが難しい。評価でエビデンスとなり得るのは, 観察者が, 確認できる範囲の学力, つまり「形成される学力」といえる。では, 社会科における個々の授業を通して, 実践者による保証・保障が可能な「形成される学力」とは, どのようなものだろうか。以下では「形成される学力」を捉え

図2-2 形成される社会認識

る枠組みを見ていこう。

　図2-2は「形成される学力」の社会認識に着目し，まとめたものである。図2-2では，生徒が獲得・形成した社会的事実の把握，社会的事実・事象間の関係性の把握，社会的意味・意義の把握といったいくつかのレベルの異なる社会の分かり方とその関係性を示したものであり，授業後に想定される社会認識の全体である。実践者は「問い」を通して生徒の社会認識を形成し，その結果は，命題化された知識として生徒から示される。「問い」によって促された社会認識は，大きく3つのレベルの知識に分けることができ，それぞれ，入れ子構造となっている。例えば，「公害問題をいかに解決すべきか？」という価値判断を求める問いに応えるためには，「公害はなぜ，起こったのか？」「公害はどのように拡大していったのか？」というその背景にある社会的事実・事象間の関係性の把握を求める問いに対応する知識が不可欠であり，また，その知識は「公害はどこで起こったのですか？」「公害はいつ起こったのですか？」という情報を求める問いによって促される知識が不可欠である。その意味では，「個別的知識」は「一般的知識」，「一般的知識」は「価値的知識」の基礎となる知識として位置づけられる。

　では，授業後に期待される生徒の社会認識は，授業の中でどのように形成されるのだろうか。形成過程に実践者・生徒のいずれが主として関わるかに着目し，表したものが図2-2の2つの矢印である。まず，実践者から「形成される学力」への矢印を見てみよう。これは，実践者が示したものを生徒が

そのまま形成する場合であり，指導計画上，「答え」や「獲得される知識」として示される実践者の用意した社会認識である。次は，「形成される学力」から生徒への矢印を見てみよう。これは，生徒自身が形成する場合であり，指導案上，「予想される発言」のように示される個々の生徒それぞれが形成する社会認識である。

以上の考察を踏まえ，「形成される学力」のどの点に焦点が当たっているかに着目し，4つの「社会科観」（棚橋，2007）を整理したものが以下の表2-1である。表2-1では，縦軸に形成される知識の質を示し，横軸に，形成された学力の主体に着目し，生徒が主体の場合を「生徒の構成した社会認識」，実践者が主体の場合を「実践者の示す社会認識」とした（井上，2015）。

社会系教科では，様々な要素からなる学力の育成をねらいとして挙げられているが，「形成される学力」に着目すれば，4つの社会科観を挙げることが出来る。以上の枠組みを基にしながら，「社会科」における授業の評価プロセスの実際を見ていこう。

表2-1 形成される学力から見た「社会科観」

	生徒の構成した社会認識	実践者の示す社会認識
①価値的知識	a．社会の構造から自らの生き方を考えさせる社会科授業	b．「望ましいひとつの生き方」に導く社会科授業
②一般的知識	―	c．社会の構造を教え，社会的事象の説明枠をとらえさせる社会科授業
③個別的知識	―	d．社会的事象の構成要素を伝達する社会科授業

3. ファシリテーションの実際

(1)授業評価の概要

取り上げる授業の評価プロセスの実践は，2012年鳴門教育大学で行われた「現代の諸課題と社会認識教育」の中で実施された。以下に示すのは，本講義の目的及び趣旨，授業計画である（鳴門教育大学HP，2014）。

第1～4講は，授業分析のための枠組みを理解させる段階，第5～12講は授業の"よさ"を通して，その社会科観を分析する段階である。次の第13,14講では，これまでの評価の検討会を実施し，最後に，第15講で社会科観についての枠組みを作成させた。

○目的及び趣旨　本講義は，社会科授業研究能力及び，実践力の基礎となる現代の諸課題に対する見方・考え方を身につけることを目的とする。
○授業計画
1．オリエンテーション，アンケート
2．「社会科」を巡る問題状況(1)
3．「社会科」を巡る問題状況(2)
4．授業分析のための枠組み
5．授業の"よさ"の分析―社会的事象の構成要素を伝達する授業―(1)
6．授業の"よさ"の分析―社会的事象の構成要素を伝達する授業―(2)
7．授業の"よさ"の分析―社会の構造を教える授業―(1)
8．授業の"よさ"の分析―社会の構造を教える授業―(2)
9．授業の"よさ"の分析―自らの生き方を考えさせる授業―(1)
10．授業の"よさ"の分析―自らの生き方を考えさせる授業―(2)
11．授業の"よさ"の分析―望ましい一つの生き方に導く授業―(1)
12．授業の"よさ"の分析―望ましい一つの生き方に導く授業―(2)
13．授業検討会の実施(1)
14．授業検討会の実施(2)
15．社会科の"授業"に関わる様々な立場

（シラバスでは，「社会科観」の標記を一部井上が省略し，示した）

(2)評価プロセスの実際

①個々の評価プロセス

まず，共有した評価プロセスを整理しよう。まず，スライドを示し，"よい"授業だと判断する場合は，「他者に共有可能な根拠の提示」が必要であ

第 2 章　評価プロセスに着目した社会科授業研究　113

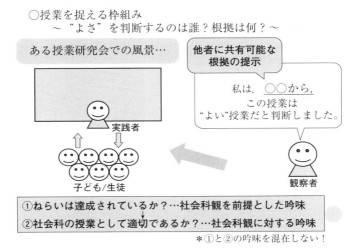

図 2-3　スライド

ること，そして，授業を評価する場合には，「①ねらいは達成されているか？」，「②社会科の授業として適切であるか？」の2つの見方があることを示した[1]。そして，「他者に共有可能な根拠の提示」を前提に，①，②の区別するよう指示している。

では，「社会的事象の構成要素を伝達する授業」を事例に，評価プロセスの実際を示そう。第1次は，学生の評価を引き出す段階である。まず，表2-1の枠組みを踏まえ，「ねらい」が「社会的事象の構成要素を伝達する授業」であることを確認し，授業実践「自然と人間」（棚橋，2007，井上，2010，2014）を視聴させた。その際，以下のような(1)〜(3)の問いを持って，授業を視聴するよう，指示した。

1．今回の講義で視聴した授業実践について，授業の事実を踏まえ，答えなさい。
　(1)この授業にふさわしいと思われるタイトルをつけなさい。
　(2)この授業の「ねらい」は達成されていると言えますか？　理由も含め，まとめてください。
　(3)授業の「ねらい」を達成するために実践者が行っている工夫を挙げてみよう（いくつでも）。

このうち, (1)は, 授業の見方の②に対応し, 学生の社会科観を直感的な感想を「タイトル」として具体化させるために設定した。(2)(3)は, 授業の見方の①に対応している。まず, (2)は, 表2-1の「社会的事象の構成要素を伝達する授業」としての位置づけの妥当性を検討させるために設定した。そして, (3)は,「実践者の工夫」として, 授業実践の中で見られた具体的な事実を引き出すために設定した。

次に, 第2次では, 学生の評価を検討する段階である。ワークシートの(2)(3)に示した学生の記述から, ①, ②の評価プロセスを行った。

まず,「①ねらいは達成されているか?」について確認した。この授業の場合, 受講生12名の内, 8名が「達成されている」, 4名が「達成されていない」と判断した。表2-2は, それぞれの学生の根拠とした事実を整理したものである。

ワークシートの記述から, どうすれば, 取り上げた授業が「社会的事象の構成要素を伝達する授業」として成立しうるか検討した。結果,「実践者」の手立てという点では妥当だが, 生徒の理解を確認する手立てが提示されていない点で問題があるという指摘がなされた。

実践者や生徒／子どものその日の体調, 時期など, 実際の授業では「社会科観」だけでは説明のつかない様々な要因が絡み合う。その意味で授業を理念通りに行うことは難しい。そのような要因を考慮しつつ,「社会科観」に

表2-2 「ねらい」と授業実践とのずれの確定

達成されている	達成されていない
○この授業では, 熱帯やAfといった語句を確認することで正しい知識を学習できているかどうかを確認している。 ○知識を伝達しているだけだが, 定義を伝え把握させているし, 発問もしている。 ○熱帯の気候の特徴を挙げながら, 人間の生活環境やその土地に適してものについて説明している。	○授業の中で生徒が考える場面がほぼなく, ただ板書をノートに移すだけの授業であったため, 生徒が理解しているとは言えない。 ○復習ということで, 何度か生徒を指名し, 答えさせていたが, 曖昧な答えしか返って来なかった。

(12名の学生の記述から抽出, 一部重なる意見は井上が整理した)

表 2-3 「社会的事象の構成要素を伝達する授業」のメリット・デメリット

メリット	デメリット
○先生は教科書に書かれていることは全て伝えている。 ○生徒に社会諸科学に基づいた知識を正確に伝えることが出来る。 ○実践者も生徒も授業の流れがつかみやすい。 ○正しい知識の習得ができる	○知識の定着がなされているかの確認がなく、生徒の学習にゆだねられているため、格差が出てしまう。 ○生徒が思考・判断する能力を身に付ける授業ではない。 ○正しい知識は習得できるが、知識の活用方法が分からない。 ○思考・判断がなく、授業を開く意味を感じず、興味・関心を失い眠くなる。

(12名の学生がディスカッションを通して整理したメリット・デメリットの実際。黒板に整理したものを井上が表に書き起こした)

合致した授業の事実を確定させる必要がある（森分，1985年）。「①ねらいが達成されているか？」を検討する場合では，「ねらい」に対応しない授業の事実を整理し，「社会的事象の構成要素を伝達する授業」を実行するための手立ての再検討を通して，「ねらい」から授業の事実を確定させるのである。

そして，次に「②社会科の授業として適切であるか？」を検討する。①で確定された授業を踏まえ，当該授業のメリット・デメリットをグループディスカッションを通して，検討させる。表2-3に示すのは，「社会的事象の構成要素を伝達する授業」についてのメリット・デメリットである。

最後に，表2-3でのメリット・デメリットの議論を踏まえ，再度「取り上げた授業実践が"社会科"として適切であるか否かについて，現段階での意見をまとめなさい」という課題を課した。結果，12名中，「適切ではない」としたものが，10名であった。理由としては，「知識を教えるだけであれば教師ではなくとも教えることは可能である」，「与えられた情報を受け取るだけなので，思考力・判断力等はつきにくい」，「知識を教えながらも生徒との対話，思考力・判断力を養う力が必要である」が挙げられた。一方，判断を保留としたものは，2名であった。理由としては，「土台となる社会認識を育成する授業がないと（他の）社会科の授業が成立しない」，「生徒の疑問に

全て答えることは難しい」ということが挙げられた。「適切ではない」とした学生は,「思考力・判断力」など,取り上げた授業の枠組みの外からの批判を展開し,判断を保留とした学生は当該授業の枠組みに沿った留保条件を挙げていることが指摘できる。以上のような過程を4つの授業全てにおいて実施し,個々の授業に対する社会科観の検討を行った。次は,それぞれに形成した社会科観を相対化する過程を見ていこう。

②相対化のための評価プロセス

4つの授業に対する個別の検討・評価を踏まえ,相対化のための評価プロセスを行った。相対化のための評価プロセスでは,個別の授業の検討・評価の際のワークシート(1)の記述(「(1)この授業にふさわしいと思われるタイトルをつけなさい」)を活用した。以下,表2-4は,学生が付けた4つの授業に対するタイトルである。

以上のタイトルについて,それぞれのタイトルが「授業のどのような面を表しているか」に注目しながら,タイトルを位置づけることの出来る「枠組み」を作成させた。以下,グループが作成した2つの「枠組み」である。

まず,図2-4は,授業を評価するための枠組みとして,縦軸に「教師」,「学習者」,横軸に「共感的理解」,「知識・理解」の4象限を設定し,タイトルを位置づけている。次に,図2-5に着目すると,ベン図を用いて,「子ども主体」,「教師主体」,「知識・理解」,「思考・判断・表現」,「方法」の5つのまとまりを示し,それぞれのタイトルを位置づけている。2つの枠組みは共通して,授業の中に見られる「子ども／生徒(学習者,子ども主体)」と「実践者(教師,教師主体)」に着目している一方,図2-4は「共感的理解」や「知識・理解」に見られる子ども／生徒の「理解の仕方」に着目し,図2-5は「知識・理解」,「思考・判断・表現」,「方法」といった観点に着目している。

同じ授業に付けた異なるタイトルは,個々の学生の社会科観を反映している。また,グループ内での話し合いを通して,他者の社会科観を知ることが

表2-4 4つの授業にふさわしいタイトル

授業	タイトル
a	1.討論を通して各自の持つ理論，2.価値観の整理・分析・判断させる授業，3.対立する議論から自分の意見を洗練させる授業，4.正義とは？，5.答えのない議論をしよう，6.日常生活を哲学的に考えると，どうなるのだろう？，7.「正義」とは何か？，8.君が考える正義とは何か？，9.貴方は社会にどのような立場で関わり，貢献していくのか？，10.議論の中から考える社会の課題
b	1.立場を設定し，それを複合的に見ることを通して，社会のあり様がわかる授業，2.白糖作りの起源―向山周慶と当時の人々の努力―，3.人物学習を通した，児童主体の共感的理解の授業，4.周慶から分かる地域の産業学習，5.江戸時代の砂糖づくりと今のつながり，6.「向山周慶」について，さまざまな立場から理解する授業，7.共感的理解型授業，8.讃岐の白糖づくり―周慶の努力と工夫―，9.3つの視点から学ぶ周慶と人々の関わり，10.向山周慶の白砂糖研究における研究と影響を学ぶ授業，11.周慶という人物とは？―調査・発表から見えること―，12.周慶と白糖について知ろう，13.現代に残る向山周慶の精神，14.砂糖から発展した私たちの地域の歴史を発表しよう，15.グループ学習発表会「向山周慶について」，16.みんなで「周慶の努力」を物語にしよう，17.伝えよう！私たちが調べたこと，18.砂糖作りにおける人々の努力，工夫と私たちの生活
c	1.「安売り」について考えよう，2.スーパーマーケット調査隊―安売りのひみつ―，3.安売りのひみつを探ろう，4.安売りのひみつを探ろう―販売者と消費者の願い―，5.消費者の思いとお店の工夫，6.スーパーマーケットのひみつ，7.スーパーマーケットの工夫，8.ものを売る人，9.買う人・お店の工夫とお客の願い
d	1.熱帯の風土と生活，2.熱帯の分布と特徴，3.熱帯地方（気候）の特徴と暮らし，4.熱帯の概要，5.熱帯地方の特徴，6.気候と生活―熱帯―，7.熱帯（Af，Aw，Am）の特徴（気候，自然，生活），8.熱帯の地域分布と特徴から見る農業形態，9.ケッペンの気候区分についての講義，10.熱帯気候の特徴と人間生活の関連性，11.熱帯の種類とその分布，12.特徴・熱帯気候の特徴と人々の生活

（番号は井上が便宜上，つけたものである。なお，授業のa～bは次の授業である。a．授業実践「イチローの年俸は高すぎる？」NHKエンタープライズ，2010年，b．授業実践「讃岐糖業の父『向山周慶』―周慶のすばらしさをまとめよう―」香川県小学校社会科教育研究会公開授業，1992年，c．授業実践「スーパーマーケットのひみつをさぐろう」授業実践者：佐藤章浩，2008年，d．授業実践「自然と人間―気候―」放送教育開発センター『教師教育教材 実習生の授業―高校・地理―（ビデオテープ）』，1978年）

出来る。これらの活動が，自らの社会科観を相対化することにもつながる。

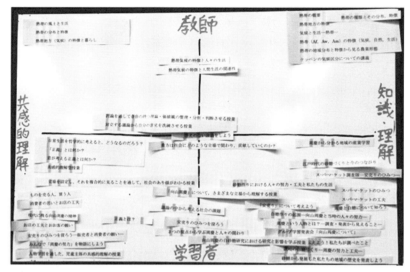

図2-4　グループAの作成した枠組み

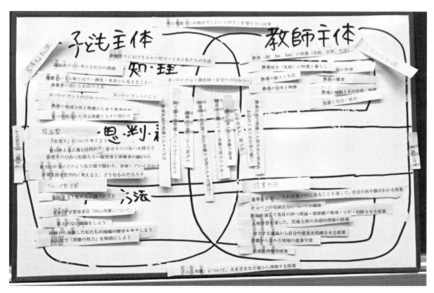

図2-5　グループBの作成した枠組み

(3)**最終的な社会科観**

では，最終的にどのような社会科観が形成されただろうか。最終課題に対する12名の受講者のレポートをもとに見ていこう。最終課題では，「自らが"あるべき"と思う社会科の授業を論じなさい。その際，(1)具体的な授業の具体（できる限り具体的に示すこと），(2)4つの授業のうち，どのパターンに当てはまるかについて論じるよう，指示をした。

まず，学生が"あるべき"とした社会科の授業で最も多かったのは，「社会の構造を教える授業」であり，12名中6名が挙げていた。その理由の1部を挙げてみよう。

> （略）この授業にはデメリットもたくさんあり，直さなくてはいけないところもたくさんあるが，メリットもある。そして，そのメリットはこの授業があるべきと思う理由に相当すると考える。私は，社会科とは「社会を認識する教科」であると考え，そのような観点で社会科の授業をとらえると「社会の構造を教え，社会的事象の説明枠をとらえさせる社会科授業」が，もっとも社会認識を育てることのできる授業ではないかと考える。この授業においては，（略）消費者と生産者の両面からアプローチし，消費と生産の社会構造・経済構造を指し示していることから，社会の見方・考え方を十分に指し示しているといえるだろう。しかしながら，小学校の社会科においては，自分たちを中心として，同心円状に広がっていきながら学習を展開していくため，抽象的な社会構造・経済構造をとらえさせることは難しいといえる。その問題について，自分の身近な社会から社会構造・経済構造を見ることができ，また児童にとって把握しやすい内容となっているのではないかと考える。以上のような理由から，私はこの授業があるべきであると考える。

上記のレポートでは，「社会の構造を教え，社会的事象の説明枠をとらえさせる社会科授業」を例に挙げ，下線で示した授業の事実を踏まえ，波線で示した社会科観を論拠付けている。このように，授業の事実を踏まえることで，自らの社会科観の意識化が出来ていると言える。

4. まとめ

「よい授業とは何か？」という問いの答えは一様ではない。正しい答えを求めるのではなく，個々の教師が，根拠と共に自身の答えを示すこと，つまり，「社会科観」を意識することが，教師の自立的な学習には不可欠である。

その意味では，研究者はその答えを示すのではなく，考え，意識する場を提供すべきではないか。本節で示したのは，そのための場の設定の方法の1つであり，社会科の授業評価の可能性の1つを提示できたと言えよう。

(井上奈穂)

【引用・参考文献】
井上奈穂「社会系教科における評価のためのツール設計の論理―社会的事象に関する知識の獲得を目的とする授業の場合―」鳴門社会科教育学会編『社会認識教育学研究』25号，2010年，pp.31-40.
井上奈穂『社会系教科における評価のためのツール作成の論理―授業者のための評価法作成方略―』風間書房，2015年.
内海巌編『社会認識教育の理論と実践―社会科教育学原理―』葵書房，1971年，p.7.
小貫仁「開発教育」日本社会科教育学会編『社会科教育事典』ぎょうせい，2000年，pp.44-45.
片上宗二「社会科の性格」社会認識教育学会編『社会科教育学ハンドブック』明治図書，1994年，pp.67-76.
田中治彦「開発教育」遠藤克弥監『新教育事典』，勉誠出版，2002年，pp.352-355.
棚橋健治『社会科の授業診断―よい授業に潜む危うさ研究―』明治図書，2007年.
森分孝治「授業研究の方法論的基礎」日本教育方法学会編『子どもの人間的自立と授業実践』明治図書，1985年，pp.177-190.
教育職員養成審議会「新たな時代に向けた教員養成の改善方策について（第一次答申）1997年」文部科学省HP
(http://www.mext.go.jp/b_menu/shingi/old_chukyo/old_shokuin_index/toushin/1315369.htm) 2014年8月3日確認。
鳴門教育大学シラバス「現代の諸課題と社会認識教育」2012年度，鳴門教育大学HP
(https://lc-nue.naruto-u.ac.jp/syllabus2/syllabusReferenceContentsInit.do;jsessionid=D713619678B0CEEC335E814006602D0C.kmap2?subjectId=016200761500&formatCode=1&rowIndex=48&jikanwariSchoolYear=2012) 2014年8月3日確認。

第2節　実践者のリフレクションによる評価プロセス
　　　―価値観形成学習を事例として―

1．はじめに

　社会科授業実践は，教育目標の設定，教育内容の構成，教材の構成，授業過程の組織，学習方法・形態の設定方法の設定，実践という一連の流れの中で行われる。実践後には，教育目標に即して児童の変容を評価し，評価に基づいて学習計画のどの過程にどのような問題があったのか分析し，授業を改善する。社会科授業はこのような積み重ねを通して，より教育目標を達成するものへと改善されるべきであるという考えのもと，評価方法・手段や評価方法，観点別テスト問題の工夫など，評価研究について様々な提言がされてきた。しかしながら，現場の教員は１時間１時間の授業における子どもの変容を読み取り，めざす教育目標の達成に向けて単元計画や授業過程を日々修正している。あるいは１時間の授業の中で，子どもの発言を受けて授業の展開が変わることもしばしばである。上田薫が「評価は正しくは，学習指導の出発点であるというより中途と考えるべきであろう。指導することが評価していることであり，評価すれば自然に指導がはいらずにはいないからである」[2]と述べているように，実践者は子どもの反応を受け，教育目標をもとに評価し，常に指導の修正を行っているのである。それはあたかも「航海はプランではなく目標から始まる。航海者は目標に向けて出発し，発生する条件にアドホックな（その都度的な）やりかたで対応する。彼は風や波や潮流や，ファウナ（動物相）や星や雲やボートの側面に打ち寄せる水の音にもたらされる情報を利用し，それにしたがって舵をとる。彼の努力は目標に至るのに必要なことすべてを実行することに向けられる」というトラック諸島の島民が公海を航行する方法に似ている[3]。この意味からすれば単元計画通りに授業が進むことはまれである。実践者は見学・調査活動を通して子どもが獲得する知識に応じて，目的とする知識の構造の修正も行う。これに伴い発問構

成についても変更がなされる。つまり「発生する条件にアドホックなやり方で対応」する部分が，社会科授業実践には内包されている。

　第2節では，このような実践者のリフレクションによる評価プロセスについて明らかにし，子どもの実態に即した社会科授業の在り方について提案しようとするものである。具体的には，多面的な価値判断に基づく社会認識を形成することを目的として2012年に行った第3学年単元「わたしたちの町　三隅」と単元「わたしたちの生活と商店」の授業実践を実践者の立場から分析し，リフレクションの過程を明らかにする。

2. 多面的な価値判断に基づく社会認識形成をめざす小学校社会科授業設計

　本節で取り上げる第3学年単元「わたしたちの町　三隅」および「私たちの生活と商店」は，児童の多面的な価値判断に基づく社会認識形成を目的として開発した単元である。事実についての解釈や理論は「～することがよい」「～することが正しい」といった一定の価値判断によって体系化されている[4]。多面的な価値判断に基づく社会の見方，考え方を身に着けることは，既存の一定の価値観を注入しようとする社会化に対抗し，社会にとってより望ましい事態を選択するための市民的資質の育成に資するものである。

　そこで第3学年単元「わたしたちの町　三隅」では町の比較・分析を通してその地域性や地域性の背後にある価値判断を相対化し，「私たちの生活と商店」では小売業のマーチャンダイジング（MD）に着目し，販売活動に関わる小売店の価値判断を分析対象として授業を行った。

　それぞれの単元の流れは以下のとおりである。

〇第3学年単元「わたしたちの町　三隅」の単元の流れ
【第1次「三隅町はどんな町でしょう」】
　校区の全体像を概観し，学校周辺の各地区の位置（海側・山側・他の市や県との近く等）と地形（土地の高低，川，海岸等）について確認する。その上で，

「おすすめポイント」として，身近な地域のじまん紹介をする。
【第2次「学校の周りを調べてみよう」】
　実際に地域を観察・調査してとらえた事実を地図に表すことで，地域の構成要素の位置・分布を明らかにする。地図から読み取った事実（「駅の周りに店が集中する」等）から課題（「なぜ駅の周りに店が集中するのか」等）を設定し，その理由を追求することで地域の特徴に気づく。
【第3次「なぜ場所によって，町の様子は異なるのだろう」】
　交通条件やその変化によって，土地利用の様子（商業施設，生産施設，住宅地等）が規定されていることを認識する。
【第4次「みんなにとってよい町とはどんな町だろう？」】
　これまでの学習を振り返り町の景観を特徴づける価値判断（「電車での移動を重視する」「車での移動を重視する」「歩いて行ける範囲に生活に必要なものがすべてそろうことを重視する」）を認識し，「みなにとってよりよい町とはどのような町か」を観点に，それぞれの価値判断について評価する。

○第3学年単元「わたしたちの生活と商店」の単元の流れ
【第1次「買い物調べをしよう」】
　「地域の人々はどこによく買い物にいくのか」という問いから家庭を対象に買い物調査を実施し，調査の結果をグラフに表す。グラフから明らかにあったことをもとに，それぞれのお店の工夫について調べる計画を立てる。
【第2次「お店をしらべよう」】
　共通の要素（品揃え，価格，立地，サービス，商品の質等）についてスーパーマーケットとコンビニエンスストアの工夫を調べ，共通点や相違点について比較する。その結果スーパーマーケットは「地域の人に安く生活に必要なものを供給することを大切にしている」店であり，コンビニエンスストアは「消費者が時間をかけない買い物をすることを大切にしている」店であることを認識する。
【第3次「つくるならスーパー？　コンビニ？」】
　単元「わたしたちの町　三隅」の学習から三保三隅駅周辺の地区には食料

品店がなかったという事実を振り返り,「つくるならコンビニエンスストアかスーパーマーケット」かについて考える。駅を利用する客に配慮するならコンビニエンスストア,住宅地に住む地域住民の利便性を考えるならスーパーマーケットであろう。どちらを優先するのが町にとってよりよい選択なのか,生活への影響を考えながら意思決定を行い,他者との意見交流を通して自己の価値判断について吟味することが目的となる。

3. 多面的な価値判断に基づく社会認識形成をめざす小学校社会科授業実践

　単元「わたしたちの町　三隅」では,第2次「学校の周りを調べよう」第3次「なぜ場所によって,町の様子は異なるのだろう」第4次「みんなにとってよい町とはどんな町だろう？」を,単元「わたしたちの生活と商店」では,単元「わたしたちの町　三隅」で作成した地図をもとに小売店の立地について考えた第3次「つくるならスーパー？　コンビニ？」の実践の様子を取り上げ,実践者のリフレクションによる評価プロセスについて明らかにする。

⑴ 単元「わたしたちの町　三隅」の実践
①第1次「三保三隅駅周辺の探検」

　グループで立てた計画に従って町探検を行い,見つけたものを地図に書き込んでいった。探検後,三保三隅駅周辺の地図を学級全体でまとめ,地図からわかることを発表しあった。次のような意見が出た。

a　駅の近くにお店がたくさんある。
b　5つ角のところにお店が多い。
c　コンビニやスーパーがない。
d　食べ物を売るところが少ない。
e　北に店が多く,南に家が多い。

第 2 章　評価プロセスに着目した社会科授業研究　125

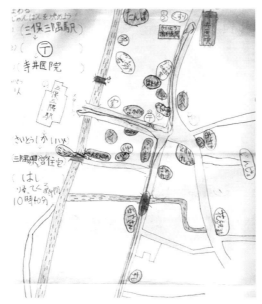

図 2-6　子どもたちが作成した三保三隅駅周辺の地図

f　病院が一か所に集中している。
g　食事をする所がほとんどない。

　特に注目したのは a，b の意見である。子どもの発言を受けて「なぜ角のところや駅の近くにお店が固まっているのだろう」と問いを投げかけた。
　「駅には汽車がとまる。汽車から降りてきたお客さんがお店で買い物をする。だから駅の周りにお店がたくさんあると思う」「5 つ角は車や人がよく通るところだから，お店にたくさんお客さんがくると思う。だから 5 つ角の近くはお店が多い」など，交通手段と店の分布のつながりに着目して，a，b の理由について述べる子どもがほとんどだった。また c，g については「駅を使う人が少ないから食べ物屋さんが少ないのではないか」と利用客数と小売店の関わりに着目する子どももいた。そこで，以後の町探検では交通手段に焦点化して町の特徴を追求していくことにした。

②第1次「三保公民館周辺の探検」

　第3回町探検では三保公民館周辺の地図作りを行った。三保公民館周辺は海岸沿いの町である。三隅川の河口にあたる地区でもある。昭和初期までは川を利用して山間地域から木材が運ばれ，製材業が発達した。また地引き網等漁業もさかんで，魚を加工する工場や造船所が点在していた。さらには日本海酒蔵や岩田屋の工場や集配センターなど，他地域にはない生産拠点が今も残っている。かつては役場や交番，銀行，小・中学校等の公共施設や31件もの商店が連なり商業の町としても発展していた。今でも，せまい道に古い家がびっしりと並び，かつての郵便局や映画館をはじめとして当時の様子を想起させる建物が目立つ地区である。町探検をもとに子どもたちが作成した地図が図2-7である。地図作成を通して子どもたちが気づいたことは以下のとおりである。

a　三保公民館周辺には人の集まる施設が少ない。
b　畑が多い。
c　古い家や建物が多い。

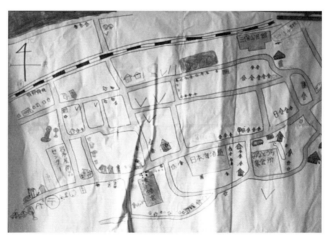

図2-7　学級でまとめた三保公民館周辺の地図

d　湊浦には家が多い。
e　道が狭い（三隅は車が2台通るのに湊浦は1台しか通れない）。
f　大きな酒造店があった。
g　湊浦は車がそんなに走っていない。信号もない。
h　家と家の距離が近い。家がかたまっている（ぎゅうぎゅう）。
i　お店が少なかった。特に食べ物屋さんがない。

　特に多かったのはhの「家と家の距離が近い。家がかたまっている。（ぎゅうぎゅう）」という意見である。しかしその反面，店は少なかった。前回の三隅支所探検での「三隅支所の周りにはたくさん家がある。家がたくさんあるということは人がたくさんいる。人が集まっているところにお店ができる」という発言を取り上げて，「なぜ，家がたくさんあるのにお店は少ないのだろうか」と投げかけた。子どもたちの予想は「最初に家をたくさん建てたのでお店が作れなくなったのではないか」「お店を壊して家をたくさん建てたのではないか」という現実的ではないものがほとんどだった。そこで，次の時間に探検でお世話になった地域ボランティアの方から，昔の三保公民館周辺の様子について話を聞くことにした。

③第1次「ゲストティーチャーの話を聞く」
　地域ボランティアの方から聞いた話の主な内容は次のとおりである。

・昔は山間地でとれた丸太が川を使って運搬され河口付近に大きな製材所があった。
・地引き網をはじめとして漁業がさかんでとれた魚を加工する工場や造船所もあった。
・三保地区には役場や銀行，交番，病院など公共施設が集中していた。
・いろいろな種類の商店が31もあった。
・岩多屋はもとは，船着き場に集まる人にものを売る仕事が原点だった。
・映画館などの娯楽施設もあった。
・製材工場が移転し，漁獲量も減少して加工工場も衰退して三保の町の人口もだんだん減っていった。
・小学生の数もだんだん少なくなり三保小学校は三隅小学校に統合された。

ゲストティーチャーの話から，三保公民館周辺は，大きな工場もあり，漁業もさかんで歩いていける範囲に郵便局やお店や役場や映画館など生活に必要なものがすべてそろっていた町であったこと，工場がなくなり漁獲量も減りだんだん人口が減少していったこと，たくさんある家は空屋が多く住んでいる人が少ないことを確認した。子どもたちにとっては町の昔の様子はイメージしにくく，資料や発問の工夫の必要性を感じた。昔の様子をさかのぼって考えることのむずかしさを実感した。

④第3次「場所によって町の様子が異なるのはなぜか」

当初は「町によって様子が違うのはなぜか」考えさせる予定だったが，それまでの学習の様子から，一足飛びに説明させるのは困難であると判断し，それぞれの町に名前をつけることによってその特徴を確認した後，理由を考察させていくことにした。子どもの考えた町の名前は以下のとおりである。

【三保三隅駅周辺】
・駅のある町　・駅のまわりにお店が集まっている町
・家とお店が分かれている町
【三隅支所周辺】
・お店がたくさんある町　・広い道路がある町　・にぎやかな町
・いろいろなお店がある町
【三保公民館周辺】
・家がぎゅうぎゅうにつまっている町　・海のある町
・線路のある町　・歩いていけるところに何でもあった町
・昔映画館があった町

子どもたちの意見から交通に着目して，「駅のある町」「広い道路がある町」「歩いていけるところに何でもあった町」をそれぞれの町の特徴として取り上げた。現在一番発展しているのは「広い道路のある町」である三隅支所周辺である。しかしながら少し前は「駅のある町」である三保三隅駅周辺が，さらに以前は，「歩いてどこにでもいけるところに何でもあった」三保公民館周辺が発展していた。それぞれの町の特徴を，発展した順にならべ，町の「大切にしている（いた）こと」について考えた。

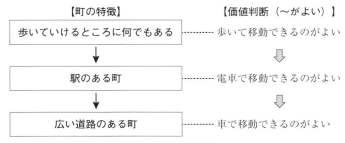

図2-8　町の特徴の移り変わり

　図2-8のように,「歩いて移動できる」ことを重視していたころは歩いていける範囲に生活に必要なものがすべて作られ,「電車で移動できる」ことを重視すれば駅周辺が発展し,「車で移動する」ことを重視するようになれば, 広い道路が作られ道路周辺が発展することを確認することで,「町は大切にするものによって様子が変わる」ことを認識した。

⑤第4次「みなにとってよい町とはどのような町か」
　第4次では, 探検した3地区のよいところと問題点について話し合った後,「みなにとってよい町とはどんな町か」意思決定を行った。はじめの意思決定では「歩いてどこでもいける（以後「歩く」とする）町」が19人,「車が通りやすい広い道路がある（以後「道路」とする）町」が8人,「電車（以後「電車」とする）のある町」が4人という結果だったが, 話し合い後は「歩く」19人,「道路」が11人,「電車」1人に変わった。

　話し合いでは, 主に「安全かどうか」と「お年寄りや体の不自由な人の生活のしやすさ」が問題になった。「道路」側は,「道がせまいとそれだけ車と人がぶつかりやすくなる」と主張し,「歩く」側は「広い道路だと車はスピードを出すから危ない」と主張した。それに対して「広い道路には必ず歩道がついているから安全」「道がせまいと車はいつも以上に気をつける。それにあまり車も通らない。だから事故はおこらない」と互いに反論しあった。「お年寄りや体の不自由な人の生活のしやすさ」についても,「歩く」側は

「車の運転できない人は，病院やお店にいくのに不便」と主張し，「道路」側は「お年寄りは重い荷物をもって歩くのはたいへん。車で移動した方がよい」と反論した。

　「安全性」と「公平性」という側面から，町の景観の背後にある判断を批判的に分析する子どもたちの姿がみてとれた。他にもエコ的な視点や経済的な視点から理由を述べる子どももいたが，特に心に残ったのは「車のとおりが少ない方が安全だし，車だとスピードが速くていろいろなけしきが見えないから，歩いたほうがいろいろなけしきが見えるからです」という発言である。実際にいろいろな地区を探検し地図を作成した経験があったからこその発言であろう。ただ一人「電車」の意見を貫いた児童の「電車だとお客さんがたくさん乗れてたくさんの人が町にくるから。いろいろな人と友達になれる」の意見も，他地域の人々との交流という面からみると貴重な意見である。

　このように町の景観の背後にある価値判断を分析・吟味することで，子どもたちは自分たちの生活空間である町の在り様を相対化し，「よりよい町とは何か」について考えを深めることができたと考える。

(2) 単元「わたしたちの生活と商店」の実践

　1学期に町探検をした際に，三保三隅駅周辺と三保公民館周辺には，スーパーやコンビニエンスストアのような食べ物を扱う店が，なかったことを確認している。もしこれらの地域にお店ができるとしたらどんな店がよいのか考えることを通して，小売店が地域の人々に与える影響について理解を深めることを目的として，第3次「つくるならコンビニ？　スーパー？」の授業を行った。

　話し合いの様子を一部抜粋したものが，表2-5である。

　「コンビニエンスストアがよい」とする子どもたちは，「駅を使う人がいくならコンビニ」「旅行にきた人もすぐに食べられる」「どこに何があるかすぐわかる」のように，利用客や売り方を理由にあげて説明していたが，「スーパーがよい」とする子どもたちからは利用者についての明確な発言がでな

表2-5 第3次「つくるならスーパー？ コンビニ？」の授業記録（抜粋）

発言者	タイトル
T	そこでみなさんで考えてください。
	（三保三隅駅周辺の絵地図を出して）三保三隅駅のまわりってどんなところ？
S21	北にお店が集まっている。
T	なんでだった？
S22	三保三隅駅があるから。
S23	駅からまっちょくせん。
S24	電車からおりてすぐに買い物ができる。
T	他にはどんな特徴があった？
S25	北に店が多くて，南に家が多い。
S26	歯医者と薬局が近い。
S27	道が5つに分かれている。
T	なんでここにお店が多いのかな。
S28	いろいろなところから人が集まるから。
S29	でもここはいきどまりだったよ。
T	お店はこんなにあるけど何かがなかったよね。
S30	スーパーやコンビニがない。
T	つくるならスーパー？ コンビニ？ どちらがいいですか。
Sm	スーパー。
Sm	コンビニ。
T	その理由をノートに書いてみて。
	（5分）
T	では意見を聞きます。まずコンビニ派。
S31	どこにでもあるから便利。
S32	他の県から来た人がどこに何があるかすぐわかる。
S33	コンビニだったら，車で通る人が入りやすい。サンプラムは行ったことがない人は入りにくい。
S34	売っている場所がわかりやすい。
T	全国にあるから入りやすいってことだね。
S35	スーパーだと広くて探しにくい。材料で作らないといけないから，駅を使う人がいくならコンビニ。
S36	旅行にきた人もすぐに食べられる。スーパーをつくるなら広い場所がいい。駅の周りはスペースがない。
T	コンビニなら建てられる？
S37	きんかんの木の周りはすいてたよ。
S38	でもめだたんよ。
S39	ではスーパー派。
S40	家族がいる人はスーパーの方が使いやすい。

S41	スーパーの方が人がいくと思う。
S42	住んでいる人が遠くまで買い物に行かなくてすむ。
S43	コンビニよりいろいろなものがあって便利。
S44	駅の近くだからおみやげ用の大きな店があるといい。
S45	スーパーの方がほしいものがそろう。食べ物も種類が多い。
S46	コンビニよりおいてあるものが多い。
S47	駅のまわりは食べ物やが少ない。コンビニだと思うものが買えない。
S48	コンビニは種類が少ない。
S49	駅にはトラックの人は少ない。汽車は夜にはこない。
S50	まとめて次の日の買い物ができない。
T	誰のためにスーパーを建てるの？
S51	地図の南側の方に住んでいる人のため。
T	コンビニはどう？
S52	他のところからきた人のため。駅からおりた人。
T	住んでいる人と駅を利用する人のためのどちらがいい？
S53	駅はあまり使わないからスーパーの方がいいと思う。
T	じゃあ駅をたくさん使う人がいたらコンビニがいいの？
	（大部分が手をあげる）

かった。そこで「誰のためにスーパーを建てるのか」教師が発問したところ「地図の南側の方に住んでいる人のため」という答えが返ってきた。すなわち住宅地に住む家族世帯のために「買いたいものがたいていそろう」スーパーマーケットを選択しているのである。しかしS53「駅はあまり使わないからスーパーの方がいいと思う」に続く教師の発問「じゃあ駅をたくさん使う人がいたらコンビニがいいの？」で、子どもたちの意識はコンビニエンスストアに流れた。「使う人が多いお店を作ればいい」という意識が子どもたちの選択の背後にあることがわかった。教師の意図としては「そこに住む人々にとってよりよい町にするには、どのお店をつくればよいのか」という観点で子どもたちに選択・評価をさせたかったのだが、3年生の子どもが評価するには難しい視点だったかもしれない。しかしながら、小売店はその判断に応じて品揃えや店舗や価格が異なっていること認識し、地域の実態に合わせてどの判断を優先すべきか考えさせたことは、小売業に対する多面的な社会認識を育成する上で有効であったと考える。

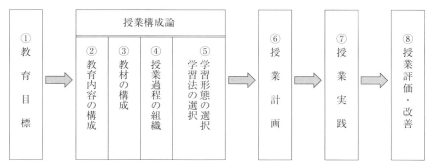

図 2-9　社会科授業研究の基本的枠組み[5]

4. 実践者のリフレクションによる評価プロセスの分析

　単元「わたしたちの町　三隅」，単元「わたしたちの生活と商店」の授業実践におけるリフレクションの過程を，図 2-9「社会科授業研究の基本的枠組み」から分析する。

　例えば，単元「わたしたちの町　三隅」の場合「教育目標」にあたるのは「多面的な価値判断に基づく社会認識形成」であり，それを達成するための教育内容は「交通条件によって，町の特徴は異なる」「交通条件の変化によって町も変化してきた」「交通の衰退のため人口減少という問題をかかえている地域もある」という知識であろう。このような知識を獲得するための教材として「三保三隅駅周辺」「三隅支所周辺」「三保公民館周辺」の町探検やゲストティーチャーの話が選ばれ，発問構成や資料の効果的な提示といった授業計画がなされるのである。

　しかしながら，「わたしたちの町　三隅」の学習に取り組み始めたときには，教育目標については確定していたものの，それを達成するための学習内容を授業者は確定していなかった。「お店や家，郵便局などの施設など見つけたものを地図に書き込みなさい」という指示のもとに行った町探検と，結果を地図に落としたときに子どもが気づいたこと，発見した町の特徴から，追求すべき学習内容を設定していったのである。いわば②「教育内容の構

成」が欠けた状態で授業実践を行い，その評価をもとに教育内容を特定したと言えよう。さらに第2次の三保公民館の探検の後の話し合いで「なぜ，家がたくさんあるのにお店は少ないのだろうか」と投げかけたとき，「最初に家をたくさん建てたのでお店が作れなくなったのではないか」「お店を壊して家をたくさん建てたのではないか」という子どもの誤認識を受けて，地域ボランティアの方から昔の三保公民館周辺の様子について話を聞くことにした。つまり授業実践を受けて③「教材の構成」を修正したと言えよう。第3次の「場所によって町の様子が異なるのはなぜか」を考える学習では，学習の習得状況から子どもたちが一足飛びに説明するのは困難であると判断し，それぞれの町に名前をつけることによってその特徴を確認することにした。評価に基づき④「学習過程の組織」を変更したのである。

　このように，実践者は授業実践における子どもの発言やワークシートの記録，学習活動の様子（意欲的に参加しているか，否かなど）から，目指すべき教育目標までにたどり着くための方法を再吟味し，それに応じて学習内容や教材，発問構成を柔軟に修正していると言えよう。これは，量的分析に支えられた客観的評価ではなく，実践者の見取りによる主観的な評価である。現場教員は常に子どもを理解することに努力を傾け，「なぜそのように考えたのだろう」とその思考過程について深く分析している。その結果を受けて「〜すれば〜できるであろう」という授業についての新たな仮説を設定し，実践によって検証することで，日々授業改善を行っているのである。

5．おわりに

　本節では，第3学年単元「わたしたちの町　三隅」と「わたしたちの生活と商店」の授業者による授業分析をもとに，実践者のリフレクションによる評価プロセスについて，以下の点について明らかにした。

　第1は，常に教育目標を見据え，授業実践を評価し修正を行っていることである。授業実践に際して，教師は「獲得させたい学習内容（知識）は何か」「それを習得させるにはどんな教材を用いればよいか」「授業過程においてど

のような問いを組み立てるか」，ある程度の見通しを立てて授業に臨む。宇佐美寛によると，教材とは学習者が受け取ることを予想した教育内容である。授業場面においては，ある具体的，物理的な（つまり，音声・文字・映像などの）刺激の形をとって学習者に与えられるものである。学習者はこの刺激を受け取り，自分のなんらかの経験を結びつけて解釈し，変質させる。教材は，学習者の側のことばと経験との複雑な関連構造に組み入れられるという形でのみ学習される。宇佐美が「授業の過程で教科内容そのものが修正される場合があり，そのような修正が可能である程度もいろいろである」[6]と述べているように，学習者が実際に習得する知識が想定外だったとしても，科学性や教育目標からみて妥当であるとみなされれば，獲得すべき知識の構造の修正もありうる。社会科授業はそのような柔軟性も必要なのではないだろうか。しかし，単元を通して教育目標が絶対にぶれることがあってはならない。先のトラック島の航海を例とすれば，いわば教育目標は授業の羅針盤のようなものである。

　第2は，実践者は，1単元単位ではなく，1時間ごと，あるいは1時間の授業の中で，絶えず子どもの発言を評価し，授業を修正している点である。評価と言えば単元の最後に行う総括的な評価が意識されることが多いが，子どもたちによりよい授業を保障するにはそうした瞬間瞬間のリフレクションも重要ではないか。実際に教育現場では「指導案通りに授業を行ったことは少ない」という教師は多い。それは子どもの発言や変容，態度に合わせて，発問や学習形態，教材構成をたくみに調整しているからである。

　しかしながら，実践者によるこのような評価は，実践者の主観に拠るため，自らの指導を相対的にとらえることが難しい。また評価の観点や方法の一般化も困難である。その意味からすれば，よりよい授業改善のためには，量的分析等の客観的評価も必要であろう。社会科授業研究にどのように客観的評価を取り入れていくか，それをどのように実際の授業に生かすかが今後の課題である。

（紙田路子）

第3節　アクションリサーチによる社会科授業改善研究のプロセス

1. 問題の所在

　社会科における評価研究は，授業改善のための評価研究と学習結果の測定を目的とする評価研究の2つに大別できよう。さらに，前者はある理念から導かれるカリキュラムや授業構成・展開のすべて，あるいはその一部を示し，その成果を授業の事実として提出する仮説検証の評価研究と，学習成果の解釈を通して，目標とする授業それ自体を再構成する仮説生成の評価研究に分けられる。後者は，評価問題の開発・分析や資質・能力についての一般的な学力論から見取られる評価研究などがある。それらは，学習成果の測定を目的にするため，社会科としての具体的な授業実践と固有の評価要素を示すことができない。それゆえ，日々，実践される授業の何をどのように改善すればよいのかについては検討できないものとなっている。

　本節は授業改善のためにはどのような評価研究をするべきか，研究者・実践者の評価プロセスに着目した授業研究のあり方について提案する。

2. 授業改善のための評価研究の方法・手順

　授業の実践者（以下，授業者）はどのように授業改善を行うのかについて，アクションリサーチを行う。まず，授業者がどのように授業を計画し，実践するのかについて，学習指導案や研究紀要などの文書資料，実践の観察，授業者への聞き取りを行う。次に，授業実践の発言や映像記録を授業者に提示し，授業者自らの振り返りを促す。そして，教師の語りから調査対象者の内面に寄り添い，授業構成や展開を理解し意味付ける。さらに，学会や研究会における授業者や観察者による発表に対する研究者や実践者からの批判・吟味，意見を外部からのアクションとして授業者に示すことで，授業改善がど

のように図られるかを見取る。以上のアクションを繰り返す。
○アクションリサーチのための基本情報
ア　調査対象　授業者・観察者
　　授業者：紙田路子（浜田市立三隅小学校），教職経験：21年目
　　観察者：峯明秀（大阪教育大学）
イ　公開授業・観察
　①　6月18日　第3学年1組　単元名「わたしたちの町　三隅」
　②　9月30日　第3学年1組　単元名「商店と私たちの生活」
ウ　授業者による振り返り・観察者による意味づけ・外部参観者（研究者・実践者）からの意見・批判・吟味
　①' 7月20日連合大学院授業研究プロジェクト（兵庫教育大学神戸サテライト）
　②' 10月27日第63回日本社会科教育学会全国研究大会（山形大学）
　以下，イ①・②の学習指導の実際及び授業者自身の振り返りについては，本書第2章2節）に委ねる。ここでは，ウ①'，②'において，観察者から授業者に省察を促すためのアクション及び外部参観者からの意見を示す。

3．アクションリサーチの実際

①' 7月20日連合大学院授業研究プロジェクトにおけるアクション

(1) **授業者が学習者に期待する学力と身につけられた学力に着目して**

　単元「わたしたちの町　三隅」は，平成23年度浜田市小学校社会科研究会の授業研究の一環として行われた。公開授業（6月18日）に際し配布された学習指導案（第2節の資料参考）から，本単元において，授業者が学習者に期待する知識・理解，技能，態度を（観察者は）次のように抽出する。
　授業者は，学習者に「複数の地域の観察・調査活動」により，「身近な地域の土地利用の様子や主な公共施設などの場所や働き，交通の様子等」について，「疑問や関心」【態度】をもたせること，「地域の特徴について説明す

表2-6 単元「わたしたちの町 三隅」における比較対象地域

> A…三保三隅駅周辺は駅を中心に，散髪屋（美容院），酒屋，薬屋，化粧品店，フィットネスクラブ，石屋や病院，郵便局などが集中している地区である。駅から離れるほど店の数は減少し駅の南側はほぼ住宅地か畑である。またスーパーやコンビニエンスストアなど食料品店が少ないのもこの地区の特徴である。さらに駅周辺には旅館などの宿泊施設がある。このことから三保三隅駅周辺は駅を中心に発展した地区であったことがうかがえる。駅の利用客をターゲットにした町づくりが行われていたのであろう。しかし社会のモータリゼーションが進み，駅の利用客が減少するにつれ，店の数も減少しつつある。廃業した店舗もある。
> B…三隅支所周辺は三隅支所，山陰合同銀行，日本海信用金庫，JA，病院など多くの公共機関が集中する地区である。町の中心には国道9号線につながる大きな道路があり，絶えず車や人がいきしている。畳屋，スーパー，散髪屋，和菓子屋，写真屋，服屋，カラオケ店，本屋，時計屋，酒屋などいろいろな種類の店が道沿いに並び，店の数も多い。三保三隅駅周辺は店が駅周辺に集中していたのに対し，三隅支所周辺はほぼまんべんなく広がっている。しかし，主要道路の周辺に店が集中していることが特徴である。このことから三隅支所周辺は人々が多く訪れる公共機関と大きな道路を中心として発展してきた町であることがわかる。
> C…三保公民館周辺地区は海岸沿いの町である。また三隅川の河口にあたる地区でもある。店はほとんどないが日本海酒蔵や岩田屋の工場や集配センターなど，他地域にはない生産拠点がある。せまい道に家がびっしりと並び，かつての郵便局や映画館をはじめとして歴史を感じさせる建物が目立つ。このことから三保公民館周辺はかつて水運・海運の中継地として発展していた地区であったことがうかがえる。

（紙田路子教諭 第3学年社会科学習指導案 単元名「わたしたちの町 三隅」より）

る」【理解】ことを目指している。そのため，他地域との「比較」・特徴的な要素（特色ある地形や交通の様子，施設の位置と働き）間のつながりを「分析」する【技能】を用いることなどを目標としている。比較対象とする三つの地域A～Cの特色を次のように捉えている（表2-6）。

(2)学習の事実の確定

　本時は，15時間中の第14時である（表2-7）。目標は次のように示される。
　目標：それぞれの地域の構成要素の違いに気づき，その理由を交通と公共施設とのかかわりから説明することができる。（③情報の解釈）【技能】

表2-7 単元「わたしたちの町 三隅」学習指導計画

1	○通学路や自分の家の近くにある自慢の場所を紹介する。
2	○学校のまわりを探検し，三隅公園周辺の特徴ある施設を地図に書き込む。 ※三隅中学校・石正美術館・三隅図書館・アクアみすみ・石州和紙会館の見学・調査（総合的な学習の時間）
3	○教科書の町の絵地図を見て気づいたことを，自分たちの町と比較しながら発表する。
4～9	○グループごとに，学習計画に基づいて学校周辺地区の町たんけんをする。 ・三保三隅駅周辺・三隅支所周辺・三保公民館周辺
10・11	○調べたことをもとに大地図を作成する。
12・13	○大地図を見て気づいたこととそれから考えられることを話し合う。
14 本時	○それぞれの地域の特徴を明らかにし，それらを比較・分析することで町が形成される法則（自然的条件と社会的条件の関わり）について理解する。
15	○三隅町以外の他地域の町と学校周辺の地域を比較・分析することでこれからのよりよい町づくりについて考えることができる。

（紙田路子教諭　第3学年社会科学習指導案　単元名「わたしたちの町　三隅」より）

　表2-8は，単元計画15時間中の第14時として，授業公開を行った実践のトランスクリプトの一部（学習者の発言部分のみを抽出）である[7]。ここでは，1時間における授業者・ゲストを含め全681発言中のうち，学習者の発言は466が示される。それぞれの発言データーを切片化し，ラベルとコード化を図る。個々の発言の大部分は，観察したありのままの情報A（畑・家など），位置・分布に関する情報A'に集約される。

　表2-9は，表2-8をもとにコード化によって抽出される典型的な発言を抽出した一部である。「三保公民館の周りにはなぜお店がないのか」「商店街や店がなくなったこと」などの理由を考えた発言がある。また，観察した情報と結びつけられた理由との間で，その関連を推測できない（論理の飛躍）発言もある。観察者は，本時で学習者に身につけられた認識を次のように推測した。

　学習者間では観察を通して得た情報の共有化，個別の知識は再生されているが，学習指導案に示された「なぜ三保公民館の周りは店が少なく，古い建物が多いのでしょう」の中心発問に対する回答として，授業者が想定した

表2-8 本時から学習者の発言のみを抽出（一部）

時間	番	者	発言内容	コード化	
4:28	2	S2	畑が多いです。	情報A	要素
4:31	3	S2	畑が多い。	同意	
4:42	4	S3	東と，西にお店や家が多い。		
5:10	5	S4	古い家がいっぱいありました。	情報A	要素
5:28	6	S5	家が，あ，家が一か所のところにありました。		
5:43	7	S6	はい。	同意	
5:45	8	S6	家が並んで建っています。	情報A'	分布
5:48	9	S6	どうですか。	同意	
6:04	10	S1	距離が，家と家とが，家と家が近くなくなっています。	情報A'	分布
	11	S	かたまって。	情報A'	
6:27	12	S	かたまってた。	同意	
6:38	13	S7	すき，隙間が小さい。	情報A'	分布
6:45	14	S5	家がつながって隣って感じで（　　　）。		
7:08	15	S8	車が少ないです。		
省　略					
49:09	455	S	はい。		
49:16	457	S	お店。	情報A	
49:17	458	S	製材所。	情報A	
49:25	461	S	お寺。	情報A	
49:38	465	S	住んでた。（（ざわつき））		
49:53	466	S9	人が集まる場所があまりなくなってしまった。		

「獲得した情報をつなげて考え」「交通と公共施設とのかかわり」を理由付けるとしたことは達成できていない。

　以上のような観察者による分析を学習の事実として授業者に示し，次の(3)～(4)を改善要素として示した。

表2-9 コード化による典型的な発言

7:27	19	S9	えっと，::なんか，家がたくさんあるけど：あ，たくさんあるけど，お年寄りが多いから。	関連が飛んでいる発言
7:44	20	S9	えっと::なんか::老人もいっぱいおるし，::なんか，い，その分いっぱいおると::どんどん::なんか::運転できなくなっちゃうから	
9:21	41	S11	(　　)の近くには海がなかったけど，湊浦には海が近くにがありました。	
10:16	63	S13	(　　)よりも:::の方が，北方民家では，あ，三保公民館のまわりには，お墓がたくさんある。	
28:29	330	S7	(　　)昔の家があるけど，壊さないし，お店を建てる土地がないです。	店がない理由
29:12	350	S9	えっと::えっと，1つは，前は商店街が，あ，商店街があったけど，今は：それが家になったから，です。	過去と現在の対比
29:32	351	S9	あと：前は，津波があって::家とかが流されたから:::なんか，おみ，お店は高いからあんまりつくれないけど，家なら，いっぱいつくれるから？	
30:12	355	S23	家が多いかったら，(　　)子どもが(　　)帰るときとか走ってるときに，店が多いかったら車がいっぱいきて，轢かれるかもしれないから，だから家を，家を多い多くした(　　)。	
30:49	359	S5	僕は，最初に家があっ，あったと思って，それから店を建てるところが家がいっぱいあったから店が，お店を建てることができなかったと，そんなふうに思います。	店がないことの理由
32:10	383	S3	畑だったら，野菜とかしか作れないから，ごはんとかの，ちゃんと栄養：	
32:35	393	S16	畑で作って，家で食べるんだったら::ひと，お店だったら，お店はいろんな人に手伝ってもらって，その大根とかをもらっているけど，食糧(　　)して一週間ぐらい，くらい経つから，あまり早くは食べれないから，だから，必要だと思います。	店は必要ない理由
33:28	406	S3	(　　)商店街が(　　)，それ，それなら::えっと，商店街がなくなってるから，(　　)あれ？	商店街や店がなくなった理由の説明
34:15	416	S9	えっと，なんか，俺はなんか三隅公民館の館長さんから，聞いた話だけど，なんか，そこは昔は商	

| | | 店街で，今は老人がそこの家をやっているから，だから，もう，店をする力がないから，やめたって言ってました。 |

（表中の記号は会話分析のためのトランスクリプトの規則による）

(3) 学習指導内容における改善要素—児童の地域認識の発達の再考—

　授業者は事前に「社会認識の未成熟な児童には『地域の特徴的な構成要素』とは何か判別できない部分も多い」ことを想定している。しかし，学習指導計画に「情報の分析・解釈・評価」として示される「地域の特徴的な要素（特色ある地形や交通の様子，施設の位置と働き）間のつながりを分析することで，地域の特徴について説明することができる」ことが，どの程度，学習者が達成できるのであろうか。例えば，「地域の構成要素間のつながりや関わり」「地域による構成要素の違い，分布の違いを比較・分析することで，地域の特徴は異なることを理解する」ために，何をどのように捉え，比較・分析することでその特徴を見出すことができるのか。学習者の発言の大部分は，直接見聞きした集会所，道路，公民館，酒造店などの情報Aである。また分布については，子どもの生活と結びついたコトバによる情報A'の表出にとどまっている。地図上の位置と分布について他所との比較，相違点の確認が重要ではなかろうか。そして，「地域社会の社会的事象の特色や相互の関連などについて考える力」をもつには授業者が指摘する「地域全体を俯瞰した見方」に至っていることが前提とされる。子どもの生活体験と地域認識の発達のいくつかの段階（他の地域との比較を通して，地域の特徴的な構成要素をとらえ，位置や分布に留意して地図に書き込むことができる→地域の特徴的な要素（特色ある地形や交通の様子，施設の位置と働き）間のつながりを分析することで，地域の特徴について説明することができる）について，またそれが「調査・見学」と「気づいたことについての話し合い」の学習過程を繰り返すことで認識可能かどうか，発達の実際的な検証を踏まえる必要があろう。

(4) 学習指導の実際における改善要素―単元のねらいと本時のねらい―

表2-10は，本時の681の発言のうち，授業者の発言を抽出（紙幅の都合，省略）し，さらに観察者が注目する典型的な発言を抽出したものである。授業者の発言は，48（表中の番号，以下同じ）の町たんけんから気付いたことを学習者に問いかけるもの，233人が集まっているところはどこか，注意を喚起するもの，540商店街がなくなったのはなぜか理由を尋ねるなど，学習者の気付きや考える方向を発言の積み重ねに応じて，適宜行っている。それは，ややもすれば授業者が問いを発することで，学習者に獲得させたい知識への誘導や発見すべき理由の先回りになっている。ゲストティーチャーからの発言も新たな知識の発見ではなく解説になっている。実際，これについて授業直後の検討会において，授業者は次のA～Cの振り返りを行っている（表2-11）。

A～Cからは，単元の学習を通して習得させるべき理解内容を授業者があ

表2-10 授業者の典型的な発言（本時）

4:08	48	T	前，三隅支所のまわりと比べてどんなことに気づきましたか。	比較を促す
12:47	233	T	三隅支所のまわりでは，人が集まるところってどこだった？	
13:30	264	T	ところが：：人が集まる場所が少ないってタイチさん言ってるけど，どうですか？	
14:32	288	T	はい，じゃあ，家が近いとか，家が並んで建っているとか，家が多いとか，家について書いた人。	
26:33	424	T	昔の家が残っている，残っていると，なんで店が少ないの？	気付きを誘導する
33:58	540	T	だから商店街がなくなってなんで家が建ったのかなっていうところで，どう？	
34:57	553	T	ということは，昔はたくさんお店があったということなんだ。	
35:46	575	T	はい，それじゃあ，本当はどうなのか，ちょっとね，せっかくウエノさんに来ていただいてるので，ウエノさんに，昔の，ほんとにお店がたくさんあったのか，どうなのかを聞いてみようと思います。	

表2-11　公開授業後の検討会における授業者の振り返り（一部）

A　最終的には，なんで場所によって地域の様子って違うんだろうねっていうところに，落としたかったんですけども，そうなった時に，なんで，こう場所によってこんだけ店が少なかったり，家が多かったり，こんなんだったり違うんだろうねって言った時に，たぶん子どもたちが挙げるのは，人が集まる施設のこととか，交通状況が違うこととか，そういうことは出てくる時に，これをどう特徴づけるかって考えた時に，その交通状況が悪いからとか，なんたらかんたらだけだったら，その家が多いっていうことなんか説明がつながらん，子どもの中にも落ちてこないんじゃないかなっていうのがあったので，で，そうなった場合，やっぱり過去のこと持ち出さんと駄目かなって自分の中で迷いがありまして，やっぱりだから，何か，場所によってなぜこんなに違うのかなとかって考えた時には，やっぱりそれなりの，そう共通の視点というか観点がいるかなぁと思った時に，あの過去のことを出したんですけども。

B　私の中で，じゃ，この町を通して子どもにどんなことをわからせたいかと言われたら，やっぱそういうもん。そこまでいかないかもしれませんが，社会的条件，自然的条件によって町は変わるんだどういうことをわかってほしいかなって。だから，あの自然的条件じゃないかもしれませんけど，駅とか道路の交通というのは社会的条件ですよね，それの車社会になる駅が廃れる社会的条件によって，町も変わるし，これみたいに製材所がなくなってしまった。という社会的条件の変化で，町が廃れていったこういうことをわからせたいなぁと思います。

C　三隅支所も人が集まる施設，銀行とか，そういう広い道路が，目に見えて分かりやすいから，子どもも特徴を捉えやすいんですが，三保公民館になると，人が昔集まっていた形跡っていうのが，もう人のお話を聞くしか確かめられないなと思って，あの，それで，お話をお願いして，今日来ていただいたということです。でもやっぱりその，子どもたちには，その，働き場所とか昔のことっていうのはやっぱりイメージしにくいなぁって思ったのは，今日の感想でした。やっぱり，あの，過去に遡って色々町の特徴を考えるっていうのは，難しかったかなぁという風に思っています。で，もうほんとに子どもたちが捉えた道が細くって車が通りにくい，だからお店が少ないのかなっていうところあたりで，おさえといた方が良かったのかなと思ったり，今日のようにやっぱり，昔はすごく盛んな所だったんだけども，その形跡が今でも残っているという風に，くり抜いた方が，良く，あー，そこまでいくべきなのかなっていうよう，迷いながら終わった授業でした。

らかじめ設定し，それを如何に学習者にわからせるか・押さえるかを意識している。また，学習者が過去に遡りイメージ化を図ることが予想に反して難しかった点や当初の指導計画と異なり，実際に展開する中で迷いながら手探りで指導していたことも窺える。現実の学習場面において，授業者の問いと学習者の応答を予定調和的に実現することは困難であり，自然な流れと言え

第2章　評価プロセスに着目した社会科授業研究　145

表2-12　公開授業後の検討会における参観者D・Eの意見（一部）

D　僕はそのことすごく重大な，重要なことだと思ってるんですけど，あの，て，あの地域を今日で見える範囲で，比較をしようっていう時に，同じところを見つけていって，同じものがどこにもあるねって言うから，共通なものっていう発想になったと思うんですよ。そこに子どもたちが気づいていくと，でも違うところがいっぱいあるっていうことが分かってくると思うんですよ。同じようにあるけど，違うところがこんなにあるっていうのに気づいていけると思うんで，そういう比較っていう考え方で，あの，<u>まずは平面的に，比較，比べていくと</u>。
E　子どもの何人，あの後ろの子がですね，あの，昔はお店してたんだけど，おじいちゃんになって，もうお店ができなくなったので，お店は辞めたとかですね，そんな意見も出てましたよね。で，結局，あの，昔はたくさんお店があって，人もいたんだけど，今はもうさびれてるんだよってことが，今の状況なので，それ三年生のレベルで，それで理解していいんじゃないかと思うんですよ。で，先生が言われたように，だけど，昔はどうだったかということで，あえて言うなら，例えば小学校の時の，<u>三保小学校の時の児童数は一番多かった時に何人いたのかとかですね，そんな資料を用意して</u>，あぁすごいたくさん子どもがいたんだとか，子どもがたくさんいたってことは，そこにたくさん人が住んでたっていうことに，子どもは気づくだろうし，もうお店のこれだって，資料見たときに31軒って，このお店見たときに，子どもが例えば，あぁとかって言ったんですよね。だから，そういうところでその，今はあの，人も少なくなって，お店も無くなったけれども，昔はたくさんお店があって，たくさん子どももいて，賑わったっていうことを，だけくらいちょろっと触れれば，それでいいのかなと。あんまりその，<u>先生の思いを強く出されなくても，子どもが見た感じがそうなんで，もうそれで良いような気がするんですけど</u>。（下線…観察者　子どもの気付きを導く程度の資料提示でよい）

よう。しかし，公開授業後すぐの検討会において参観していたD，Eの意見に示されるように，学習者に他所との比較や過去の様子についての「気づき」を促す資料の工夫・改善の余地は若干残されている（表2-12）。

(5)外部参観者（研究者・実践者）からの意見・批判・吟味
　　―研究テーマと学習の事実との齟齬―

　先に記したように本授業は，学校現場で一般的に行われている研究会による授業研究に組み込まれている。それゆえ，研究テーマとされる情報活用能力に焦点をあてた公開授業にならざるを得ない。他方，授業者は「価値観形成を目指す小学校社会科授業」を個人の研究課題にしている。公開授業や研

表2-13　7月20日連合大学院授業研究プロジェクトにおける質疑応答

研究者X：	「開かれた価値観形成」を考慮して作ったのか。
授業者　：	大きな枠組みとしては，「開かれた価値観形成」です。しかし，実際の授業としては子どもの発言を生かす形で展開した。
研究者Y：	単元全体の構造と価値観形成の場面の関係を確定すべきではないのか前提となる知識はどのように獲得されていったのか。
授業者　：	価値観形成と発達段階との関係の明確化が必要（3年生なりの価値観形成）であった。
研究者Z：	「開かれた価値観形成」とは，何を目指したものか。
授業者　：	いろいろな町のあり方があるという理解です。

究会，学会発表などでは，授業者の研究仮説として目指すべき資質・能力やそれを達成するための学習内容や指導方法，資料の扱いについて，計画された授業構成や学習指導の展開が示される。そして，実践を通して授業者の見取りから学習成果が検証される。しかし，授業者が行う評価，学習成果の検証は妥当であろうか。例えば，7月20日連合大学院授業研究プロジェクトにおいて示された授業者からの報告に対して，研究者X～Zから次のような意見が出された（表2-13）。

　ここでは，授業者に対して価値観形成とは何か，価値観が形成されるのはどのような状態か，価値観が形成された場面はどのように見とることができるのかが問われた。観察者からは学習の事実をどのように確定するのかが，課題であると加えた。

　以上のような外部参観者からの意見や批判・吟味をもとに授業者は自らの実践を振り返り，②の単元開発・授業公開を行う。そこで，観察者は②'のアクションを加える。それは，授業者が求める価値観の形成めざす授業研究について，実践記録や報告における子どもに対する見方や授業に対する考え方が授業者と異なる授業観をもつ立場・視点から多くの示唆を受けることで，授業者自身がどのような省察，振り返りを行うのかを調査するためである。

②' 10月27日第63回日本社会科教育学会全国研究大会（山形大学）におけるアクション[8]

(1)学習成果の報告に対する授業観の異なる参観者からの意見・批判

　課題研究Ⅰは「社会科授業研究における質的研究法を問い直す」をテーマに社会科授業研究に対する質的研究の可能性をめぐり，報告・議論された。

　授業者は，イ①を踏まえた②の実践を「小学校児童の開かれた価値観形成をめざす授業実践の取り組みから―第3学年単元『わたしたちの町　三隅』授業実践を通して―」と題して報告を行った。これに対し，社会科における実践記録の分析を重視する「社会科の初志をつらぬく会」の実践者及び研究

表2-14　課題研究Ⅰにおける授業者に対する質疑応答（一部）

研究者A：	これが第4次までのところで1番ベストの授業記録であるのか。先生の授業の価値付けというか，どうしてこの記録をのせたのか。
授業者：	最後の意思決定のところ，これがいいかあれがいいか話し合うところで，記録を取るようにしています。認識させたいとか，追究させたいところでも，とることはあります。
研究者B：	紙田先生が子どもを見取る見とり方が，直感でやってらっしゃるとかね，恐らく観察を中心にやってらっしゃるわけですが，それはあなたでないとできないよと言われていると，あなたでないとできないというところを，どんな風に身につけてこられたのかな。
司　会：	今のフロアーからのご意見は，先生の見方も非常に直感的と言われていましたけど，先生の独自のとらえで，解釈されているのではないか。それはどのように形成されたのか。
授業者：	直感と言いましたけど，多分，その子どもを理解しようとしているからだと思います。あの，社会だけで見てません。生活環境から家庭環境から何の遊びが好きだとか，国語の授業の様子とか。そういう子どもの生活をベースにして，この子がこういったのは多分こう意図から言ったんだろうなということで解釈しています。
研究者B：	開かれた社会認識とか知識の獲得とかいう場合に，知識がその子の中にどう捉えられていくのかという部分が質的研究の問題になっていく。教材の構造と知識の構造はイコールでなくて，個々の子どもが置かれた生活の文脈によって獲得の仕方が変わってくる。教材の構造がきれいに入っていくわけではない。個性的な思考の仕方，一つ一つの知識がどう捉えられていくのか…

者が多く参加する会の中で，次のような質疑応答がなされた（表2-14）。

　研究者A・Bは，どのような事実の切り取り方をしたのか，授業者が「学習者が知識を獲得した」「社会認識が開かれた」とした解釈の妥当性をどのように証明するのかを問うものであった。さらにBは教材の構造＝知識の獲得にはならず，学習者の思考は個性的であるとの意見を加えた。授業者は，学習者の他教科の取り組みや生活全般の観察を行ったと回答したが，自らが示した資料や解釈に対する疑義や批判に正直，戸惑ったとの感想を述べた。

(2)アプロプリエーションによる研究仮説の修正 [9]

　授業者は，②'の後，2013年11月9日に全国社会科教育学会第62回全国研究大会（山口大学），2014年2月9日に社会系教科教育学会第25回研究発表大会（大阪教育大学）において，価値観形成を目指す小学校社会科授業を掲げた研究発表を行った。また，3月23日連合研究科共同研究プロジェクトにおいて，これまで取り組んできている実践及び研究を振り返られた。

　観察者は，表2-15の本章第2節の論考における以下の点に注目する。授業者は目指すべき教育目標を設定し，子どもの発言やワークシートの記録，学習活動の様子から子ども理解を行い，内容や構成を柔軟に修正している。そして，新たな仮説を設定し，実践によって検証する。また，教師の見取りは主観的な評価であり，量的分析に支えられた客観的評価が必要とまとめら

表2-15　授業者による実践及び研究の省察（一部抽出）

「わたしたちの町　三隅」の学習に取り組み始めたときには，教育目標については確定していたものの，それを達成するための学習内容を授業者は確定していなかった。（中略）授業者は授業実践における子どもの発言やワークシートの記録，学習活動の様子（省略）教育目標までの距離をはかり，それに応じて学習内容や教材，発問構成を柔軟に修正していると言えよう。これは，量的分析に支えられた客観的評価ではなく，教師の見取りによる主観的な評価である。現場教員は常に子どもを理解することに努力を傾け，「なぜそのように考えたのだろう」とその思考過程について深く分析している。その結果を受けて「～すれば～できるであろう」という授業についての新たな仮説を設定し，実践によって検証することで，日々授業改善を行っているのである。

れている。

　授業者の変容は，学習者の状況に応じたPDCA（計画－実践－評価－改善）のサイクルが意識化されていることである。それは授業者として暗黙のうちに行う営み，当然の行為であるがゆえに，これまで学校現場から出される実践報告では目立った結果・成果のみが記され，授業改善の意図が一連のものとして明示化されることはほとんどなかった。また，長期に渡り研究会に参加し，観察者から意味づけられたり外部参観者（研究者・実践者）から意見，批判・吟味されたりした内容が授業者の中で咀嚼されことが，洗練され精緻化された単元構成や指導計画，また価値観形成の研究論文として再構成されて表わされている。すなわち，授業研究としての一連のアクションが授業者の中でアプロプリエーションされ，授業の研究仮説の修正が行われてきている。

4. 評価プロセスに着目した社会科授業研究における方法論

　井上は，研究者のファシリテーションによる評価プロセスを著した（第1節）。それは仮説検証の授業研究における学習成果の事実に基づく授業改善の方法論を示すものであった。紙田は，実践者のリフレクションによる評価プロセスを著し，自らの研究テーマに沿って，いかに授業を改善してきたかを示した（第2節）。筆者は観察者としてアクションを加えることにより，授業者が社会科授業をどのように改善するのか，評価からの授業研究の方法論を探った。それは授業者が目指す授業観と異なる立場からの授業研究を提示し，個の成長や生き方に関与する実践記録（富山市立堀川小学校事例）を研究者・実践者からなる授業検討会で分析，討議することから始めた。次に，授業者が開発した単元の公開授業を観察し，授業者自身の振り返りと外部参観者あるいは授業観の異なる立場からの意見や批判を示すことで，学習の事実について解釈の妥当性・証拠を吟味する必要があることを強く授業者に働きかけた。そして，学会や研究会を通じ，最近の授業研究の動向や情報を提供することなどの支援を行った。結果，授業者の仮説検証としての授業研究は，

実証性への関心が高まった。

　他方，別稿で示した社会科学習評価研究の見通しからは，学習の「事実」の分析や説明からどのような授業を創造・開発するのか，仮説生成のための一般的・普遍的な理論・方法論の明示化にはいまだ検討の余地が残されている[10]。

（峯　明秀）

【注及び引用文献】
1) 評価プロセスについては森分の論考を参考とした。①は「e　実践者の理論を枠組みとする授業の分析・評価，改善」であり，「実践者の説明する，あるいは，授業や計画から読み取れる実践者の意図や目的，その背後にある理論を前提とし，それを基本的な枠組みとして授業を分析・評価し，改善策を提示するものである」。それに対し，②は「f　優れた理論による授業の分析，評価，改善」であり，「なされた特定の授業やその授業計画を，実践者のもつ理論とは別の，そして，それに対し自己の優秀性を主張する理論を基準として，分析・評価し，その基礎にある理論を批判しようとするものである」（森分，1985年）。本節で示す評価プロセスでは，この①と②を段階的に行うことによって，学生の社会科観を意識化させることを目的としている。
2) 上田薫『知られざる教育』黎明書房，1987年，p.97.
3) ルーシー・A・サッチマン『プランと状況的行為人間─機械コミュニケーションの可能性』産業図書，1999年，p.2.
4) 森分孝治『現代社会科授業理論』明治図書，1984年，p.71.
5) 梅津正美「社会科授業研究の教育実践学的方法論の構築をめざして─問題の所在─」全国社会科教育学会授業研究第1回授業研究プロジェクト会議資料，2012年，p.7.
6) 宇佐美寛『教授方法論批判』明治図書，1978年，pp.125-128.
7) プロトコル分析は言語的データの分析方法を指し，トランスクリプトはデータとしての正確な転記を示す。鈴木聡志『会話分析・ディスコース分析』新曜社，2007年．質的分析におけるラベル，コード化については，木下康仁『グラウンデッド・セオリー・アプローチの実践』弘文堂，2003年，pp.230-248.
8) 観察者は，民間教育研究団体「社会科の初志をつらぬく会」の実践検討会では，一時間の授業の逐語記録を中心に，その授業に関する解釈を，参加者が様々な角度

から出し合い議論を進めることを承知している。
9) 他者の持っている知識や技能を受動的に受け入れることなく，共同的な活動を通して，自己の視点から主体的に価値付け，解釈し，作り上げていく過程を意味する。
10) 峯明秀「社会科の学力評価論の批判的検討―学習の事実に基づく授業改善研究の必要性―」全国社会科教育学会編『社会科研究』80号，2014年，p.42. 社会科授業の改善はそれぞれの授業観において，目指す授業の各々の評価要素を確定し，具体的なデータ・情報によってどのように分析・説明するのかにより理論が実証されるということを示す。問題はどのようなデータや情報を収集し「事実」とするのか。実証における記録や解釈の妥当性をどのように担保するかである。

表2-16　社会科学習評価研究の見通し

仮説検証 ↕ 仮説生成	原　理	授業者が目標とする社会科授業観を明らかにする	
	理論	計画	（社会の見方・考え方の育成）カリキュラム，授業構成	（個々の生き方の育成）学習者の生活の様子や態度
		評価要素	知識（発問）の構造，議論の質・内容	学習者の発言内容や表現）生き方・成長を捉える観点
			社会認識形成と市民的資質育成に関わる認知的・情意的・感覚運動的側面の変容の範囲と程度を示す。	
	実証	（学習の事実）具体的なデータ・情報収集・分析（評価方法・手段）	

第3章　改善プロセスに着目した社会科授業研究

第1節　授業仮説からアプローチする社会科授業改善の実際

1. 小学校社会科における授業改善の実際
　　—小学校第6学年「大昔の人々のくらし」を事例に—

　ここでは，同じ内容の授業を二か年にわたって実践し，授業仮説の検証と修正を行い，授業改善を図ったプロセスについて述べる。特に本項では，社会科授業における「思考」の評価を明確に行うための方略に関する授業仮説に基づいて，その方略と授業の改善を行ったことと，その結果に着目する。

(1)問題の所在と研究の目的

　小学校現場では，子どもの学力を評価する際に，業者が作成したテストが活用される。平成20年版学習指導要領では，「思考力」の育成が重視されるようになった。それに伴い，「『思考力』が評価できる」とする業者テストが増えている。市販の業者テストは，教育現場に大きな影響を与えている。そこで，第5学年「米作りのさかんな地域」の業者テスト問題を分析した。分析の観点は，次の3点である。

① 「思考」を問う問題が，「知識・理解」と区別されているか。
② 「思考」を問う問題が，「技能」と区別されているか。
③ 子どもの「思考」を可視化するための手立てが，うたれているか。

　分析フレームワークを作成し，分析したものの一部が，次の表3-1である。

表3-1 業者テスト分析例

分析対象（出典）	某社『社会科テスト』2014.4	
	○ or ×	考察
(1)「知識・理解」との区別	×	知識を問う内容となっている。因果関係を問う問題もある。しかしそれも知識のみを問う内容となっている。
(2)「技能」との区別	×	
(3)可視化の手立て	×	

　業者による第5学年「米作りのさかんな地域」のテスト問題を分析した結果，「思考」を評価できている問題はなく，「知識」を評価している問題がほとんどであった。子どもの内面の行為である「思考」をみることは，困難ということである。ここまで述べた問題を克服し，子どもの「思考」の評価方法を開発することが本項の目的である。

(2)授業仮説に基づいた授業開発
①社会科授業における「思考」
i 「探究Ⅰ」の授業構成理論の探究過程

　岩田一彦は，社会科授業における学習の過程について「『問い→仮説→検証→新しい問い』の過程を，できるだけ効率よくたどらせることである。←このプロセスが『学び方』の基礎・基本である。」[1]と述べている。「問い→仮説→検証」の学習過程をたどることが「学び方」の基礎・基本ということである。この学習過程をたどる授業構成理論として，岩田による「概念探究型社会科」の理論がある。岩田は，概念探究過程を次のように述べている[2]。

概念探究の基本的学習過程

Ⅰ情報の収集　Ⅱ情報の分類・比較　Ⅲ学習問題の発見・把握　Ⅳ予想の提示
Ⅴ仮説の設定　Ⅵ仮説の根拠となる資料の収集　Ⅶ検証
Ⅷまとめ，応用，新しい問いの発見

　岩田は，この学習過程をたどることで，「社会を認識する自前の概念装置をつくり，社会の現状認識およびその歴史が理解できるようになれば，社会科の基盤はできたことになる。」[3]と述べている。概念探究過程をたどるこ

とで，自前の概念装置を獲得することができるのである。

　米田豊は，岩田の「概念探究型社会科」の授業構成理論に「習得・活用・探究」を組み込んで，「探究Ⅰ」の授業構成理論を提案している。「探究Ⅰ」を「なぜ疑問の発見・把握」「予想・仮説の設定」「仮説の検証のための資料の収集と選択，決定」「選択した資料をもとにした検証」の過程を経て「説明的知識」を習得する過程としている。それぞれの場面で，それまでに習得した知識を活用することが重要になる。この過程を「分かる」過程として「『分かる』とは『社会のしくみが分かる』（社会認識形成）ことである」[4]としている。社会科の目標は「社会認識形成と市民的資質の育成」にある。このうち，社会認識とは，社会諸科学の研究成果を教科内容として組み込み，それを知識として習得することで，形成されるものである。これは，内田義彦が述べている社会科学の要である「概念装置の組み立て」[5]のことである。つまり，社会科の目標を「概念装置の組み立て」と考えることもできる。そうであれば，社会科学の探究過程をたどることが，社会科の授業においても重要であるということになる。「探究Ⅰ」の過程をたどることが重要なのである。

ⅱ 探究過程における「思考」

　森分孝治は，社会科における「思考」について，「思考は問いと答えの間にある。我々は特定の社会的事象についてなにかを知り，わかろうとするとき，その事象に対して問いを投げ掛け，あれこれ調べ，仮説と検証を繰り返して答えにたどりつき，それを把握している。この過程が思考である。」[6]と述べている。

　森分は，「問い」→「仮説」→「検証」の過程が社会科における「思考」であるとしている。これは，岩田，米田が述べていた社会科における探究過程そのものが，「思考」であることを意味している。

②授業仮説（Plan）

　ここまで述べた社会科における「思考」を評価するためには，探究過程を可視化する必要がある。子どもがそれまでに習得している知識を，どのように組み合わせ，活用しているのかを明らかにする必要がある。それこそが，「問い」に対して「仮説」を設定し「検証」する探究過程そのものであるためである。そこで，授業仮説を次のように設定した。

授業仮説①

課題を探究する際に，それまでに習得しているどの知識をどのように組み合わせているのか，明示させることにより，社会科授業における思考の評価が明確に行えるのではないか。

(3)実際の授業

①単元名 (Plan)

　小学校第6学年「大昔のくらしと国の統一（むらからくにへ）」

②単元の目標 (Plan)

関心・意欲・態度	・縄文時代から弥生時代へと人々のくらしが変化した理由を，意欲的に考えようとする。
思考・判断・表現	・縄文時代について習得した知識（土器の使用，食生活，気候の変化）と，弥生時代について習得した知識（稲作の伝播，ムラからクニへと集団の拡大，争いの発生）から主に食料の確保を根拠にして，縄文時代と弥生時代の人口の増減について考えることができる。
技能	・縄文時代の想像図から，縄文時代のくらしが，小集団で，服装などに差がなく，採集や狩りによる食料確保によって営まれていたことを読み取ることができる。弥生時代の想像図から，くらしの集団の規模が大きくなったことにより，争いがうまれ，服装に差ができたことを読み取ることができる。 ・縄文時代と弥生時代の人口の増減を表したグラフを読み取ることができる。
知識・理解	・稲作の普及に伴う食生活の安定により，人々のくらしが，小規模なムラでの生活から大規模なムラでの生活へと変化したことが分かる。 ・ムラ同士の争いから，クニがうまれ，日本列島に大きな権力をもった政治勢力（邪馬台国の卑弥呼，大仙古墳などの巨大な古墳を作ることができるような豪族）がうまれたことが分かる。

③単元の指導計画（Plan）

時	内容
1	**縄文時代と弥生時代の違いを発見しよう** 日本文教出版『小学社会』pp.6-7 に掲載されている絵画資料から，縄文時代と弥生時代の違いを読み取る。絵から読み取れる事実を確認していく。 |	服装	食物	家	土器	道具	様子
---	---	---	---	---	---	---
縄文	同じ	採集・狩り	同じ家	使ってる	弓矢・モリ等	平和
弥生	違う	不明（米）	大きい建物	不明	弓矢・斧・鎧	争い	
2	**なぜ縄文時代とよばれるのだろう** 　縄文土器の存在が，縄文時代の期間を決定している重要な要因であることを意識づけるために，問いを設定する。 　前時に出た意見に基づき，縄文時代について，次の記述的知識を習得する。三内丸山遺跡，竪穴住居，道具（石や骨で製作，縄文土器），狩猟採集社会であったこと，貝塚，争いがなかったと考えられていること。習得した記述的知識を活用して，縄文時代とよばれるのは，土器に描かれた縄状の模様に基づいていることが分かる。
3	**なぜ縄文時代の期間は変化するのだろう** 　縄文時代の期間は，日本文教出版の教科書記述では，約12000年前～約2400年前になっている。しかし，現在の学説では約15000年～16000年前には，縄文時代といえる期間に入るといわれている。なぜ，縄文時代の期間が変化したのか，問いを設定する。 　土器を用いた生活が縄文時代の期間を決定するとともに，土器により，縄文時代には，食料の保存，煮炊きが可能になったことを知る。つまり，縄文時代に入って，生活が安定し始めたことが想定できる。しかし，気候の変動データを読み取り，縄文時代の生活は，現代以上に気候の影響を受けていた時代であったことを確認する。 　縄文時代の期間は，それまでに発掘されている土器よりも，古い時代の土器が発掘されることにより，変化していることが分かる。
4	**なぜ弥生時代とよばれるのだろう** 　弥生時代の土器が最初に発掘されたのが，東京都の弥生町であったことから弥生時代とよばれていることを知る。1時間目に出た意見に基づき，弥生時代に関する，次の記述的知識を習得する。稲作の伝播（九州地方に古い稲作に関連した遺跡が見つかっていることも確認する。さらに，縄文晩期にも稲作が行われていたと考えられる遺跡が見つかっていることも確認する。），登呂遺跡，吉野ヶ里遺跡，稲作に関わる道具（高床倉庫・くわ・田げた），銅鐸など青銅の使用，鉄の使用。

5	**なぜ弥生時代の始まりの時期は変化するのだろう** 　日本文教出版の教科書記述では，約2400年前としている。しかし，現在の学説では，縄文晩期から弥生時代への変遷は，数百年さかのぼるという説もある。教科書には，佐賀県の菜畑遺跡の発掘により3000年前～2700年前には，稲作は伝播したという記述もあり，弥生時代の始まりは，稲作が始まった時期によって決まっていることが分かる。さらに，考古学の進展により，期間が変化する可能性があることが分かる。縄文土器と弥生土器の特徴の違い（シンプルで薄い）や，食生活が変化したことを確認する。
6	**なぜクニがうまれたのだろう** 　弥生時代に争いがうまれたという知識を活用し，土地（可耕地）・水資源を奪い合っていたことを確認し，争いの結果，ムラからクニへと成長していった豪族が現れたと考えられることが分かる。 　邪馬台国と卑弥呼についても習得する。卑弥呼については，九州説，畿内説についてふれ，古墳が作られたことや，大和朝廷の学習と関連付けて考えさせる。
7	**なぜ，縄文時代から弥生時代にかけて人口は増減しているのだろう** 　「思考」を評価するために1時間目から6時間目に習得した知識（「知識・理解」）を活用して，探究する問題に答えさせる。 　「思考」を問うために，縄文時代から弥生時代の人口の変遷のグラフを読み取って考えさせる。人口の増減は，授業で学習していない。縄文時代から弥生時代にかけて，人口が急激に増減している。このことがなぜなのかを問う授業を行う。習得した知識を活用して「思考」することになる。 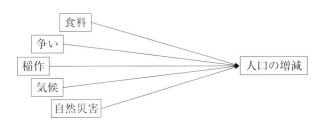 　上記のような知識を組み合わせて，探究することになる。グラフからは，弥生時代になると，東日本より西日本の人口が増加していることが読み取れる。そのことから，稲作が原因であることが分かる。そして，食料の確保が，人口の増減に大きく関わっていることが説明することができる。このように，それまでに習得した知識を活用して，人口の増減が説明することができれば「思考」として評価することができる。

④本単元における子どもの「思考」過程（Plan）

探究過程

第1時 縄文時代と弥生時代の違いを発見しよう。

	服装	食物	家	土器	道具	様子
縄文	同じ	採集・狩り	同じ家	使ってる	弓矢・モリ等	平和
弥生	違う	不明（米）	大きい建物	不明	弓矢・斧・鎧	争い

「なぜ，このような違いが生まれたのだろう」

第2時
なぜ，縄文時代とよばれるのだろう。
＊縄文時代のくらしについて知る。
＊縄文時代と土器のかかわりが分かる。

第3時
なぜ，縄文時代の期間は変化するのだろう。

縄文土器の発掘成果に伴い，縄文時代の期間は変化すること分かる。

なぜ，土器が時代の期間を決めるのだろう。

土器の存在により，縄文人が調理を行い，食糧の保存が可能になったことが分かる。→安定した生活。

第4時
なぜ，弥生時代とよばれるのだろう。
＊弥生時代のくらしについて知る。
＊弥生時代と稲作のかかわりが分かる。

第5時
なぜ，弥生時代の始まりの時期は変化するのだろう。

稲作の痕跡の発掘成果に伴い，弥生時代の期間は変化することが分かる。

なぜ，稲作の痕跡が時代の期間を決めるのだろう。

弥生時代の期間は，米作りの有無によって決められてきたことが分かる。

第6時
なぜ，クニがうまれたのだろう。

土地（可耕地）・水の奪い合いにより争いがうまれた。ムラからクニへと成長した豪族が現れたことが分かる。

本時へ

⑤ 本時の展開 (Do)

ⅰ 目標

・なぜ，縄文時代から弥生時代にかけて人口が増減しているのかを，縄文土器を使用した調理や食糧の貯蔵，弥生時代の米作り，気候の変化などを根拠に，考えることができる（社会的な思考・判断・表現）。

ⅱ 学習過程

学習活動	○主な発問　・予想される反応	△資料
1 グラフから情報を読取る	○グラフからどのようなことがわかるかな。 ・縄文時代に人口が増えてから減っている。 ・弥生時代に人口が増えている。 ・西日本のほうが人口が多いかと思っていた。 ・弥生時代になると，西日本も人口の割合が増えている。	△資料1「人口の変遷」 △資料2「人口の割合」
	なぜ，縄文時代から弥生時代にかけて人口は増減したのだろう。	
2 なぜ縄文時代から弥生時代には，そのような人口の変化をしているのだろう。	・弥生時代に急増しているのは，米作りが始まったから。 ・争いが始まっても人口が増えているから，争いは関係ない。 ・東日本に人口が多かったということは，縄文時代は今より東日本が暖かかったのかも。 ＊期待する児童の記述 　弥生時代に人口が急増しているのは，米作りが始まり，食料が確保できたからである。さらに，縄文時代の食料確保は，自然に左右されるので，人口の増減に気候の変動が影響していると考えられる。	

資料1

資料2

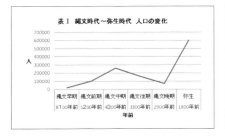

⑥授業の評価 (Check)

　授業において探究した際に，児童が記述したワークシート例を示す。

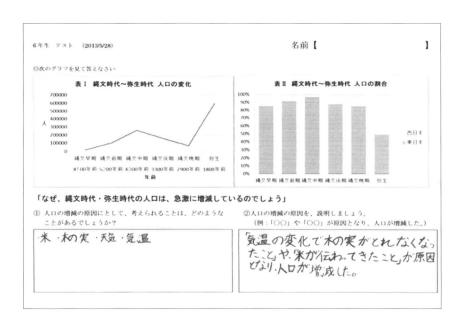

　結果に対する原因を探究できている。ワークシートを示した児童は，原因として「米」「木の実」「天気」「気温」を示している。そして，解答を記述している。食料の確保が人口の増減に大きな影響をあたえていることを仮説として設定することができている。その点で，この児童の評価は高いといえる。

　しかし，授業後の検証において，この児童が評価されるのは，「思考」なのかが問題となった。仮説が設定されるに至る過程が可視化されていないという指摘であった。結果としての「知識・理解」の評価との区別が明確になっていない。

　設定した授業仮説が「思考」の評価を可視化させるために有効であるとはいえないという結論に至った。

(4) 授業仮説の修正 (Act = Plan)

①改善すべき点

　授業仮説①は，不十分であった。それは，根拠を明示させるだけでは，探究過程である「思考」を十分に可視化することができないためであった。つまり，子どもが探究している過程を可視化する方法を示す必要がある。

②修正された授業仮説

　「思考」過程を可視化するための手立てとして必要となるのが，「思考」の変容過程を表現させることである。さらに，子どもが，課題を探究する際に，仮説を設定していく過程と同時に，仮説を修正していく過程を根拠と共に明示させる必要がある。そこで，それまでに習得している知識を「認知図」として表現し，さらに課題を探究する際に「思考」の変容過程を記述できるワークシートを活用する。修正した授業仮説は次のとおりである。

授業仮説②

子どもが概念を形成する過程を表象させる手段として「認知図」，「思考」の変容過程を記述するワークシートを活用すれば，子どもの「思考」の過程をみることができ，「思考」を評価することが可能になるであろう。

(5) 修正した授業仮説に基づく実際の授業 (Do & Check)

　実践と評価を次にまとめる。

時	内容
1 2 3 4	縄文時代についての記述的知識を習得する。内容は，授業仮説①に基づいた授業実践の単元指導計画の1時間目～3時間目の内容と同様の内容である。ただし，時数は，1時間多く時間をかけて実践する計画とした。

5	「縄文認知図」①を作成しよう。 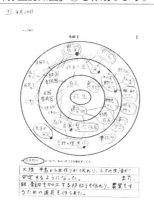	縄文時代について習得した知識を「縄文認知図」として作成した。 　縄文時代に関する記述の知識を「道具」「食物」「建築物」という概念でまとめ，縄文時代について説明している。 　認知図は，児童が個人で取り組み作成している。そのため個人により内容が違い，それまでに形成した概念を個人ごとに評価できる。
6 7 8	弥生時代についての記述的知識を習得する。授業仮説①に基づいた授業実践の単元指導計画の4時間目〜6時間目の内容と同様の内容である。	
9	「弥生認知図」①を作成しよう。	弥生時代について習得した知識を「弥生認知図」として作成した。 　弥生時代に関する記述的知識を「道具」「食物」「建築物」という概念でまとめ，弥生時代について説明している。 　縄文時代と比較すると，情報量が多い。稲作に関する情報が道具や建築物に関する情報と関連付けられている。

164

	縄文～弥生時代の人口と気候の変遷を考えよう。	
	「思考」を問うために，縄文時代から弥生時代の人口の変遷，人口の分布の変遷，平均気温の変遷のグラフを読み取って，正しいものを選択する問題を考えさせる。(「思考」の変容を可視化するため) ○人口の変化……①縄文から弥生にかけ減少，②縄文から弥生にかけ増加 ○人口の割合……①縄文（東日本が多い），②縄文（西日本が多い） ○気温の変遷……①縄文より弥生が暖かい，②縄文より弥生が寒い それぞれのグラフについて①②のいずれが正しい情報なのかを探究する。人口，気候については，授業で学習していない。習得した知識を活用して「思考」することになる。	
10・11	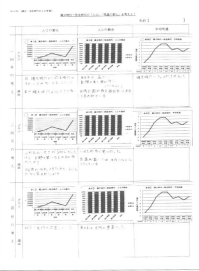	「西日本のほうが暖かい。」という5年生までに習得している知識と邪馬台国の所在地の知識から「西日本に大きな国があったということは，もともと西日本のほうが人口の割合が多かった。」という仮説を導き出している。他の児童との交流の後「三内丸山遺跡より吉野ヶ里遺跡のほうが人口が多かった。」や「稲作が伝わってきた」ことを根拠に付け加えている。自分の仮説をより強固なものにしている。

| 12 | 「縄文認知図」②，「弥生認知図」②を作成しよう。

前時に探究した際に，新たな知識を習得している。それらを表現させるために，再度認知図を作成した。

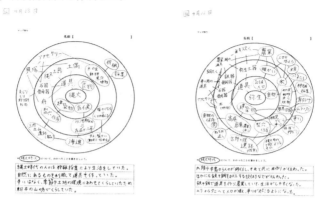

子どもの概念は，学習を経るごとに要素が増加し，より確かな概念へと変化している。「縄文認知図②」では，気候の要素が増えている。さらに気候と三内丸山遺跡を関連付けている。「弥生認知図②」では，気候と人口の要素が増えている。それぞれを農業や食生活と関連付けて考えることができている。知識を成長させていることがわかる。児童は「思考」しており，評価につながる。 |

(6) 研究の成果と課題

授業仮説の検証をとおして，授業改善を行った。明らかになった成果は，次の2点である。

①授業仮説を明示することにより，授業の検証の視点が明確になり，授業改善に有効であった。

授業仮説を指導案上に明示し，授業を行うことにより，授業者も参観者も同じ視点で授業を評価することが可能となる。そのことにより，拡散しがちな授業後の話し合いや授業者による反省が，焦点化される。そして，授業仮説を修正することが，授業改善に直接つながる。授業仮説を明示することの有効性が明らかになった。

②授業仮説に基づいて，授業改善を図ることで，PDCAサイクルにおいてAct＝Plan（2回目）の流れができることが明らかになった。

　授業を計画（P）し，実践（D）し，評価（C）し，改善（A）する。その流れが，授業改善につながる。その要になるのが，授業仮説であることが明らかになった。授業改善である「Act」と授業仮説を修正する「Plan」が同じ過程である。授業を改善していく中で，授業仮説を改善（A）し，再計画（P）する中心に据えるのである。そのことで，PDCAサイクルに基づく授業改善が可能になる。

　また，明らかになった課題は，次の2点である。
①授業仮説の有効性は明らかになった。しかし，授業仮説を評価する方法についての方略が本時案に明確に示されていなかった。

　本実践において修正された授業仮説は，「子どもが概念を形成する過程を表象させる手段として「認知図」，「思考」の変容過程を記述するワークシートを活用すれば，子どもの「思考」の過程をみることができ，「思考」を評価することが可能になるであろう。」であった。参観者は，本実践を授業仮説に基づいて評価し，授業後の検証において本実践では「思考」の評価は明確になされているとしている。

　しかし，一定の評価は得たものの，参観者より授業仮説の具体的な手立てについて指摘を受けた。明示された授業仮説の具体が，本時案に明確に示されていない点である。学習指導案は，授業者の理論が組み込まれた仮説である。授業仮説がその象徴である。明示された授業仮説を，授業者が本時のどの場面でどのように実践しているのかを，参観者に明確に示す必要がある。そのためには，本時案に授業仮説の具体を示す必要がある。
②示している授業仮説は，何についての授業仮説なのかが明確ではない。

　本実践の授業仮説は，授業者が課題としている研究課題に基づいて示されている。しかし，授業仮説として明示されるべき内容は，その時間の目標を達成するための授業仮説や，本実践のように授業者個人の研究テーマに基づ

く授業仮説や，学校全体や研究会のテーマによる授業仮説などが考えられる。この点を考慮して，授業仮説を明示する必要がある。そのことにより，参観者の授業に対する視点がより一層明確になる。

具体的な手立てとして，研究テーマの授業仮説と本時の目標を達成するための授業仮説を並列で示すことが考えられる。

ここまで述べてきたことから，授業を計画し，学習指導案を作成する際に，授業仮説を明示することは，授業改善の視点から有効であることが，実践に基づき明らかになった。さらに，授業仮説の有効性を高めるため課題も明らかになり，授業改善の方略として学習指導案への授業仮説の明示が重要であることが明らかになった。

(大西慎也)

2. 中学校社会科地理的分野における授業改善の実際
　　―「橿原市における自然災害」を事例に―

(1) 中学校社会科における授業仮説からアプローチする授業改善の特質

授業という営みは，構想(Plan)され実践(Do)されるだけでなく，実践を通してねらいが達成されたかが評価(Check)され，さらにその結果に基づいて改善(Action)されなければならない。このPDCAという一連のサイクルは，物事を改善するため手法として幅広い分野で取り入れられており，意図的な営みの積み重ねをとおして子どものより良い成長の実現を目指す教育の分野も例外ではない。

社会科教育の改善を目指して各学校や様々な研究会で研究授業が行われ，その後は必ず研究協議の場が持たれる。しかしそこでは，事実に基づかない印象批評にとどまる議論が行われたり[7]，授業観の違いが問題にされないままの評価や批判が行われたり，あるいは計画・実践の段階やカリキュラム・単元・1時間のレベルを分けないままの意見や感想の交換にとどまったり[8]といった状況がある。つまり，子どものより良い成長を実現させるための社

会科授業を目指して構想と実践は行われているものの，その後の評価が適切に行われていないのである。その結果，研究協議の場での話し合いが授業改善に直接結びついておらず，PDCAサイクルが授業改善の手法として機能していない現状がある。

　PDCAサイクルを授業改善の手法として機能させるために不可欠なものが授業仮説である。米田豊は，授業者の意図を授業仮説として明示することの必要性について，次のように述べている。

> 「授業研究（教育研究）は，その参加者に検証された有効性が共有され，より多くの子どもに返されることが大前提となる。そのためには，学習指導案に授業者の仮説が明示されなければならない。」[9]

　小学校と中学校のいずれにおいても，社会科の授業改善において，授業仮説の明示と授業の事実に基づく分析をとおした検証が重要であることに違いはない。では，中学校社会科における授業改善の特質とは何であろうか。

　社会科の指導において中学校が小学校と最も大きく異なっているのは，教科担任制であるため通常一人の教師が複数のクラスの授業を担当している点である。また中学校では，自分が所属する学年だけでなく，他学年の一部あるいは全部のクラスの授業を担当することも一般的である。そのため社会科を担当する教員間で日常的に教科指導に関する情報交換を行ったり，授業に関する連携をとったりしやすい環境がある。

　このような中学校の教科指導の特徴から中学校社会科の授業改善を考えたとき，次の二つの特質を導くことができる。

　一つは，担当するクラスごとに授業仮説の検証と修正を繰り返して行えるため，開発した単元の授業そのものの改善を進めやすいという特質である。また，年度が変わっても開発した単元の授業を実施できる学年を担当することになったり，あるいは社会科担当者間での連携ができたりという条件が整えば，継続して同じ単元の授業改善に取り組み続けることも可能である。

　もう一つは，授業仮説を検証するにあたって，同じ授業を複数のクラスで

行えるため，各クラスで観察されたそれぞれの授業の事実の中から，共通点や差異として仮説の検証と修正に関わる本質的な要素を見いだしやすくなるという特質である。また，検証材料の一つとなる生徒の成果物も数クラス分という規模で分析できる。そのため，授業仮説の検証が子どもや学級などの個別の状況に左右されにくくなり，理論としてより精緻なものになっていく可能性が高くなる。

(2)授業を構成する諸要素と授業仮説

　授業とはどのような要素によって構成され，それらの要素はどのような関係にあるのだろうか。また，授業仮説はそれらの要素とどのような関係にあるのだろうか。図3-1は，筆者のこれまでの経験に基づいて，社会科授業を構成する要素を抽出し，それらの関係を示したものである。「社会科授業」を構成する要素を，「教師の側」および「子どもの側」と，「授業を構想する基礎となる要素」および「構想した授業を展開させる要素」に分類し，位置づけを行った。

　「授業を構想する基礎となる要素」のうち教師の側にあるものの中心となるのは，習得を目指す知識や育成を目指す技能，資質などの「授業をとおして達成を目指す目標」である。目標の背景には，「授業の基盤をなす理論や社会科授業観」が存在する。また，目標は教材や資料の選択，学習過程の構成などの「目標を達成するための手立て」の要素に影響を与える。この要素は，教師の「目標の達成に向けて授業を構想する力量」によって支えられている。さらに目標は評価規準と表裏一体の関係にあり，評価基準の設定にも影響を与える。加えて，個別の授業を構想する際に直接反映される要素ではないものの，授業を構想する際の基盤として存在する要素として，教師がもっている「社会科をとおして育てたい子ども像」がある。

　一方，「授業を構想する基礎となる要素」のうち子どもの側にあるものとしては，「これまでの社会科学習の成果としての子どもの現在のすがた」とその背景となる「学習集団としての子どもの個性や特徴」がある。そしてこ

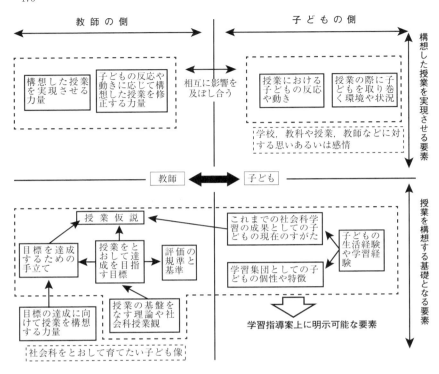

図 3-1　社会科授業を構成する諸要素とその関係

(筆者作成)

れら二つの要素に影響を与えている要素として、教師の予測も含めた「子どものこれまでの生活経験や学習経験」がある。

　授業仮説とは、教師の仮の理論として、授業の目標を達成して子どもを望ましい方向に成長させるためにいかに授業を構成するかについての教師の見通しを示したものである。したがって、教師の側に位置づく要素であり、「授業をとおして達成を目指す目標」の要素と「目標を達成するための手立て」の要素に基づいて設定される。しかし、学習集団としての子どもの現状をふまえた上で設定されなければ、授業仮説に示した見通しを実現させることはできないため、子どもの側に位置づく「これまでの社会科学習の成果と

しての子どもの現在のすがた」の要素とも結びつきをもつ。

　授業仮説は教師が構想する単元計画や本時の学習過程における子どもの学習活動として具体化される。学習指導案上に明記されることによって，参観者が授業者の意図や理論をふまえた上で授業の事実を見取ることを可能にし，また，授業改善に向けて共通の土台に立った議論を展開することを可能にするのである。

　授業仮説に基づいて構想された授業は，実践されることによって評価と改善のための俎上に載せられることになる。ただし，社会科のみならずどの教科であっても，実際の授業が構想したとおりに実現することはほとんどない。なぜなら，授業が展開していくにあたっては，様々な要素が影響を及ぼすからである。

　「構想した授業を実現させる要素」のうち教師の側にある要素として，「構想した授業を実現させる力量」と「子どもの反応や動きに応じて構想した授業を修正する力量」の二つがある。一方，子どもの側にある要素として「授業における子どもの反応や動き」と「授業の際に子どもを取り巻く環境や状況」の二つがある。これらの要素の基盤として，子どもの「学校，教科や授業，教師に対する思いや感情」が存在し，授業の実現に影響を与えている。そして，教師の側に位置づく要素と子どもの側に位置づく要素が相互に影響しあいながら授業は展開していく。

　図3-1に示した「授業を構想する基礎となる要素」に位置づく諸要素のうち，「目標や理論の実現に向けて授業を構想する力量」以外のものは，授業者が学習指導案上にその内容を明示することが可能である。

　岩田一彦は，学習指導案について次のように述べている。

　　「学習指導案は，子どもの学習活動，教師の指導過程，教材の定着度，資料の妥当性等について，教師がもっとも確率が高いと予測した内容について仮説的に書かれたものである。この意味で，学習指導案は仮説の集合体と呼ぶにふさわしいものである。」[10]

学習指導案とは単なる授業の設計図なのではない。授業を構成する様々な要素をふまえたり，あるいは実際の授業の展開を予測したりしたうえで，「このような授業をすれば目標を達成することができ，子どもはより良い方向に成長するだろう」という教師の見通しを示したものである。その意味で岩田が述べるように，学習指導案とは様々な仮説から成り立っている「仮説の集合体」なのである。

　授業仮説は，目標を達成して子どもをより良い方向に成長させるための方略を仮の理論として明示したものであり，学習指導案中に示された単元計画や本時の学習過程として具体化される。したがって授業仮説とは，学習指導案を構成する様々な仮説の中で中心的な位置を占めるものであり，実際の授業展開や子どもの学習の成果などの事実に基づいて検証されることによって修正され，授業改善へと結びついていくのである。

　学習指導案上に授業仮説を明示することによって，実際に観察された事実と照らし合わせながら授業を分析でき，授業仮説の有効性を検証できる。授業改善のPDCAサイクルの最後に位置する改善のプロセスでは，検証結果に基づいて見いだされた課題の改善を目指して，授業仮説を修正あるいは新たに設定し，単元計画や本時の学習過程として具体化していく。これは，次の新たなPDCAサイクルの最初に位置する構想のプロセスに位置づく営みであり，授業改善のPDCAサイクルは，授業仮説の設定と検証によって螺旋状に続いていくのである。

　このように，授業仮説の明示と授業の事実の分析に基づく検証は，授業改善のPDCAサイクルを機能させるため，子どもをより良く成長させるための授業設計に不可欠なものである。

(3)授業改善の実際

　同一単元の授業について，学級ごとに授業仮説の設定と授業の事実に基づく検証を行ってPDCAサイクルを積み重ね，授業改善に取り組んだ事例として，中学校二年生社会科地理的分野「橿原市における自然災害」の実践に

ついて述べる。

　本単元は，平成20年版中学校学習指導要領［社会］地理的分野の大項目(2)イ「世界と比べた日本の地域的特色」の（ア）「自然環境」に位置付く中単元「さまざまな自然災害と防災」の第二次として開発した。

　本単元は，米田豊による「習得・活用・探究」の授業構成理論[11]に基づき，「なぜ疑問」の探究をとおして説明的知識の習得を行う「探究１」の学習として設計した。本単元では，分析対象とする社会事象として学校所在地である橿原市で発生する洪水被害を取り上げた。

　第二次全体をつらぬく問いとして「なぜ，橿原市では大雨による洪水被害が発生するのだろう。」を設定し，子どもが探究する概念探究型の社会科授業として二時間で設計した。第一時では橿原市の地形や市内を流れる五つの川の流れ方の特徴という自然的要因を探究し，第二時では都市化の進展による保水機能や遊水機能の低下という人為的要因を探究する構成とした。

　図3-2は，二度の修正を経た再修正版の学習指導案における，問いと習得される知識の構造を示したものである。また，図3-2に基づいて設計した具体的な学習過程とおもな発問・よびかけを表3-2に示す。

　本単元において形成される「説明的地域認識」[12]は，橿原市の認知地図と洪水災害の発生に関する説明的知識が結びついて成り立っている。各時において習得される説明的知識の基盤となるのは，地図を中心とする様々な資料から得た情報や知識に基づいて形成された橿原市の認知地図を構成する記述的知識や分析的知識である。これらの社会事象に関する個別具体的なレベルの知識は，子どもが探究の過程でそれらの知識を比較したり結びつけたりしながら社会のしくみとして説明的知識を習得していくための「材料」というべきものである。そのため，説明的知識の習得に到達するために，どのような知識が基盤として必要かを検討し，そのうえで，それらの知識をどのような学習活動をとおして子どもに保証していくかを考えて授業を構成しなければならない。

　本実践は，筆者が当該学年を構成する教員として社会科授業を担当してい

```
━━━━━ 単元をつらぬく問い ━━━━━
なぜ，橿原市では大雨による洪水被害が発生するのだろう。
```

```
━━━ 下位の問いa（第一時）━━━                    ━━━ 下位の問いb（第二時）━━━
なぜ，橿原市北部で洪水被害の発生が想定さ          なぜ，イオンモールの駐車場は大雨が降っ
れているのだろう。                              た時に水をためる遊水池になるのだろう。
```

```
━━━ 下位の説明的地域認識a ━━━                   ━━━ 下位の説明的地域認識b ━━━
━━━ 説明的知識a ━━━                            ━━━ 説明的知識b ━━━
奈良盆地南部に位置する橿原市は南東方向が         橿原市内は都市化が進んで水田や山が減少
高く，北西方向に向かって低くなっており，         し，急激な大雨が降ると都市型洪水がおこる
大和川に合流する5つの川が北西方向に流れ          可能性があるため，保水機能や遊水機能を補
ていることから，北部で洪水被害の発生が想          うために遊水池が作られている。
定されている。                                  【自然災害は地形的な要因だけでなく，人間
【自然災害の発生には，その地域の地形的な         の活動も原因となって発生する：地理学】
要因が大きく影響する：地理学】
```

構成する情報や知識を分析，考察して習得   構成する情報や知識を分析，考察して習得

```
━━━ 橿原市の認知地図 ━━━                      ━━━ 橿原市の認知地図 ━━━
〔認知地図を構成する情報や知識〕                〔認知地図を構成する情報や知識〕
・橿原市では10年に1度くらいの頻度で大雨        ・高取川は，曽我川よりも短時間で水位が上
 による洪水の被害がおこっている。〈a-1-1〉      昇する。〈b-1-1〉
・橿原市では，市内で洪水被害が発生すると        ・曽我川の流域には山や水田が多いのに対
 予測される地域を市民に知らせるために           し，高取川の流域には住宅地が多い。
 「橿原市洪水ハザードマップ」を作成し，                                  〈b-1-2〉
 市内の各家庭に配布している。〈a-1-2〉         ・川の流域の山や水田には，大雨が降った時
・橿原市の北側や川の流域が浸水想定区域に         にすぐに雨水が川に流れ込まないようにす
 なっている。〈a-1-3〉                          る役割（保水機能・遊水機能）がある。
・橿原市は，南北方向では，北になるほど土                                  〈b-1-3〉
 地が低くなっている。〈a-2-1〉                ・橿原市では，市全域で都市化が進んでい
・橿原市は，東西方向では，西になるほど土         る。特に南部よりも北部で山や水田が少な
 地が低くなっている。〈a-2-2〉                  くなっている。〈b-2-1〉
・橿原市内には，曽我川，高取川，飛鳥川，        ・都市化によって山や水田が減少することに
 米川，寺川の五つの川が流れている。              よって，降った雨がすぐに川に流れ込むた
                      〈a-3-1〉              め，都市型洪水が発生する可能性がある。
・市内を流れる五つの川は，すべて橿原市の                                  〈b-2-2〉
 北西部に向かって流れている。〈a-3-2〉
・橿原市を流れる五つの川は，すべて大和川
 へと合流し，大阪湾に流れ込んでいる。
                      〈a-3-3〉
```

```
━━━ 単元全体で形成する説明的地域認識 ━━━
奈良盆地南部に位置する橿原市は，南東方向が高く，北西方向に向かって低くなっており，大和
川に合流する5つの川が北西方向に流れているという地形的な要因によって，大雨による洪水被
害が発生しやすい。また，地形的な要因とは別に，市街化の進展によって保水機能や遊水機能が
低下したために，洪水被害が発生する可能性も高くなっている。
【自然災害は，その地域の地形的な要因が大きく影響する一方で，人間の活動も原因となって発
生する：地理学】
```

図3-2　単元「橿原市における自然災害」再修正版学習指導案における問いと習得さ
　　　 れる知識の構造

(筆者作成)

表 3-2 単元「橿原市における自然災害」再修正版学習指導案における学習過程とおもな発問・よびかけ

学習段階	学習内容	○主な発問　◇主なよびかけ
第二次の学習課題の発見・把握	・橿原市洪水ハザードマップから，市内で洪水被害の発生が想定されている地域について知る。<a-1>	○橿原市では，だいたい10年に1度くらい，ある自然災害の被害を受けています。どのような自然災害でしょうか。<a-1-1>
	なぜ，橿原市では大雨による洪水被害が発生するのだろう。	
下位の学習課題aの発見・把握		◇問いに対する答えを予想しましょう ○橿原市は，市民に洪水の被害に備えてもらうためにどのようなことをしているのでしょうか。<a-1-2> ○橿原市のどのあたりで洪水被害の発生が予想されているのでしょうか。<a-1-3>
	なぜ，橿原市北部で洪水被害の発生が想定されているのだろう。	
下位の説明的地域認識aの形成	・地形図から橿原市の地形の特色を読み取る。<a-2> ・橿原市の地形の特色から，市内を流れる川の流れの方向を考える。<a-3> ・認知地図を共有する。	◇問いに対する答えを予想しましょう。 ○南北の軸（A－B）で見ると，橿原市はどのような地形になっていますか。<a-2-1> ○東西の軸（C－D）で見ると，橿原市はどのような地形になっていますか。<a-2-2> ○橿原市内にはどのような川が流れていますか。<a-3-1> ○橿原市を流れる五つの川は，どの方向に流れていますか。<a-3-2> ○五つの川は橿原市からどこへと流れていくのでしょうか。<a-3-3> ◇学習したことにもとづいて，予想を確かめましょう。 ◇さまざまな地図から読み取ったことを，ワークシートに記入して整理しましょう。
下位の学習課題bの発見・把握		◇イオンモールの駐車場は，建設されるときに橿原市の要望を受け，大雨が降った場合に遊水池になるように設計されています。
	なぜ，イオンモールの駐車場は，大雨が降った場合に水をためる遊水池になるのだろう。	
下位の説明的地域認識bの形成	・高取川が短時間で水位が上昇する理由を考える。<b-1> ・橿原市における都市化と洪水被害の関係を考える。<b-2> ・認知地図を共有する。	◇問いに対する答えを予想しましょう。 ○資料4から，曽我川と比べ，高取川にはどのような特徴があるでしょうか。<b-1-1> ○高取川と曽我川は，それぞれどのような地域を流れているのでしょうか。<b-1-2> ○山や水田には，大雨が降った時にどのような役割があるのでしょうか。<b-1-3> ○橿原市では都市化がどのように進んでいるのでしょうか。<b-2-1> ○都市化によって山や水田が減少すると，大雨が降った時にどのような災害が起こる可能性が高まるのでしょうか。<b-2-2> ◇学習したことにもとづいて，予想を確かめましょう。 ◇地図や資料から読み取ったことを，ワークシートに記入して整理しましょう。
形成した説明的地域認識の確認	・第二次の問いに対する答えを文章と地図で表現する。	◇学習したことをもとに考えて，橿原市で大雨による洪水被害がおこりやすい理由を説明する文章と地図をかきましょう。

(筆者作成)

た年度の二年生二クラスと，社会科担当教員の協力を得て本単元の授業を実施できた翌年度の二年生二クラスについて，二年間にわたって取り組んだものである。ただし二年目の実践については，筆者自身が授業を行った一クラスのみを分析対象とし，本稿では合計三回の実践をとおして授業改善の実際を示す。

開発した学習指導案に示した

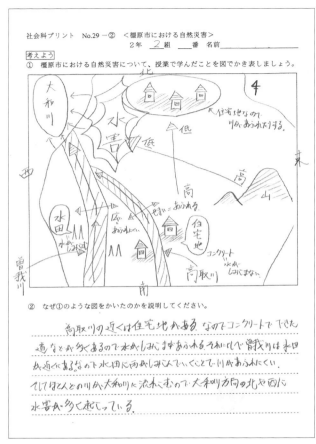

図3-3 成果物の例

（一年目二組の生徒作成）

授業仮説の検証は，各回の授業で観察された事実に関する筆者と参観者による分析と，子どもの成果物に関する筆者の分析の二つの方法によって行った。子どもの成果物とは，橿原市における自然災害について授業で学んだことを地図を用いて描き表したうえで，自分の描いた地図を説明させるワークシート（図3-3）である。

学習の成果を見るために，地図とその説明文を書かせた理由は二つある。

一つは，形成された認知地図と習得した説明的知識が結びつきをもって「説明的地域認識」として形成されているかを見取るためである。もう一つは，子どもによって文章記述は苦手でも地図上には自分の学習成果を表現できる子どももいれば，文章で書くことはできても地図になると表現できない子どももいるためである。

　紙幅の関係で実践および修正を行った三つの学習指導案を示すことはできないため，本単元における各実践の概要と課題および修正点を表 3-3 に示した。また，成果物の分析結果を表 3-4 に示した。

　最初に授業を行った一年目一組（初回版学習指導案）では，「地図や資料から読み取った具体的で豊富な知識や情報をもとに認知地図を形成して説明的知識を習得させる授業を設計すれば，子どもは説明的地域認識を形成することができる。」を授業仮説として設定し，授業を行った。

　授業で観察された事実からは，二つの課題が見いだされた。一つは，具体的で豊富な知識や情報を保証しようとするあまり用いる地図や資料が多くなりすぎ，そのうえ扱い方に軽重をつけていなかったことで読みとりにも時間がかかりすぎたために，子ども自身で仮説を検証する時間を十分保証できなかったことである。それにより，教師による一方的な授業に陥る結果となった。もう一つは，第二時の問いと習得させる説明的知識との対応関係が都市化という人為的要因を理解させるものとして適切でなかったため，子どもが原因を考えにくい授業展開になったことである。人為的要因として川の流域の土地利用に着目できた割合が 50 ％に満たなかったという成果物の分析結果は，これらの課題によるものであると考えられる。

　次に授業を行った一年目二組（修正版学習指導案）では，「認知地図を構成する知識を精選したうえで子どもの日常経験地域で見られる社会事象を分析させれば，子どもに都市化と洪水発生の因果関係を説明的知識として習得し，説明的地域認識を形成することができる。」を授業仮説として設定した。授業仮説を学習過程に反映させた具体的な修正点は，用いる地図や資料の数を減らして説明的知識習得の基盤となる事実に関する知識を精選し，説明的知

表 3-3　各実践の概要と分析結果および修正点

	一年目一組 （初回版学習指導案）	一年目二組 （修正版学習指導案）	二年目一組 （再修正版学習指導案）
授業の実施状況	・第一時と第二時を二時間連続授業として実施。 ・成果物は第二時終了後すぐに取り組む。	・第一時と第二時の授業は別の日に実施。 ・成果物は第二時終了後すぐに取り組む。	・第一時と第二時は別の日に実施。 ・成果物は第二時終了から約二週間後に取り組む。
設定した授業仮説	地図や資料から読み取った具体的で豊富な知識や情報をもとに認知地図を形成して説明的知識を習得させる授業を設計すれば，子どもは説明的地域認識を形成することができる。	認知地図を構成する知識を精選したうえで子どもの日常経験地域で見られる社会事象を分析させれば，子どもに都市化と洪水発生の因果関係を説明的知識として習得し，説明的地域認識を形成することができる。	地図や資料から読みとる知識を構造化し，知識と対応させる形で発問を構成して授業を展開すれば，子どもは自然的要因だけでなく人為的要因も因果関係としてとらえて説明的知識を習得し，説明的地域認識を形成することができる。
観察された授業の事実から導かれた課題	・用いる地図や資料が多かったため，読みとった情報に基づいて子ども自身が仮説を検証する時間が保証できず，教師の一方的な授業に陥った。 ・第二時の問い（「なぜ，高取川は短時間で水位が上昇するのだろう」）と，習得させる説明的知識との対応関係が都市化という社会的要因を理解させるものとして適切でなかったため，子どもが原因を考えにくい授業展開になった。	・知識の構造に対して問いの構造が明確に位置づけられていないため，子どもが意味をとらえにくい発問の積み重ねによって授業が展開されていた。 ・第二時の学習が終了してすぐに認知地図の作成とその説明文の記述をさせているため，認知地図共有の学習過程で描いた地図をそのまま再現していると思われる子どもが見られた。	・都市化が時間的な変化であることを取り上げないで，曽我川と高取川の流域の現在の土地利用の違いのみから洪水発生の因果関係をとらえさせて学習過程を構成しているため，都市化を洪水発生の要因としてとらえにくくなっていると考えられる。
成果物の分析の概要（詳細は表3-2-3参照）	・自然的要因として土地の傾斜に着目できた割合に比べて，川の流れに着目できた割合は少ない。 ・人為的要因として川の流域の土地利用に着目できた割合は50％に満たない。	・自然的要因として川の流れに着目できた割合は増加し，特に流れの方向に着目できた割合について大きく増加（約18％）した。 ・人為的要因として都市化に着目できた割合には大きな変化は見られない。	・自然的要因として川の流れに着目できた割合はさらに増加し，50％を下回る項目はなくなった。 ・人為的要因として都市化に着目できた割合はわずかな増加（4％）にとどまる。
課題をふまえた修正点	・用いる地図や資料の数を減らして説明的知識習得の基盤となる事実に関する知識を精選し，説明的知識との関係を整理して学習過程を構成し直す。	・知識の構造の見直しを行うとともに，表現レベルまで発問を練ったうえで習得させる知識に問いを対応させて，学習過程を組み立てる。	【今後の課題として】 ・第二時の学習過程を，時間的変化と結びつけて都市化をとらえさせ，洪水発生と関連づけることができる学習過程に構成し直す。

・用いる地図や資料を減らしたことによって生み出される時間を，問いに対して予想し仮説を立てる時間や検証する時間に充てる。 ・第二時の問いを見直し，日常生活でなじみの深いショッピングモールの駐車場が洪水の際に遊水池になる理由を探究させる学習過程に変更する。	・授業で描いた橿原市の地図の単純な再生を防ぐため，認知地図の作成とその説明文を書かせるワークシートの実施を授業終了から約二週間後に遅らせる。	・学習過程の根本的見直しにともなって，第二時の問いを新たなものに変更し，知識の構造も作りかえる。

(筆者作成)

表3-4　成果物の分析結果　　　　　　　　　(単位：％)

評価項目 指導案 (人数)	自然的要因			人為的要因	洪水が発生しやすい地域の指摘	実施時期
	土地の傾き	川の流れの方向	川の流れの集中	流域の土地利用(初回版) 都市化(修正版・再修正版)		
初回版 (32名)	71.8	50.0	25.0	高取川 40.6 曽我川 43.8	53.1	第二時 終了後
修正版 (34名)	73.5	67.6	32.4	41.2	55.9	第二時 終了後
再修正版 (31名)	83.9	67.7	54.8	45.2	64.5	約二週間後

(筆者作成)

※　いずれの項目も，洪水発生の因果関係を地図中に記入あるいは文章で記述しておりA評価をつけた生徒の割合を示す。
※　欠席者および特別支援学級に在籍する生徒をのぞき，白紙提出および未提出は含んで集計を行う。

識との関係を整理して学習過程を構成し直したこと，用いる地図や資料を減らしたことによって生み出される時間を，問いに対して予想し仮説を立てる時間や検証する時間に充てて子どもが考える時間的余裕を確保したこと，第二時の問いを変更して日常生活でなじみの深いショッピングモールの駐車場が洪水の際に遊水池になる理由を探究させる学習過程にしたこと，の三点である。

授業で観察された事実からは，知識の構造に対して問いの構造が明確に位置づけられていないため，子どもが意味を捉えにくい発問の積み重ねによって授業が展開されていたことが課題として見いだされた。この課題は，山や水田の保水機能に関する知識や情報と市内の都市化の進展状況に関する知識や情報を結びつけながら洪水発生の要因を捉えさせるという，やや複雑な思考を行わなければならない第二時において，特に観察者からの指摘を受けた。このことは，自然的要因について土地の傾きとともに川の流れにも着目できた割合が増加したものの，人為的要因として都市化に着目できた割合に大きな変化が見られなかったという，成果物の分析結果にも表れていると考えられる。その一方で，普段の生活でなじみ深いショッピングモールの駐車場が洪水対策として遊水池になっていることに対する驚きから，学級全体として意欲的に第二時の問いを追究できたという事実も観察され，学習過程の見直しが子どもの認識内容だけでなく，意欲の面にも効果を生み出したことが明らかになった。

　三回目の授業を行った二年目一組（再修正版学習指導案）では，「地図や資料から読みとる知識を構造化し，知識と対応させる形で発問を構成して授業を展開すれば，子どもは自然的要因だけでなく人為的要因も因果関係としてとらえて説明的知識を習得し，説明的地域認識を形成することができる。」を授業仮説として設定した。

　この授業仮説を学習過程に反映させるために，図3-2に示したように知識の構造の見直しを行うとともに，表現レベルまで発問を練ったうえで，習得させる知識に問いを対応させて学習過程を組み立てて授業を行った。

　観察された事実として参観者からは，発問がわかりやすくなったため，何を学習しているかを子どもに把握させて学習活動を展開できたことが指摘された。しかしその一方で，成果物の分析では，人為的要因として都市化に着目できた割合は小幅な増加にとどまった。ただし，ワークシートの取り組みを授業終了の約二週間後に行ったことから，一年目の結果と単純に比較できないため，時間が経過してもなお割合が伸びたことを授業改善の成果とみる

こともできる。しかし筆者としては，知識の構造に基づいて発問の構造や表現が練られた結果，それぞれの要因を探究する道筋がわかりやすく授業を展開できたにもかかわらず，期待されたほど成果が現れなかったため，なお一層の授業改善が必要と考えている。

　三度目の授業を終えて明らかになった課題の原因は，都市化が時間的な変化であることを取り上げず，曽我川と高取川の流域の現在の土地利用の違いのみから人為的要因を捉えさせた第二時の授業構成にあるのではないかと考えられる。この問題意識は，まだ実現していない四度目の授業改善のサイクルにおける授業仮説となり，この授業仮説を反映させた学習過程が構想され，さらに修正された学習指導案が作成されていくのである。

　本実践は，一学級ごとの授業仮説の設定とその検証による授業改善であるため，図3-1のなかの「子どもの側」に位置づく要素が検証結果に大きな影響を及ぼしている点は否めない。また，授業改善のために複数の修正が行われている場合があるため，どの要因が効果を発揮して検証結果に結びついたのかを正確に特定することが困難であるという課題もある。しかし，授業の事実から観察される子どもの学習の質の高まりや成果物に表現された学習の結果からは，授業仮説の設定と検証を繰り返しながら学習指導案の修正を重ねた本実践の取り組みが，たとえ僅かずつの歩みであったとしても，授業改善に有効であったことを示しているのである。

（小谷恵津子）

3．中学校社会科歴史的分野における授業改善の実際
—「分立する権力と武士の登場」を事例に—

　本項では，複数クラスを受けもつことができる，教科担任制のシステムを生かし，「同じ授業を複数のクラスで行うことで，各クラスでの授業分析をとおして，授業仮説の検証と修正に関わる要素を見いだす」ことに基づいた授業改善と理論の精緻化の実際について述べる。特に本項では歴史的分野における授業の問題点をふまえ，設定した研究理論が実際の授業においてどの

程度有効であったかを授業仮説に基づいて検証し，理論と授業の双方に改善を加えたこと，およびその結果の具体を明らかにする。

(1) 理論の明示―問題の所在と相互連関を組み込んだ歴史授業の提案―

　社会科歴史学習の目標は出来事（歴史事象）の名称や順序を暗記することではなく，事象の意味や事象間の関係を明らかにして，社会のしくみ（社会認識）を理解することにある。しかし，授業の内実は，「機械的な暗記方略を取りがちである」という学習にとどまり，その改善は遅々として進んでいない[13]。例えば「平安京遷都は794年である」といった歴史事象を暗記すること，そして，「歴史の流れ」と称して暗記した歴史事象をつなぎ合わせることに終始した学習にとどまることが多いと考えられる。

　実際，日米の歴史授業を観察分析した渡辺雅子は，日本の歴史学習における歴史事象間の関係認識について，「起きた順番に出来事を再現しつつ，歴史的状況の中で出来事と出来事のつながりが説明されていた」[14]という共通のパターンがあったと指摘している。このことは，中学校学習指導要領［社会］歴史的分野の目標として示されてきた「我が国の大きな歴史の流れ」（昭和33年版以降，昭和52年版以前であれば「時代の移り変（わ）り」）を理解させることとも関連し，歴史授業の標準的な形式として位置づけられるであろう。このような歴史を流れとして教える「時系列連鎖」の授業では，渡辺の指摘のように「時間の中で展開していく過程」を理解することが目指されることになる。こうした「時系列連鎖」を授業に組み込んだ場合の問題点について山田秀和は次のように指摘している。

　　　「時間順に解釈された歴史には，価値観や歴史観，すなわち歴史の見方や考え方が組み込まれている。そして，そこには『こうすることによって歴史が発展した』という見方，すなわち進歩の思想，発展法則が込められている。」[15]

　この問題を解決する手だてとして，歴史的事象には複数の原因があることを学習者に認識させることが考えられる。一つの事象が起きた原因は多様で

あることは言うまでもない。先に挙げた研究においても複数の解釈，説明が可能となる歴史授業が提示されてきている。しかし，次の点で課題を内包している。

①歴史授業において，原因がどのように関連して事象が起きたのかを授業の中で明らかにしていく方略の検討は十分であるとは言えないこと。
②既有知識を含めどの理論が蓋然性が高いのか，何をもって本質的な原因とするのかを判断する基準や手がかりについては，必ずしも判然としていないこと。

このことから，学習者が既有知識を批判的に検討しつつ，様々な原因が重なり合って起きていることを自身たちで発見し，原因を関連付け，歴史認識を深化させていく授業を開発し実証する必要があると考えた。
そこで，因果関係に加えて，共時的に起きた事象間における相互連関を学習者自身の手で導出する過程を授業に組み込むことを構想し，研究理論の中核として位置づけた。
相互連関とは，ある時代における共時的な政治や経済，文化といった諸要素の横のつながりを意味し[16]，学習に際しては，共時的に生じている原因間の関係を説明することと措定できる。歴史事象間の関係は因果関係だけではなく，共時的な原因間における相互作用や相乗効果からなる相互連関を取り上げることで，授業で扱う時代を多元的に捉え，幾通りもの説明が可能となることが示唆される。
こうした点をふまえ，事例となる資料から複合的な原因を取り上げ，原因間の相互連関を組み込んだ学習の過程を次の図3-4のように示した。

歴史的事象が生じたものには複数の原因があることを学習者が認識するにあたって重要であると考えられるのが，学習者自身に断定的な見方をしていることに気付かせる「反証例」を提示することである。「その事象が起きた

①既有知識の確認
　導入の際学習課題となる歴史事象に関して，既有知識，既習事項を想起させる学習を行う。導入時に既習事項の補足し，学習者が確認をすることで，全ての学習者に問題意識を生起させる過程である。

②反証例の提示
　この過程では，既有知識や既習事項とは矛盾する資料を提示し，歴史のメタ認知，関係的認識形成への導入として位置付けられる。示される「反証例」により認知的葛藤は生起され，追究意欲を高揚させる役割を果たす。

③メタ認知の関与（既有知識の批判的検討）と諸要因の抽出
　認知的葛藤の生起に伴い，既有知識をモニタリング（自己の認識を統制（既有知識と新規の情報とを比較するなどの活動を想定）して，批判的思考を促し，問いを生成する手がかりとする。
その上で具体例による諸原因の検討を行う。

④相互連関の検討，本質的な原因の措定
　学習の最終段階では，ラベルに対してどのような認識に変化したのかを確かめるため，検討された諸原因を出し合い，共通点を整理する。その上で，示された原因同士が相互に連関しているかどうか，共時的に連動，連関しているものの有無を確認，検討する。

図 3-4　相互連関を組み込んだ学習の過程

（筆者作成）

原因は他にも考えられるのではないか」と問うことで，学習者が結果となる事象を引き起こした原因を複数考慮し，「事象は複合的に引き起こされる」ことへの認識が促進されるものと考えられる。そして，学習者が原因同士の関係を共時的，連関するものとして捉えることが可能となるであろう。このように，相互連関を検討する過程を歴史授業に組み込むことで，遅塚が言う諸現象の絡み合い，つまり多様な原因の関連が明らかになるとともに，原因の共通点や相違が明確となり，その強弱関係がわかることから，蓋然性の高さ，本質的な原因も認識できることを期待し，実践を行った。

(2)単元構成と授業仮説の設定

	〈第一次〉	【各時の説明的知識】
【単元を貫く中核の問い】「なぜ、権力(者)が複数形成されたのだろう」	第1時　中核の問い　なぜ、摂関にほとんどなっていなかった道長が、富と権力をもつことができたのだろう。	藤原道長は天皇の外戚になることの他に、左大臣(一上：いちのかみ)と内覧(天皇より先に政治の書類をみる立場)を兼任した。そのため、たとえ摂政・関白にはならなくても、近親者や家来(家司)を受領国司にできるなど、役人の任免権に深く関わることができたため、権力と富を集めることができた。
【説明的知識】「摂関政治」の時代から、平氏の政権まで、受領や知行国主の任免権をもつ者が権力と富をもっていた。また、地方の利益をめぐる争いや治安悪化に対応するため、中下級貴族や地方の役人は位を上げ受領への任命と引き替えに治安回復を任され、やがて武士として認められ、政権をもつに至った。「鎌倉殿」(鎌倉幕府)は領地の保障を行うことで支持を獲得し、やがて主従関係を強化した。中央の政治は摂関や院、幕府といった多元化を呈し、在地の支配は国衙、公家、寺社のそれぞれが支配する時代となった。	第2時　中核の問い　なぜ、受領は財産を蓄えることができたのだろう。	律令の制度が崩れ、朝廷は受領に権限を集中させて、税の徴収を請け負わせたことにより、税だけでなく受領の取り分の取り立ても強化した。そのため、受領は収入を得るために郡司(地方の豪族)や百姓などと対立した。
	第3時　中核の問い　なぜ、摂関政治の時代に、多くの作品が作られたのだろう。	日本語の音に合った平がなや片かながつくられたことで、物語や随筆が多く書かれ、和歌が広く詠まれるようになった。また、外戚の地位を望んだ貴族のもとに、教養がある人が集められ、貴族社会の生活を題材にした物語や随筆などがつくられた。
	〈第二次〉	
	第4・5時　中核の問い　なぜ、「貴族のような武士」が登場していたのだろう。	地方では、受領に対する反発や豪族同士の対立が激化し、治安が悪化した。有力貴族や院(朝廷)は、治安の悪化の解消を下級貴族に期待し、反乱を鎮めた者に位を上げ、受領などに任命する約束して、乱の鎮圧にあたらせた。乱を鎮めた者とその子孫は、軍事貴族として認められ、武士となった。
	第6時　中核の問い　なぜ、上皇が政治の実権を握ることができたのだろう。	藤原氏と血縁の薄い後三条天皇、続く白河院政のとき、院が天皇の父親や祖父であることを根拠に人事権を握り、政治を動かした。院に対して多くの奉仕や寄付が寄せられ、その権威を頼って多くの荘園が成立した。
	第7時　中核の問い　なぜ、平氏は受領として任命される数を増やせたのだろう。	僧兵の要求や治安の悪化に対処するため、武士、中でも平氏が解決したことで地位を向上させた。やがて、院の実権をめぐり保元・平治の乱が起き、戦いを勝利させた平清盛が太政大臣にまで任じられた。天皇に娘を嫁がせ外戚になり、一門を国司や国主に任命し、宋とも貿易をするなど、人事権と富を握った。
	〈第三次〉	
	第8・9時　中核の問い　なぜ、「鎌倉殿」が成立したのは1185年、1192年と言い切れないのだろう。	勢力を強めた平氏に対し、1180年に源頼朝は兵を挙げた。当初反乱軍とされていた頼朝は、侍所の仕組みを整え、武士の領地を保障することで支配下に入れた。一方、朝廷(院)からは、木曽義仲や平氏を追討する代わりに、朝廷から東国の支配権を、1185年には平氏を壇の浦で滅ぼし、義経をとらえることを理由に守護、地頭の設置が認められ、その後、高い官位の右近衛大将に任じられた。将軍の任官に反対した後白河法皇の死を待って、1192年に征夷大将軍に任じられ、名実共に「鎌倉殿」を成立させた。

図3-5　単元「分立する権力と武士の登場」における知識の構造図

(筆者作成)

相互連関を組み込んだ授業モデルとして，小単元「分立する権力と武士の登場」を提案する。本単元で学習の対象とするのは，「摂関政治」から「鎌倉幕府の政治」である。小単元は3つの場面から構成されている。律令制度の崩壊に伴い，権力が分立していく過程を取り上げ，単元を貫く中核の問いを「なぜ，権力が複数形成されたのだろう」と設定した，第一次においては律令制の崩壊と権力が分立していく前提を学習する。続く第二次，第三次において武士発生といわゆる鎌倉幕府の成立を取り上げ，グループ，クラス討論により相互連関の導出を試みる展開となっている。本研究では，このうちの第二次の事例「武士の発生」について取り上げる。プレテストで武士についての説明について求めたところ，「武士は刀を差し，鎧を着ている」など刀や鎧にまつわる回答は17名（56.7 %），「戦で戦う人」など戦に関係する回答は6名（20.0 %）に見られた。学習者に想定される既有知識として，武士は「鎧を着て，刀を差して戦う人たち」という認識が形成されていると言え，貴族の装束をした武士がいることを示した場合，意外感をもち，概念的葛藤が生起すると考えた。そこで，武士が発生，台頭していく根源として，軍事貴族を手がかりに，「なぜ，『貴族のような武士』がいたのだろう」という学習課題を設定した。

　貴族のような武士の手がかりとなる資料として，「男衾三郎絵詞」を用いた。貴族の装束を着た武士らしくない武士（吉見二郎）に着目させつつ，既有知識をメタ認知することにより，既有の武士像を批判的に捉えることを意図した。そして，資料を通して「地方では，利益をめぐって受領に対する反発や豪族同士の対立が激しくなり，治安が悪化したこと」と「貴族のような武士つまり「軍事貴族」は，主に平将門の乱を平定した者の子孫であり，やがて代々受け継がれた武士として，認められるようになったこと」を読み取り取っていく。そして，治安の悪化とその鎮圧要求が軍事貴族発生をもたらしたという本質的な原因の認識ができると考え，授業仮説を次のように設定した。

第3章 改善プロセスに着目した社会科授業研究　187

> 一見，貴族の絵巻物（『「吉見二郎の屋敷」男衾三郎絵詞』第一段）に示されている寓意「都（の貴族，あるいは朝廷・院）とのつながりをもった武士」の姿を，吉見二郎の背後に描かれた弓矢，甲冑を手がかりに読み取らせることで，武士といえば「武具を身につけて戦う人」といった武士への漠然としたイメージ，既有知識に疑問を抱くであろう。そして，なぜ「貴族のような武士」がいるのかを解決するために，地方の武装蜂起が頻発し，その鎮圧のために（元）受領や下級貴族などが押領使として派遣されたこと，平将門の乱を鎮めた者とその子孫は貴族として認められたことを資料から読み取ることで，治安悪化への対応と軍事貴族の成立が相互に連関し，都と地方を行き来しながら，戦いや治安維持，護衛を職能とする軍事貴族の成立へと至る複合的な原因と相互連関が検討できるであろう。

(3)本時（第4時）の展開

① 目標
・貴族の装束をした武士がいることを資料から読み取ることで，武士といえば「武具を身につけて戦う人」，「刀を差して，鎧を着ている人」といった認識をメタ認知し，武士は，貴族としての地位をもちながら，戦いや護衛を職業としていた人々であったことがわかる。（社会的事象についての知識・理解）
・平安時代，地方の治安悪化に対して受領や下級貴族が対応しており，その恩賞によって位を上げ，都と地方を行き来する軍事貴族が登場したことを関連付け，その共通点から治安の悪化とその解消が求められ，武士が発生したことを認識することができる。（社会的な思考・判断・表現）

② 学習過程

段階	学習活動	○おもな発問・予想される学習者の反応	◇手だて◎支援　【資料】〈評価〉
既有知識の確認反証例の提示	1 武士に対する既有知識を想起，確認する。	○次の資料から武士を選び出そう。 ・弓矢をもっている人が武士ではないか。 ・貴族のような格好しているけど，実は武士だった。	【資料1(1)(2)】『男衾三郎絵詞』「続日本の絵巻18・男衾三郎絵詞・伊勢新名所絵歌合』，小松茂美，中央公論社，1992年。
	2 貴族の格好をした武士がいたことを知る。	○その人が武士である根拠を探しだそう。 ・弓矢，刀を持っているから武士である。 ○なぜ，その人が武士だと思ったのか ・武士が貴族の格好をしているのには，何かわけがあるのではないか	◎誰が武士であることが学習者から出ない場合，解答を提示し，その根拠を探ることに重点を置く。 【資料2】「天狗草子絵巻」『続日本の絵巻26 土蜘蛛草紙・天狗草紙・大江山絵詞』，小松茂美，中央公論社，1993年。

メタ認知の関与（既有知識の批判的検討）諸要因の抽出	3 武士らしいとは言えない貴族のような武士が登場した要因を資料から抽出する。	なぜ、「貴族のような武士」がいたのだろう。 ○予想を立てよう。 ・貴族が武力をもっていて、次第に武士となっていったのではないか。 ○資料を読んで、「貴族のような武士」が発生した原因がわかる資料を選び出そう。 ・軍団が廃止されたことで治安が悪化した ・反乱に鎮圧に京都から追討使が送られた ・国司が押領使に任命され、盗賊などの取り締まりをしていた ・935年から940年にかけて平将門の乱が起きていて、朝廷は反乱を鎮めたら、貴族として位を上げることを約束していた ・位をもらい受領や次官になっていた。 ・受領や次官ということは、貴族になっていた。 ・平将門の乱で活躍した人の子孫は、朝廷に仕え、藤原道長の家来となり、地方と都とを行き来した。 ・庭園や寺、仏像が地方に伝わった。	◇絵巻に描かれている人物の中から、吉見二郎の背後にある鎧にこめられた寓意を探し出させることで、「貴族のような武士」がいたことに気付かせる。 【資料3】「軍団の廃止とその影響」下向井龍彦『武士の成長と院政』日本の歴史7巻、講談社、2001年。 【資料4】「平忠常の乱追討使派遣」『応徳元年皇代記』、万寿五年条。 【資料5】「受領国司が押領使に任命される」『朝野群載』巻二二。 【資料6】「天慶3年正月11日官符」東京大学史料編纂所編『大日本史料』第1編の7。 【資料7】「平将門の乱前後における押領使の位の変化」下向井前掲書, p.99。 ◇「乱の平定者とその子孫が官位を上げ、受領などになったこと」＝「軍事貴族」であることを規定する。
本質的な原因の措定　相互連関の検討	4 相互連関を検討する。	○連関し合う原因を探し、関連付けよう。 ・軍団の廃止により、治安が悪化したと言える。 ・軍団の廃止が治安の悪化や反乱を増やし、それをしずめるとほうびとして受領国司、貴族（軍事貴族）になれることが連関している。 ・反乱の増加により、派遣された武士は、文化も伝えているのではないか。	◇受領＝貴族の典型例として、学習していることを想起し、武士が貴族になったことをおさえる。 【資料8】「都では貴族の家来（家人）となっていた武士」下向井前掲書より作成。 【資料9】「地方への文化の広がり」（自作、厳島神社、富貴寺大堂など） 【資料10】「平安時代の気候変動」福澤仁之「堆積作用と環境」『環境と人類』朝倉書店、2000年, p.19より作成。

	5 本質的な要因を措定する。	○連関し合う原因の共通点を探そう。 ・有力貴族や院などの人事権をもつ者から治安回復を任され，役割を果たすことで軍事貴族となった。	◇原因同士が連動し変化するなどの関係がある事例に着目させることで，相互連関の検討を促す。 〈評価〉 A：軍事貴族が登場した要因同士の相互連関を導出し，本質的な要因を認識することができた。 B：軍事貴族が登場した要因の相互連関を導出することができた。

(4) 授業の評価

　授業中における学習者の発言，ワークシートの記述から，授業を評価した。はじめに設問としたのは「武士と言えばどのような人たちのことを言うのだろう。」である。授業後における個々の認識変容，武士に関する既有知識を見直したかどうかについての回答を求めたところ，武士について見直す必要が「ある」と回答したのは，30名中22名（73.3％）であった。資料により「貴族みたいな武士」を提示したことが，武士像の見直しに結びついていることが考えられる。また，見直しが相当程度なされていたことから，学習者は既有知識に疑問をもち，新たな武士像を獲得していると判断できる。

　課題となったのは，次の3点である。第1に，導入に関する問題である。絵巻物から武士を選び出す活動に際して子どもたちの既有知識をゆさぶることを意図するならば，十分な時間をとる必要があった。しかし「貴族の装束をした武士」を早々に取り上げてしまったことで，この時点で学習者の問題意識（なぜ疑問の生成）を高めることができなかった。

　第2に，中心課題に関する問題である。中心課題は「なぜ，『貴族のような武士』がいたのだろう」であった。しかし，原因として取り上げていたのは，治安の悪化や反乱が発生し，それを鎮めた者が軍事貴族となっていったことであり，貴族のような武士がいたことの直接的な原因とはならない。授業では「原因は？」と問うことによる混乱も見られた。実際，まとめの段階

表3-5 まとめの段階におけるワークシートへの記述

学習者	学習者が想定した原因と相互連関
B	反乱の発生と追討使の派遣が関係していて,その結果多くの人が国司になった。
D	反乱を平定した者は恩賞をもらい,文化を広めていたことから,貴族のような富を得るために敵を殺していった。
G	首領を殺したから位が上がり,家来になって国司になった。
H	兵役と軍団が廃止されたから,日々物騒なことが絶えなかった。
I	軍団の廃止により,追討使が派遣されたこと。
J	軍団が廃止されたから反乱を鎮めるのに追討使を派遣した。将門を殺せたから貴族になった。
L	将門を殺す。活躍する。活躍したことが認められ,文化が伝わる。
M	軍団を廃止したことで反乱が起きる。反乱を平定したことで恩賞が与えられ,道長たちの家来となり,そこで見た文化も広めることになった。
N	貴族らが兵をもち,将門などを倒して力をつけ強くなっていった。
O	治安の悪化で首領を殺してほうびをもらう。
P	軍団が廃止された代わりに国司が活躍している。
Q	力があればどんどん進んでいけるから(手助けする人がいるから)。
S	悪人を殺して貴族になった。
T	人を殺して位が上がって貴族になったから。関東で反乱が起きた。
V	恩賞をもらった貴族は貴族の家来になる。資料5と7。
W	首領を殺せば官位や領地をもらえる。貴族の家来になれるのは親などが活躍して有力者だったから身分が低くても貴族になれた。
X	反乱で首領を殺すと,貴族の位がもらえ,国司になる。
Y	軍団の廃止により反乱が起こり,追討使が送られたことと,地方に文化が広がることは連動している。
	反乱の発生と恩賞が与えられること。反乱の発生により文化も広がったことが連動している。
AA	
AC	東国で反乱や盗賊=「物騒なこと」なことが起こり,そういう悪い人を殺せば悪人がいなくなり,殺した人には高いくらいが授けられる。
AD	貴族のような武士がいたのは,追討使,押領使として地方に行った人が恩賞を与えられたこと,貴族の家来になった人が文化を広げたことが連動している。
AF	首領平将門が関東で反乱を起こしたことで押領使が派遣された。貴族の位があれば国司になれ,軍事を支配する貴族にもなった。
AG	軍団の廃止により,貴族を守る武士が生まれた。首領を倒すと褒美がもらえることで,反乱が起きれば戦で手柄をあげていく。

(学習者の記述を筆者がまとめた)

でのワークシートへの記述から抽出，分類したもの（表3-5）を見てみると，複数の原因を挙げているのは8名（26.7%）であった。また相互連関だとして，説明をした学習者は24名（80.0%）であり，資料から読み取れる複数の原因を相互連関していると考え，認識していると推察されるものの，実際に相互連関しているかについては，不十分なものであった。例えば，下線部X生「反乱で首領を殺すと，貴族の位がもらえ，国司になる。」のように，学習者が相互に連関していると考えている事象が1つの因果関係理解にとどまっていることが多く，妥当性に欠ける連関も散見される。このことから，連関について具体的にどのようなことを示すのか不明確であることが考えられる。したがって，主発問は「なぜ，武士らしいとは思えない武士がいるのだろう」とするべきであり，その根拠や背景を要因（factor　通常複数形で用いられることから原因と言うより，要因として考えさせるべきであった）として言葉を統一して問うべきであった。

授業で取り上げた事象間の関係は図3-6のようになった。相互連関について言えば，①「首領を倒すと褒美がもらえることで，反乱が起きれば戦で手柄をあげていく。」（AG生）のように反乱の平定と恩賞や位階の授与の関係

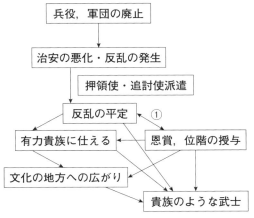

図3-6　授業で取り上げた事象間の関係

（筆者作成）

が挙げられるにとどまっている。

　最後に，授業仮説がわかりにくい点である。一文が長く，どのような要因，相互連関が分析，検討できるか明確にする必要があった。導入部分への言及については「既有知識に疑問をもつ」のではなく「武士への漠然としたイメージ，既有知識に対してメタ認知が関与し，批判的思考ができたか」どうかまで言及することで，理論の検証に資する授業仮説になり得たと考えられる。

(5)研究理論の見直しと授業仮説の再設定

　授業仮説は「反証例の提示～メタ認知への関与」の部分とそれ以後の部分で区分した。授業仮説の見直しに伴い，理論の不十分な部分の見直しを行った。具体的には①「既有知識のメタ認知，批判的思考」，②「相互連関の検討」の２点である。

　①については「既有知識のメタ認知，批判的思考」が具体的にどのような活動を指すのか不明確であった。そこで，どのような発問や指示によって学習者がメタ認知や批判的思考を始めていくのか，十分に想定し，「既有知識のメタ認知，批判的思考」の段階における指示を「なぜ，貴族の格好をしている人が武士と言えるのだろうか。知っていることを整理し，予想しよう」と改め，既有知識をメタ認知する活動を，問題の解決に合致しそうな既有知識を改めて想起させる活動と位置づけ，「知っていることを整理させる」ことで批判的な思考を促すことを目指した。

　②については，学習者が抽出した諸要因を関連付け，相互連関している関係と見なしていく一連の行為について生徒自身が関連付け導き出していくことをふまえ，「検討」ではなく，「導出」とした。また，何をもって相互連関とするのかが不明確であった。

　遅塚は相互連関を想定する判断について次のように指摘している。

　　「二つの事象の間に相互連関を想定するという判断（命題）は，いわば，どち

らもが同時に原因でもあり結果でもあるという関連の想定であって、あえて単純化すれば、相乗効果のようなものだと言ってよいのである。」[17]

このことから、相互連関は「双方向的な関係性を示すもの」と位置づけることができ、相互連関を問う問いは「影響を与え合ったことがらはどれか。」のように、一方が起きれば、もう一方も起きることが互いに言える関係に着目したものとなる。

この点をふまえ、本授業で想定する相互連関の具体を見直し、「治安の悪化や反乱の増加しても、それをしずめる軍団はなく、朝廷は、下級貴族や受領国司に鎮圧を命令し、ほうびとして恩賞を与えることが繰り返され、貴族のような武士（軍事貴族）が生まれた。」「気候が不安定なこともあり不作が続いたことから治安も悪化していく。治安の悪化がさらに不作をまねくことになった。」と改め、授業仮説を次のように改めた。

【改善後の授業仮説】（改善した箇所には下線を引いた）
『男衾三郎絵詞』第一段に描かれた、一見貴族に見える吉見二郎が、実は武士であることを背後に描かれた弓矢、甲冑から発見させていくことで、「武具を身につけて戦う人」といった武士へ既有知識に対してメタ認知が関与し、批判的思考ができるであろう。そして、なぜ「武士らしいとは思えない武士」がいるのかを解決するために、次の点を読み取ることで、治安維持や護衛を職能とする軍事貴族（武士）の成立をめぐる複合的な要因、要因間の相互連関が導出され、本質的な要因が認識できるであろう。
・治安の悪化や反乱の増加により朝廷は、下級貴族や受領国司に鎮圧を命令し、ほうびとして恩賞を与えることで貴族のような武士（軍事貴族）となった。
・地方の治安が悪化し、武士が地方に出ることで、結果として都の文化も伝えられた。

---

(6) 改善授業の実践

先に触れた評価をもとに、改善プランを作成し、異なるクラスで授業を行った（改善した箇所には下線を引いた）。

① 目標（略）

② 授業過程

	学習活動	○おもな発問・予想される学習者の反応	◇手だて◎支援【資料】〈評価〉
既有知識の確認	1 武士に対する既有知識を想起,確認する。	○武士とはどのような人たちのことを指すのだろう。 ・弓矢をもっている人が武士ではないか。 ○次の資料から武士を選びだそう。 ○その人が武士である根拠を探しだそう。 ・弓矢,刀を持っているから武士である。	【資料1(1)(2)】【資料2】 ◎誰が武士であることが学習者から出ない場合,解答を提示し,その根拠を探ることに重点を置く。
確認反証例提示による問題把握	2 貴族の格好をした武士がいたことを知る。	一見貴族に見える武士の背後には鎧や兜,弓矢がある。 ・貴族のような格好,生活を送る武士がいた。 ・武士が貴族の格好をしているのには,何かわけがあるのではないか。	◇絵巻の人物の中から,吉見二郎の背後にある鎧にこめられた寓意を探し出させることで,「貴族のよう武士」がいたことに気付かせ,認知的葛藤を生起させる。
(既有知識の批判的検討) メタ認知の関与	3 武士らしいとは言えない貴族のような武士が登場した要因を資料から抽出する。	なぜ,武士らしいとは思えない武士がいるのだろう。 ○知っていることを整理し,予想しよう。 ・貴族が武力をもっていて,次第に武士となっていったのではないか。 ○資料から「武士らしくない武士」が登場した要因を抜き出し,その根拠を発表しよう。 ・軍団が廃止されたことで,治安が悪化していた。 ・反乱の鎮圧するため京都から貴族が派遣された。 ・押領使として盗賊などの取り締まりをするのに,貴族である国司が任命されていた。 ・平将門の乱が起きた時,朝廷は反乱を鎮めたら,貴族として位を上げることを約束していた。 ・位をもらい受領国司や次官になっていた。 ・受領や次官になったということ	【資料3】【資料4】【資料5】 【資料6】【資料7】【資料8】 【資料9】【資料10】 ◇資料を各班に配布し,内容のを補足をした後,要因の根拠としてあてはまるものなのかを考えさせる。 ◎読み取りに時間がかかることが予想されるので,ヒントを板書することで,要因であるかどうかの判断を促進させたい。 ◇他のグループの解釈も参考にして複合的な要因を考え直すことで,関連付けへの気付きを促す。 ◇乱の平定者とその子孫が官位を上げ,受領などになったこと＝「軍事貴族」であることを規定する。 ◇受領を典型例として想起させることで,武士と軍事貴族がつながていたことをおさえる。

		・は，(軍事)貴族になっていた。 ・平将門の乱で活躍した人の子孫は，朝廷に仕え，藤原道長の家来となり，地方と都とを行き来した。 ・都にある庭園や寺，仏像が地方に伝わった。	
相互連関の導出　本質的な要因の措定	4 複合的な要因を関連付け，相互連関を導出する。	○影響を与え合った関係を見つけ，その根拠を考えよう。 ・軍団の廃止により，さらに治安が悪化した。 ・軍団の廃止が治安の悪化や反乱を増加させ，それを鎮めるとほうびとして受領国司，貴族(軍事貴族)になれることが連関している。 ・地方に派遣された武士は，文化も伝えているのではないか。 ・反乱をしたリーダーを殺せば位は上がっていき，多くの人が活躍した。軍事貴族が増えていくことと連動している。 ・首領を討ち取ると軍事貴族になり，有力貴族に私的に仕えるようになるので，反乱などがあった時は活躍をあてにされ派遣される。 ・治安の悪化によってそれを鎮めようとする武士も増え，それにより地方に文化も広がっていく。	◇要因同士で連動して変化するなど関係がある事例を相互連関として導出させる。 ◎相互連関を考えていく際，前後関係だけで関連づけようとしている学習者に対しては，「相互作用」や「相乗効果」，などが見られるかどうかを判断の目安にするよう指示する。 ◇発表，導出された相互連関から共通点を導き出していくことにより，武士らしいとは言えない武士(軍事貴族)が登場した本質的な要因への認識を促す。
	5 本質的な要因を措定し，学習をまとめる。	○共通点の見当をつけよう。 ・気候が不安定だから不作になり，治安も悪化していく。治安が悪化で不作も続く。 ・軍団が廃止されて治安が悪化して食料不足となり，再び反乱が起きやすくなる。 ・治安の悪化と貴族の派遣が共通している。 ・気候が不安定なこともあり不作が続いたことから治安も悪化していく。治安の悪化がさらに不作をまねくことになった。	〈評価〉 A：軍事貴族が登場した要因同士の相互連関を導出し，その共通点を措定することができた。 B：軍事貴族が登場した要因の相互連関を導出することができた。

(7) 再評価による成果と課題の抽出
① 「既有知識のメタ認知，批判的思考」
　まず，「既有知識のメタ認知，批判的思考」の段階における指示を「なぜ，貴族の格好をしている人が武士と言えるのだろうか。知っていることを整理し，予想しよう。」としたことで，既有知識の想起されていたかどうかを検証した。「今まで（は）」「最初は」「～だったけれど」といった文言がみられ，考えの変化に言及しているかどうかで判断したところ，31名中20名（64.5%）にみられた。また，前回の実践と同様に，武士と言えばどのような人たちのことを言うのか質問したところ，武士について見直す必要が「ある」と回答したのは，31名中25名（80.6%）であった。これらのことから，既有知識を整理し，メタ認知を意図的に関与させることで，問題の解決に合致しそうな既有知識を改めて想起させ，批判的な思考していることが示唆される。

② 「相互連関の導出」
　次に，課題であった相互連関の意味合い，位置づけについて，見直しが適切であったかどうかを検討する。「影響を与え合ったことがらはどれか。」と問い，どちらもが同時に原因でもあり結果でもあるという関連の想定させたことで，授業では武士が登場した前提条件や必然性について資料から読み取り，図3-7のような相互連関が話し合われた。

　まとめの段階でワークシートに記述した内容（表3-6）からは，授業で発表，検討されたことの他にも「平将門の乱で活躍したことで，実際に地位が上がる。そして有力貴族に仕え，権力を手に入れていく」（z生）「頼られた軍事貴族が私的に仕える」（ab生）など，くり返し起きた反乱，治安の悪化が武士としての地位，権力の向上に結びついたことに言及している。

　このように，「影響を与え合ったことがらはどれか」と問い，どちらとも原因でもあり結果でもあるという関連を想定させたことで，多様な武士らしくない武士（軍事貴族）が誕生した要因の相互連関が分析，導出されている。具体的には，反乱の発生と下級貴族の派遣，反乱の鎮圧による報酬，位階の上昇がくり返し行われたこと，作物不足と治安悪化の悪循環といった相互連

① 反乱が相次ぎ，治安が悪化したことで，武力に優れた人（貴族）が次々に派遣された。その結果武士になっていった。だから，武士らしくない武士がいる。（I 正）
② 反乱が相次いだことで作物が不足し，また，反乱が起きる。（b 生）
③ 反乱をしずめると報酬がもらえ位が上がるから，受領になったりして国を動かすようになり，文化も広がった。（q 生）
④ 将門など反乱のリーダーを殺すと位が上がる。武力に優れているので，有力な貴族に私的に仕え，また，反乱の鎮圧に参加する。（ab 生）

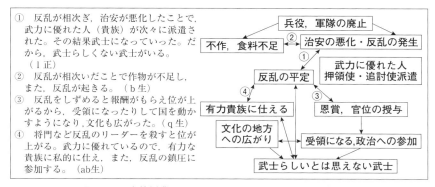

図 3-7　改善授業において話し合われた要因と相互連関

（筆者作成）

関が導出された。そして，共通点として反乱などによる治安の悪化とその回復により軍事貴族が発生したという共通点が明らかとなり，本質的な要因として認識していることがわかる。

　取り上げた要因は一つではなく，「もしかしたらつながるかもしれない」と予想し，どの要因間の関係を説明してもよいことになることから，「その子なりの」解釈が可能となったと推察される。また，当時の自然環境の変化に関わる資料を追加したことで，当時の農業生産が十分ではないといったの前提条件や必然性が加味され，連関させた要因も増殖し多様化したと考える。

(8) 実践から明らかになった理論，授業改善の方法

　授業仮説の検証をとおして研究理論，授業改善を試みた。明らかになったのは次の点である。

① 授業仮説の見直しに際して，対象を焦点化して研究理論，授業を改善することの有効性。
② 授業仮説に基づき PDCA の過程を繰り返すことによる，研究理論，授業改善の精緻化。

表3-6　改善授業のまとめの段階におけるワークシートへの記述

学習者	まとめの段階でワークシートに記述した要因と相互連関
b	治安の悪化，反乱や盗賊が増えた。作物も減った。
c	軍団が廃止されて治安が悪化して食料不足となり，反乱が起きて武力に優れた人が反乱を抑えに行きおさえに行くのには費用がかかり，もっと治安が悪化している。
d	リーダーを倒したりすると報酬がもらえて位を上げようとしている連関がある。
e	反乱をしたリーダーを殺せば位は上がっていき，多くの人がそれにつられて活躍した。軍事貴族が増えていくことと連動している。
g	反乱をしたリーダーを殺せば位がすごく上がっていくことが多い。多くの人がリーダーを狙って活躍し，活躍した人は位が上がるので連動している。
h	リーダーを倒す。報酬がもらえ位が上がる。
j	治安の悪化と作物の不足。治安悪化で作物が不足してくるから，反乱も起きた。
k	治安の悪化と反乱で作物が不足した。
l	治安が乱れると反乱も相次ぐ。首領を討ち取ると豊かな暮らし。軍事貴族が有力貴族に私的に仕えるようになった。なので，武力に優れた人が派遣され反乱をしずめると地位が上がる。
n	リーダーを倒すと報酬がもらえるからまたリーダーを倒したくなる。
o	反抗が増えたからしずめられた。しずめたからほうびがもらえる。
p	軍団が廃止された。軍団の代わりに俺がリーダーをやるという人が出てくる。
q	地位を高くし国を動かしたいなどの考えが増える。そして武士の増加により，全国に文化が広がる。
r	リーダーを殺せば位が上がる。なので，リーダーを殺せば位が上がると知り，倒しに行った。
s	リーダーを倒せば位が上がるから。
t	リーダーを殺してしまえば有力貴族になる資格があるから，ほうびももらえることになる。
u	治安の悪化により反乱が起き，作物は不足した。
v	軍団の廃止により，治安が悪化していると言うこと，リーダーを倒すと位が上がるということ，位が上がると国を動かすことになり，文化も広がっていくこと。
w	軍団が廃止された，資料3にあるよう反抗も増えた，その反抗をおさえるために追討使が派遣される。
x	リーダーを殺せばほうびがもらえるようになってから，平将門の乱などで活躍した武士たちが軍事貴族となって地方の反乱で活躍するようになった。
y	反乱が起こるとそれを鎮めることで有力貴族になっていくこと。
z	平将門の乱ではリーダーを倒して有力貴族の資格が子孫まで続く，そして，実際に地位が上がる。それで，反乱ではよいことをして自分たちの位を上げ

	ていこうと反乱に参加していった。
aa	軍団の廃止で反乱が増え,反乱をおさえようと朝廷から人が派遣されるまで反乱がたくさん起こった。
ab	私なりに考えてみると,武士は争いと治安,地位がすごく関係していた。首領を殺せばほうびが与えられ,地位が上がり,武士から貴族(軍事貴族)になった。地方で反乱が起きると武力に優れた人が平定を命じられるから,頼られた武士が貴族に私的に仕えるようになっていく。
ac	将門を殺したから軍事貴族になれた。
ad	受領が殺され追討使が派遣されると,その追討使のことを気に入った貴族が私的に仕えさせ,信頼されると再び追討使に派遣されることもある。また,貴族に仕えていたことから貴族のような武士(軍事貴族)が生まれた可能性がある。
ae	将門を殺したから軍事貴族になる権利を得て,有力貴族になっていったと思う。
af	反乱がたくさんあるから治安が悪い。気候の差も大きいから農作物が出きなくなって食料が少なくなる。今の時代も食料不足や貧乏になってしまったりすると治安が悪くなってしまうと思います。それで,私は治安が悪くなるから,治安をよくするために武士が登場したのではないかと思います。
ag	反乱が増えるとリーダーを倒す機会が増え,軍事貴族の領地も増えていくことが関係しています。
ah	治安の悪化で反乱が起き,作物が不足した。
ai	平将門を殺した人がほうしゅうをもらい,位が上がり,国を動かすことができるようになり,その人たちが信仰していた文化が広まった。

(学習者の記述を筆者がまとめた)

①については,授業仮説の検証をとおして,授業者の意図する研究理論,授業実践が妥当であったかどうか,ズレてはいなかったかどうかについて,個別の事実を焦点化させ,検証することが有効であると確認された。本単元では具体的に2点の検証を行った。1点目は,既有知識を整理した上で,予想を行うことで,既有知識がメタ認知され,批判的に事象間の関係を捉え直すことが可能となった。既有知識が「部分的には正しい(あてはまる)かもしれない」と思考を促すことで,複合的な要因,相互連関の可能性を認識する際,資料から新しく読み取られた認識に限定されず,より幅広く「その子なりの」説明ができることになった。2点目については,相互連関を,「影響を与え合った関係」に着目させることで,共時性を伴わない因果関係との

違いが明確となった。その結果，相互連関は的確かつ多様なものとなり，事象間の関係への認識は増殖し，多元的で幅広くなることが明らかとなった。

②については，授業仮説の設定により，到達させたい目標だけではなく，発問や学習者の反応を具体化，精緻化したことで，授業のどこをどう改善していけばよいのか，より明確なものとなった。授業の評価（C）の段階において問題点を洗い出し，授業仮説を検証することで，研究理論の見直し（A）と授業仮説の再設定（P）によって，学習指導案が改善でき，研究理論と授業の双方が精緻化されたと言える。

(山内敏男)

第2節　授業仮説からアプローチする社会科授業改善の理論

⑴ はじめに

本プロジェクトの実施により期待される効果は，次のように5点示されている。

①授業開発の基盤となる児童・生徒の社会認識の発達特性に関する知見を得ることができる。これにより，教材の理論と児童・生徒の学習の心理とを結合させた授業開発と実践への途を拓くことができる。
②4つの授業類型に関する授業理論と授業モデルを提示することにより，学校教育における思考力・判断力・表現力等を培う社会科授業のバリエーションを広げることができる。
③授業評価の方法を構成し授業実践に適用することを通して，学校現場に授業理論の有効性に関するデータを提供できる。
④授業改善の方法を定め授業実践に適用することを通して，学校現場にPDCAサイクルにもとづく授業研究の具体的な方略を提示できる。
⑤社会科授業研究スタンダード（試案）の開発により，学校現場における授業研究の方法に関する客観性と汎用性を確保し，相互批判が可能な授業研

究を展開できる。

　第1節と第2節では，③に示された「授業評価の方法を構成し授業実践に適用すること」と，④に示された「授業改善の方法を定め授業実践に適用することを通して，学校現場にPDCAサイクルにもとづく授業研究の具体的な方略」の開発を，「授業仮説」に求めた。このことは，PDCAのサイクルで行われている社会科授業研究に一つの提案をすることになる。また，それは，学習指導案の作成から事後検討会を経て改善学習指導案の作成までの「授業開発プロセス解明研究」「授業評価プロセス解明研究」と位置づけることができる。
　第1節では，「授業仮説からアプローチする社会科授業改善の実際」について，小・中学校の教育現場で社会科授業研究を進めてきた授業実践研究者（小学校：大西慎也，中学校：小谷恵津子，山内敏男）が論じた。第2節では，第1節を受けて，「授業仮説からアプローチする社会科授業改善の理論」について，小・中学校の教育現場で社会科授業研究の経験を有する社会科教育学の研究者である筆者が論じる。その視点は，「授業開発と授業評価のプロセス」である。

⑵教育現場の社会科授業研究の課題

　小学校や中学校の教育現場における社会科授業研究は，おおむね図3-8のような形で進められることが多い。
　筆者の小学校や中学校の社会科担当教員，奈良県や橿原市の教育委員会の社会科担当指導主事や大学の教員として，多くの社会科授業研究会に関わってきた経験から，次のような教育現場の課題が抽出できる。

①目標記述が達成目標となっておらず，事後検討会で目標の達成度を評価できない。
②目標を達成するための理論や研究テーマに迫るための理論が明示されてい

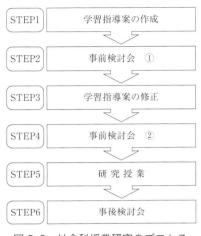

図3-8 社会科授業研究のプロセス

ないので、事後検討会が拡散して感想の述べ合いになっている。

③授業の事後検討会の成果が次の授業に反映されていない。このことは改善指導案が提案されないことにあらわれている。

PDCAのサイクルに対応させるならば、①②はPに、②はDに、③はCとAに関連づけられる。とりわけ、②について、岩田一彦も「授業後の研究会の様子は感想的発言が飛び交うことになっている場合が多い。」[18]と述べている。

ここに示した3点を克服するために、目標記述の理論や授業仮説の理論について、「仮説の集合体としての学習指導案」の視点から論じる。

(3)仮説の集合体としての学習指導案
①目標記述の理論

「指導と評価の一体化」が言われて久しい。しかし、あえて「目標と指導と評価の一体化」を強調したい。なぜなら、目標の達成度を評価することが授業の成立を評価することになるからである。目標と評価は表裏一体をなしている。

しかし、小・中学校の社会科授業研究では、目標記述に意を注いでいない。例えば、第3学年の「ものを作る人々のしごと」の単元で、「見学カードをもとに、あられの生産者の工夫や努力は何のためにしているのかを話し合い、おかき作りに関わる人々の思いや願いについて考える。」というタイプの目標記述によく出会う。「あられの生産者の工夫や努力」や「おかき作りに関わる人々の思いや願い」は何を示すのであろうか。「人々の工夫と努力」は、

小学校学習指導要領［社会］に示されている文言で，どのようにでも解釈できるマジックワードである。小学校学習指導要領［社会］の記述をそのまま学習指導案に反映させるので，「働く人々の工夫と努力，苦労に感謝しましょう」という情意的な授業が展開されることになる。授業の終わりに，子どもが学習ノートに，「きょうはあられを作っている人々の工夫や努力について学びました。次の授業では，お礼の手紙を書きます。」と表現したとしても授業が成立したとは言えない。「人々の工夫と努力」と「社会のしくみ」との関連を科学的に説明できることが大切となる。そのためにも，小学校学習指導要領の文言を「社会のしくみ」と対応させた上で，子どもの言葉で目標に記述することが重要となる[19]。

　目標記述の重要性について，岩田一彦は，「方向目標型の目標提示」「記述的知識による目標提示」「分析的知識による目標提示」「評価的知識による目標提示（心情理解の学習目標）」を示し，批判している。そして，「社会的見方の中核に位置づけた説明的知識が，目標の書き方の中核に存在するべきである。」としている。また，本質目標を概念的知識としている[20]。

　学習指導案に示される目標は，小学校学習指導要領［社会］の文言を引き写すことが日常的に行われている。それを克服するための目標記述の理論について論じた。とりわけ理解についての目標は，達成目標で明示すべきである。

　例えば，先の示した事例は，次のように書かれるべきである。

「工場ではたらいている人々は，次のような苦労や工夫をしてあられを生産していることが分かる。
○あられをぐるぐる回して味つけしたり，何度も乾燥させたりして，品質のよい製品をつくろうとしている。
○大きな機械をたくさん使うことによって，大量につくろうとしている。
○白衣や帽子，マスクを着けることによって，安全なおかきをつくろうとしている。

○売り物にならない『われおかき』を安く売ることで，利益を増やそうとしている。」

　ここに示したように，社会科授業研究における評価の一つは，説明的知識や概念的知識の習得状況で行うことができる。しかし，目標記述の理論にしたがって目標を明示したとしても，子どもが説明的知識や概念的知識を書けたとしても，その授業を評価することはできない。評価すべきは，その習得のプロセスである。教員は，そのための手立てを無意識のうちに考え，実践している。いわば，仮説が授業者に内包されているのである。
　このことは幼稚園の保育においてよく見られる。すぐれた保育で幼児の変容にすばらしいものがあっても，そのことが共有され，他の幼稚園で実践されることが少ない。それは，仮説が保育者に内包され，保育案に明示できないでいるからである。内包された仮説について事後検討会で論議されていても，保育者はそれに気づいていないのである。
　次項では，授業者に内包された仮説をどのように授業研究に生かすかについて論じる。

②授業仮説の理論
　筆者は，学習指導案について，次のように論じたことがある。

　「教育は意図的・目的的・計画的な営みであるので，一般的には『目標→計画→実践→評価』のサイクルをとる。このサイクルの中で，目標設定と計画作成の段階が，『学習計画』に当たる。教育の営みの目標・目的の違いによって，学習計画の内容や形式が異なる。どのような学習計画であれ，子どもたちの望ましい成長発達をめざして，それにかかわる指導者や指導者集団が作成するものである。（略）学習指導案は，教科等の授業の手順を事前に構想した授業計画であり，小単元または１時間ごとの授業展開を示したものである。学習指導案には，次の二つの意義

があると考えている。
　◇授業者の授業研究についての意図（仮説）を明示し，その有効性の検討に資する。
　◇授業者の授業構想が明確化され，『授業展開のタクト』が学習者の学びのプロセス（過程）として明示される。」[21]

　学習指導案は，授業者の「学習計画」「授業の構想」と，「授業者の授業研究についての意図（仮説）」「授業展開のタクト」が示されたものと整理できる。
　それでは，「授業者の授業研究についての意図（仮説）」とは何であろうか。授業研究（教育研究）は，その参加者に検証された理論の有効性が共有され，より多くの子どもに返されることが大前提となる。そのためには，学習指導案に授業者の仮説が明示されなければならない。

　鈴木秀一は，指導案における仮説の明示やその有効性の検証が授業研究において重要な位置を占めることについて，次のように述べている。

　　「この指導案で重要なのは，子どもたちが獲得すべき教育内容の本質と構造を究明して，その論理構造を子どもたちが能動的に形成していく過程を，教師は<u>授業仮説</u>（下線：米田）として意識的に提出してみることである。問題の提出とその解決への子どもの努力，指示と子どもたちによる指示された作業の遂行，説明や実験，結論的資料の提示とその喜びや驚きをともなった納得，といった要素的活動の有機的系統的連関として授業案が構成され，それが実際の授業で試されるとき，教材の適否や教育内容把握の不十分さをさらに克服し発展させる道が開けるのである。」[22]

　鈴木の言う「授業仮説」や筆者が学習指導案の意義の一つとして先に述べた「授業者の授業研究についての意図（仮説）」とは，理論のことである。理論の重要性について，岩田一彦は次のように述べている。

「社会科の授業研究会に参加する機会がたびたびある。熱心な研究授業担当者と参加者の授業を見る眼の真剣さには，いつも感動している。研究会当日の学習指導案には多くの資料が添付されていて大部なものになっている。
　このような好ましい状況下にあるにもかかわらず，授業後の研究会の様子は感想的発言が飛びかうことになっている場合が多い。これはなぜだろうか。最大の理由は授業設計者が一貫した理論を明示して学習指導案を書き，授業実践していないからである。学習指導案が書かれているいじょう，暗黙の内に理論が存在している。しかし，それを明示しない，あるいは，できないでいるのが今日的状況である。（中略：米田）授業研究は理論の妥当性を検討することが第一の目的である。（中略：米田）学習過程，学習成果は理論と照らし合わせてどのようであったか。これを検討し，理論の実践化の過程の問題，理論自体の修正の問題などを解明していく。授業研究ではこの過程が基本である。」[23]

　数多くの社会科授業研究会で指導を続けられた研究者の主張である。「理論の実践化の過程の問題，理論自体の修正の問題」を解明するためには，学習指導案への理論の明示が必要である。その意味で，事後検討会は「理論の妥当性を検討することが第一の目的」となる。また，学習指導案は「授業者の絞り込んだ授業設計の仮説の集合体」となる。
　「仮説の集合体」について，岩田一彦は次のように述べている。

　　「学習指導案は，子どもの学習活動，教師の指導過程，教材の定着度，資料の妥当性等について，教師がもっとも確率が高いと予測した内容について仮説的に書かれたものである。この意味で，学習指導案は仮説の集合体と呼ぶにふさわしいものである。」[24]

　授業設計の仮説は，学習指導案の事前検討会，授業，事後検討会を通して，「仮説→検証」の過程を繰り返し，理論は増殖し，その成果が子どもに返される。
　澤田昭夫は，事実を理論に優先させることが経験科学の原則だと主張し，プロテスタンチズムと資本主義の因果連関理論（ヴェーバー（Max.Weber））だけでなく，それを構成している基本的名辞，基本概念の修正が必要である

ことを論じた後，次のように述べている。

> 「このように問，仮説としての理論をたずさえて現象に向かい，事実によって理論を修正していくというのは，歴史学だけでなく，すべての経験科学の基本的方法です。この方法によってわれわれは，統合的な真実像に少しずつ近づくわけです。」[25]

　澤田の言う「仮説としての理論」とは，「授業者の絞り込んだ授業設計の仮説」である。「現象」とは授業である。「事実」とは授業の成果であり，子どもの社会科教育を通しての育ちである。それをもとにして「仮説としての理論」は検証や反証を繰り返し，増殖し続けることになる。
　ここに言う「授業者の絞り込んだ授業設計の仮説」を鈴木に依拠して「授業仮説」と呼ぶことにする。
　それでは，何を授業仮説として明示すればよいのであろうか。社会科授業では，研究の対象となる授業の事実が多い。授業実践の事実のすべてが授業研究の対象となる。しかし，授業の事実をすべて事後検討会の俎上に載せて議論する時間的な余裕はない。また，そうすれば議論が拡散する。先に示した現状とは逆の意味で，事後検討会の成果が期待できない。事後検討会を焦点化するための授業仮説である。授業実践の事実をシャープに切り取り，よりよく説明するためには，何を授業仮説にするかの検討が必要である。
　それには次の2点が条件となる。

①目標達成のための授業仮説
②研究テーマ，研究課題達成のための授業仮説
　　ⅰ　学校の研究テーマ達成のための授業仮説
　　ⅱ　授業者自身の研究課題達成のための授業仮説

　①と②のⅰの授業仮説を学習指導案に明示し，その具体を指導過程の指導上の留意点等に位置づけることが重要となる。これを視点にして議論するこ

とにより，事後検討会が活性化する。授業仮説の有効性の検証の場が事後検討会である。

次に，授業者自身の研究課題と授業仮説との関連を示すことも重要となる。このことは大学の研究者と連携した社会科授業研究に見られるもので，その具体的な事例が第1節の後半と第2節に示されている。それぞれの授業者は指導教員とともに授業開発を行い，授業実践のふるいにかけ，授業理論を修正し，改善した授業開発を行って，博士論文を作成している。

授業仮説を作成する際，授業者は授業仮説を学習指導案の読み手（授業参観者）に読み解くことを要求してはならない。使用する用語を定義して，学習指導案に授業仮説を位置づけることを強調しておく。

しかし，多忙な小・中学校の教育現場で，授業仮説を組み込んで授業を日常的に実施することは困難である。それを克服する手立てとして，「模擬授業」について論じる。

(4)模擬授業の提案

坂井ふき子は，教員一人一人の研究授業の機会が少ない中学校の課題を解決するために，模擬授業を提案している。そこには，すでに論じてきた「目標記述の理論」や「授業仮説の理論」が組み込まれている。

坂井は，模擬授業の実際について，次のように述べている。

> 「1回の授業研究会で複数の教師が研究授業を行うために，模擬授業を取り入れる。従来通りに行われる研究授業に加えて，教師を生徒役に見立てて行う模擬授業も研究授業の一つに位置づけていく。」[26]

そして，授業仮説の有効性の検証の視点から，次のように論じている。

> 「模擬授業による研究授業を取り入れる意義を整理すると，次の通りである。
> ①模擬授業は『教える側』と『学ぶ側』の双方向から学習指導案の授業仮説を検証できる研究手法であり，双方向からの検証作業はより一層授業改善に役立つ。
> ②教えている生徒の実態を通して，授業仮説を検証することができる。」[27]

まさに，澤田の言う「仮説としての理論をたずさえて現象に向かい，事実によって理論を修正していく」方法である。
また，模擬授業の効果について，次のように整理している。

> 「①模擬授業の経験により，授業者として（授業を：米田）解釈するコードと学習者として解釈するコードを持つことができる。
> ②授業を見る解釈コードが増えることで，学習指導案に書き込まれる授業仮説がより具体的にシャープになる。」[28]

「授業を見る解釈コード」とは，宇佐美寛の理論である。宇佐美は「あるコードで解釈するからこそ授業が『見える』のである。」[29]「現場における自分の実践が，他者の実践を解釈するコードを作っている」[30]と論じている。

授業仮説の有効性が検証されて一般化されると，「授業を見る解釈コード」となると考えることができる。

坂井は，授業改善を「授業仮説（目標・計画）の設定（Plan）」「授業の実践（Do）」「授業の評価（Check）」「授業仮説の改善（Action）」というPDCAサイクルを校内授業研究のプロセスに設定することを主張している。それを図3-9「模擬授業を活用した校内授業研究のプロセス」[31]のように示している。

本稿で述べてきたことをもとにして，図3-9を検討してみると，次の3点を加えることが必要である。

①事後検討会Aでは学習指導案Aに明示した授業仮説の有効性を検討する。
②学習指導案Bには事後検討会Aで修正された授業仮説を明示する。
③事後検討会Bでは学習指導案Bに明示した授業仮説の有効性を検討する。

坂井は，岩手県から内地留学した兵庫教育大学大学院教育実践高度化専攻授業実践リーダーコースの一期生である。加東市立東条中学校で模擬授業を中核とした実習を行った。東条中学校の教員の研究授業に対する意識改革に大きく寄与した。

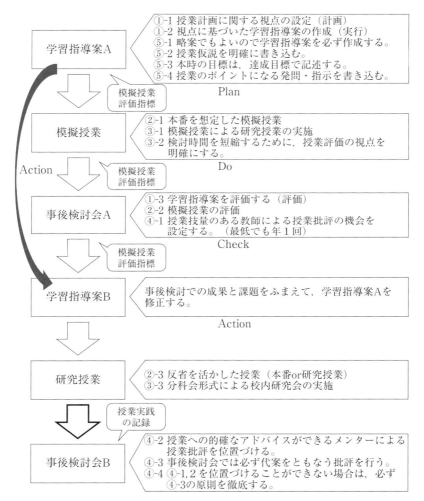

図 3-9　模擬授業を活用した校内授業研究のプロセス

(5)おわりに

　以上論じてきたことを整理すると，図 3-10 のようになる。

　このように，授業評価の方法や授業改善の方法を授業仮説の有効性の検証に求めることで，小・中学校の校内社会科授業研究や研究課題をもった社会

第3章 改善プロセスに着目した社会科授業研究　211

図3-10　理念型としての社会科授業研究のプロセス

科教員の授業研究が改革できる。さらに，導き出された理論で模擬授業のあり方を改革することで，教育現場に授業研究の具体的な方略が提供できる。

(米田　豊)

【参考文献】
(1) 米田豊「学習指導案と学習資料」CD-ROM版中学校社会科教育実践講座刊行会星村平和監修・原田智仁，大杉昭英，朝倉啓爾編集代表『CD-ROM版中学校社会科教育実践講座理論編3』ニチブン 2002年，pp.79-84.
(2) 坂井ふき子「模擬授業を活用した授業力の育成」2008年度兵庫教育大学大学院学校教育研究科教育実践高度化専攻授業実践リーダーコース学位論文 2008年.

第3節　授業場面からアプローチする小学校社会科授業改善

1. 小学校社会科授業改善に向けて

　小学校社会科授業は，子どもの生活や経験から組織した体験活動重視型の授業が主流である。それは，子どもが，主に教科書に書かれてある内容を対象として，自分で見つけた問いを自分が調べたい方法で調べ，調べた結果を全体で発表する。授業は，個々の子どもの活動や子ども同士の対話，小集団活動に重点が置かれている。そのため，子どもの単なる集団的な自己活動過程に還元された見学や調査をした後に，意見交換をして短絡的にまとめるといった授業になっている。教師の役割は，子どもの自主的な学習を組織することが求められ，調べた内容よりも調べる方法や活動をしている子どもに対しての支援の言葉かけに主眼が置かれている。その背景には，固定された教科書の内容を一方的に注入する，いわゆる教師の教え込みを排除してきた教育界の流れがある[32]。そのことは，子ども同士の討議や小集団学習の外的活発さによって，教育内容の貧困さが覆いかくされているだけでなく，教師の適切な指導性の欠如や教材研究の貧困さを生んでいる。この問題は，社会科授業に限ったことではない。他教科の事例でも，知的好奇心を喚起されない授業が多い。これでは，習得する知識・理解の内容や，その質の低下が指摘されても仕方がない[33]。このような現状の社会科授業を何とか打破して，思考教科としての社会科授業に改善していくためには，子ども理解に基づくボトムアップ的な授業をベースにして，授業の事前・授業場面・事後のそれぞれの場面で，①授業計画力②授業展開力③子ども理解力④授業省察力という四つの力が必要である（図3-11参照）[34]。

　本研究では，授業場面において，社会科授業改善の手立てとして，発問や指示，説明，助言，資料提示，板書などの授業展開力に焦点化させて論じる。魅力ある単元・教材が構想できただけでは授業はできない。子どものニーズ

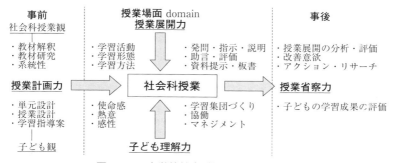

図3-11 小学校社会科授業力の構成要素

や能力，個性などの子ども理解力をベースに，系統性のあるカリキュラムに基づいて，子どもの発言や行動に瞬時に対応しながら，社会科に情熱をもって授業が展開できるような授業改善案を提案する。

2. 授業場面からアプローチする社会科授業研究

(1)研究対象

本研究は，広原康平氏（現川西市立多田小学校教諭）が，2011年11月から2012年12月までの期間に，加西市立S小学校において，実地研究とインターンシップで実践した事例を研究対象[35]としている。加西市立S小学校では，学校行事の一環として毎年1月17日に，加西市消防本部，S小学校区内の消防団の協力の下，地震，火災，洪水を想定した避難訓練を行っている。消防団員のほとんどは，子どもの父親によって構成されており，対象クラスの子どもの父親も数名所属している。S小学校の周辺には，五つのため池が小学校を囲んでいる。東部を下里川が流れており，一級河川の加古川に流れ込んでいる。加古川には，下里川の他にも万願寺川からも流れ込んでいる。どちらも過去に安全性を保持するための改修工事が行われている。加西市での自然災害は，加西市消防署調べによると25年ほど前に水害等が発生しているが，それ以来大きな災害に見舞われてはいない。

(2)研究方法

　学習問題を解決するには，教師の意図的な発問や資料の提示によって子どもの思考を促す必要がある。教材研究や板書計画をベースに，学級の実態や子どもの学習状況に応じた発問構成をすることが，子どものより深い思考を促し，自分なりの考えを創り出す基本である。本研究では，授業場面における資料と発問構成に注目をして，授業改善を図ることにする。その分析手法は，認知心理学で利用される「プロトコル分析」を用いて教師の発問の省察，子どもの発言・反応の分析を行う[36]。プロトコルとは，「発話」の意味であり，授業中に行われる行為的意味と言説的意味のずれや一致を発見することで，複雑化した状況における行為の分析手段への可能性が認められている。このプロトコル分析は，子どもが言語として発話されたプロトコル・データの詳細な分析を通じて，子どもの内的認知過程を分析する認知心理学の手法であり，次のような特徴がある。

①プロトコル分析は，教師と子どもの相互作用から知的営みを検討するための手法であること。

　「教師が発問する」→「児童がそれに答える」→「教師がその答えを評価する」という相互作用がある。教師がポジティブな評価をした場合には次の発問に進み，ネガティブな場合にはその児童が別の答えを探したり，場合によっては他の児童が指名されることもある。実際にはネガティブな評価に代わるものとして表情や視線，ある時には板書や教科書のヒントになりそうな部分を指して「正解」をほのめかすといったやり方が多用される。

②プロトコル分析は，教師自身の教授行為を見直すための手法であること。

　プロトコルに現れる行為と言説のずれを行為者自身（教師）が知ることで，教師自身の教育言説と教授行為のずれをフィードバックできる。子どもが，問題解決するためにした行為の記述を時間順に並べたものがプロトコル・データであり，子どもの行為が発話された内容そのものである。また，目的

によっては，発話内容ばかりではなく，子どもの行為やそれによる状況の変化を含めて記述することが必要であったり，さらに，発話の中の同じ言葉であっても指示対象が異なる場合の扱いなどについても考慮したデータを書き起こしていく必要がある。以上のように，プロトコル分析の手法は，データを作成し，分析・改善を図ることで，より学習目標に沿った相互作用による知的営みが実現すると考えられている。

(3) 授業場面の対象となる社会科学習指導案
① 単元名 第5学年単元「自然災害を防ぐ」

② 単元目標
○ 我が国の国土は，自然災害に見舞われやすい地形であること，また，自然災害を防止するためには，国や県などが行う災害対策があること（公助）を知り，それを基盤にした一人一人の防災意識（自助），協力すること（共助）が必要であることを理解する。
○ 統計資料や映像，写真，表やグラフなどから学習問題解決に必要な情報を取り出し，他の情報と関連づけて効果的に活用しながら調べ，防災に対する自分の考えをまとめることができる。
○ 自然災害防止の取り組みについて，学習問題を設定し，学習計画を立て，自然災害と人々の生活を相互に関連づけて，国土の環境が人々の生活と密接な関連を持っていることを考え，適切に表現することができる。
○ 我が国で起こっている自然災害に関心をもち，災害を防止するために国や県はどのような対策や事業を進めているのか意欲的に調べるとともに，自分たちとのかかわりを見つけ，防災意識の向上につなげることができる。

③ 単元計画（全8時間）
　第一次　自然災害について知ろう・・・・・・・・・・・・・・・・・2
　第二次　防災について考えよう・・・・・・・・・・・・・・・・・4（本時4／4）

第三次　自然災害に備える・・・・・・・・・・・・・・・・・・・・・・・・・・2

④授業の実際

第一次　自然災害について知ろう

　災害を防ぐために国や県が進めている対策事業（公助）の役割や働きについて理解する。我が国の自然災害は，地震や火山のように地形による災害と台風や雪害のように気象による災害に分けることができる。さらに，「地震」，「津波」，「噴火」，「台風」，「洪水」，「土砂災害」，「雪害」の七つに分類して概要を把握した上で，近年起こった災害を日本地図上で把握し，それぞれの災害の特徴や傾向，関連性を捉えさせる。また，我が国の地形の構造にも着目して災害を受けやすい国土であることを把握する。

第二次　防災について考えよう

　阪神・淡路大震災を経験した兵庫県の防災対策を調べ，公助の役割や存在を知ることで，防災の土台に公助があることを理解させる。そして，台風12号によるS小学校区の公助のあり方について考えさせる。その際，加西市の避難勧告の対応が周辺の4市町と差があったことに注目し，同じ災害でも地域ごとに対応が違うことを理解する。避難勧告が出ていないにも関わらず12人が自主的に避難していた加西市の事例から，災害から身を守るためには公助・共助・自助がどれも欠かせない要素であることに気づくようにする。

第三次　自然災害に備える

　防災の基盤となる公助の上に，共助や自助の意識をさらに高めるためにハザードマップを作成する。この活動は，自らの生活を客観視し，自然災害が多発する我が国において，日頃から防災に関心を高めるためである。さらに，北はりま消防本部・消防団，主な河川や山などの地形の特徴を話し合わせ，危険場所を予知させる。この活動は，自分の地域を見直す機会にもなる。

⑤研究対象となる本時の授業場面の概概要（次頁以降参照）

社会科授業プロトコル （T：教師 C：子ども）	社会科授業プロトコルの分析
T：今から１枚の写真を見せます。おそらく見覚えのある写真です。その写真を見て気づいたことを発表してもらいたいと思います。 C：あっ!?（全員） C：階段の下に土のうがある。 T：階段の下に土のうがある。これ土のうです。見えますか。 C：水が，入らないように土のうが積んである。 C：S小学校。 T：S小学校のことですね。それも気づきです。 C：池の水が濁っている。 T：すごいところに目を付けたね。みんな見えた？ここ。気づいたすごいね。良いところに目を付けた。 C：付け足して，土のうと階段の間に水が溜まっている。 T：水が溜まっていますね。いいですね。人の意見を聞いて付け足しができていますね。 C：（全員で）台風。 T：そうですね。台風があってみんなは夏休み開けてまたすぐに休みがありましたね。台風12号でS小学校にこのような洪水が起きたんだけど，これ何年ぶりか知っていますか？ C：14年ぶり？ T：14年ぶり？いやいや，実は先生が生まれた年と同じ年に災害が起きて以来の話なんです。24年ぶり。みんなも全然生まれていないとき。先生も生まれて間もないときです。そしてみんなが小学校にいる間にまた，災害が起きたんです。今日は一番身近なところでの災害の学習をしようと思います。 T：配ったプリントにも載っているけれども，S小学校でこの台風が来たときに次の日に新聞に載っていました。その時の状況。まずは表から見せます。その表を見て加西市を中心に気づいたことを発表して欲しいと思います。 C：避難者数が一番少ない。	【導入場面】 台風12号によるS小学校の被害を知る。  写真3-3-1　校庭が冠水している様子 （消防団によって積まれた土のう） 　小学校の裏山から流れてきている雨水で校庭の土が大量に押し流されていたため，消防団の人がその場で150～200個つくった土のうで防いでいる様子の写真を提示する。児童は，普段の大雨でもこの状況は見たことがないようで，写真を出した際にかなり驚いている。それだけに普段と異なる風景について多くの意見を引き出すことができたと言える。導入での資料のインパクトと，児童にできるけ多くの記述的知識を習得させることで展開へとスムーズに移ることができる。当時の状況の再現性を高め，興味・関心をもたせるためにも重要である。

社会科授業プロトコル （T：教師 C：子ども）	社会科授業プロトコルの分析
C：床下浸水が一番多い。 C：避難勧告の対象が無しになっている。 T：みんな「避難勧告」って知っている？ C：避難してくださいということ。 T：そうです。避難してください。避難の準備をしてください。 　あとは早めに，安全なうちに安全な場所に逃げてくださいという指示がこの避難勧告です。これよりまた一つ上に避難指示というのがあるんですけれども，それがもう少し強めの避難（の警告）になります。だから避難勧告の時には必要に応じて避難してくださいというふうにいわれています。 C：土砂災害が結構多い。 T：一番多いというわけではないけれど，結構多いですね。 C：床下浸水は多いけれど他の被害は少ない。 T：他の被害が他の町に比べて少ないですね。 C：加西市は避難勧告が出てないけど避難者している人がいる。C：床上浸水と床下浸水がある。 T：これはさっきも注目してくれたし，今言ってくれたけれども床上浸水と床下浸水って何だろう？ C：家には結構大きいくらいの人が入れるくらいの間があって，その中にそこまで入ってきた水は床下浸水，それより上の自分の家の床とかに入ってきた水を床上浸水という。 T：今聞いて理解できた？床の上まで，みんなが家に上がって，畳があるところまで水が来たら床上浸水，あとはみんな家にもある土の上まで水が上がってきている。でも家の上には上がってきていない水のことを床下浸水といいます。 T：今度はその隣に新聞記事を写したものが載せてあります。それを読んでもらってこの表に出ている5つの町がどんな対応をしたのかというのを読み取ってもらいます。どんな対応をしたのかが分かるように線を引きながら読んでみてください。	【展開場面】 北播磨5市町村の被害状況を把握するとともに，加西市だけ避難勧告が出ていないのに，12人の避難者がいることに気づき学習問題を設定する。 北播磨各市町の避難勧告と被害の状況 | | 西脇市 | 小野市 | 加西市 | 加東市 | 多可町 | |---|---|---|---|---|---| | 避難勧告 | 午前2時10分 | 午前2時50分から順次 | なし | 午前3時20分 | 午前0時40分から順次 | | 対象 | 7748世帯 19714人 | 1419世帯 3896人 | なし | 190世帯 570人 | 7475世帯 23487人 （町内全域） | | 避難者数 | 380人 | 409人 | 12人 | 256人 | 1015人 | | 全壊 | 0 | 0 | 0 | 0 | 1 | | 半壊 | 0 | 0 | 0 | 0 | 1 | | 床上浸水 | 116 | 0 | 25 | 1 | 37 | | 床下浸水 | 134 | 25 | 309 | 2 | 258 | | 土砂災害 | 1 | 5 | 7 | 0 | 9 | （5日午後8時現在） 資料3-3-1　北播磨各市町の避難勧告と被害の状況（2011年9月6日付神戸新聞記事） 　ここでは，新聞記事から児童が読みやすい文章構成にして提示している。各市町の状況を表と照らし合わせながら読み取らせる。新聞記事の内容から「加西につながる万願寺川のところにある小野市」という原因から「加西市の雨の影響で警報を出した」という内容を十分理解した説明をしている。

社会科授業プロトコル （T：教師　C：子ども）	社会科授業プロトコルの分析
C：一番最初の「北播磨地域に9月3日深夜から雨脚が強くなって大雨洪水警報や土砂災害警戒情報が全域に出された」です。 T：一番最初から2行目のところが今回学習する台風の状況の説明ですね。町について書かれているところに注目した人は？ C：避難勧告を発令しなかった加西市は，避難判断水位を超えて民家がある場合，ため池の水があふれそうになり近くに民家がある場合，土砂警戒区域に崩れる恐れがあり，そばに民家がある場合に勧告を出すことにしているが，今回はいずれも確認できなかったと書いてあります。 C：西脇市は，杉原川と野間川の水位が氾濫危険水位を超え，基準に沿って洪水被害が想定される地域に警報を出している。 C：加西につながる万願寺川のところにある小野市は加西市の雨の影響で警報を出した。 C：多可町は，八千代区に発令して，中区，上区にも順次発令し，町内全域2万人以上を対応とした。降水量が200mmを超え，さらに数十mmの雨が降れば浸水だけでなく土砂災害も警戒して全域に勧告を発令した。 C：加東市も午前3時20分加古川沿いの570人に出した。加古川の板波の水位が基準をこえたとした。 C：多可町は，降水量が200mmを超えてさらに数十mmの雨が降る見込みだった。 C：西脇市は，杉原川と野間川の水位が氾濫危険水位を超えた。 C：小野市は，加西市の大雨による浸水の危険があった。 C：加古川の板波の水位が基準をこえた。 T：<u>加西市は大雨洪水警報だったけど，みんなだったら避難するかな？避難はしないかな？</u>	 写真3-3-2　各自で資料読解をしている場面 　これを踏まえ，他の市町の説明を簡潔に発表させるように促し，原因追究を行っている。学習問題である加西市が，「避難勧告を発令しなかった」原因と比較するために，他の4市町は「避難勧告を発令した」原因を取り上げて説明する意図が読み取れる。 【まとめの場面】 避難勧告が出ていない加西市で，12人の避難者がいたことに着目し，災害の際に，公助に応じて共助や自助が大切であることを理解し，自分なりの考えをまとめ，自分事として捉えることができる。

社会科授業プロトコル （T：教師 C：子ども）	社会科授業プロトコルの分析
C：テレビって言うか外見て考えると思う。 C：今の状況を見て考える。 C：川に落ちてけがするのはいやだから、じっとしている。 C：私も似ていて、それって外に出て行って、雨がおさまっても家が浸水しているようだったら避難するかも知れないけど、あまり強いときには行かない。 C：避難する所がすぐ横とかだったらいいけど、遠くに避難所があって流されるのはいやだから行かないと思います。 C：避難勧告が出てないんだから大丈夫だと思って行かない。 C：冷静に判断する。 C：私も似ていて、外の様子を見て冷静に判断して避難しないか避難するかを判断する。 T：<u>避難しない人は、家の中でどんなことをすればいい？</u> C：外の様子を確認する。 C：土のうを積む。テレビを見る。ニュースを。 C：避難するときのための食料とか必要な物とかを準備する。 C：ニュースの番組とかで台風が来たときに川の流れとか予想か、どうなったとか情報を出す場合があるから、それで今どんな状況を見ると思う。 T：<u>じゃあ、ニュースからこれら（警報、データ放送）情報を受け取って、備えでこれら（食料、飲み物、懐中電灯、衣服）を準備する。誰のために？</u> C：（全員）自分 T：自分ですね。まずは自分。 C：あと家族…。 T：自分を助けるために行動することを自助といいます。 C：自分で助ける。 C：自分だけでなくみんなに言って、共有すること。 （以下略）	前時までの公助の学習を前提にして、避難行動の選択がどちらであっても自分の身を守る行動（自助）、他の人に共有すること（共助）を考えることができている。しかし、誘導的で教材と乖離した発問になったため、児童が自分たちのことについて語る流れになっている。児童の考えにもあるように、「冷静に判断する」、「避難する途中で災害に遭うことを避けるために避難しない」のように避難しても避難しなくても命にかかわる状況が考えられる。そのため、「12人の避難者がなぜ避難勧告が出ていないのに避難したのか」という主発問にし、児童に12人の避難者の行為理解をさせることが、自助・共助の重要性を捉えさせるためのプロセスであると考える。

(4)授業プロトコル分析による社会科授業改善
①授業改善の視点
　本研究では，授業プロトコル分析によって，授業場面における資料と発問の再構成によって，授業改善を図っていく。
○資料「北播磨の避難勧告と被害状況」を読み取る際に，子どもが，資料に出てくる用語や言葉を理解していなければ読解は深まらない。授業プロトコル分析から，子どもが避難勧告や床下・床上浸水の意味について理解できていないことがわかったので，用語や言葉を理解するための補足説明の資料を準備して，教師の説明によって思考を促す場面を取り入れる。
○子どもが，資料「北播磨の避難勧告と被害状況」の読解をした際に，それぞれの市町がベストな方法，対応であることを押さえる。そして，なぜそのような対応をしたのかを考えさせることで，公助の違いを明らかにする。
○中心資料である「北播磨の避難勧告と被害状況」の新聞記事だけでなく，下里川における降水量と水位を表したグラフを追加して状況把握が的確にできるようにする。
○「この資料を見てどんなことに気づきますか。」という拡散的発問を中心に構成するのではなく，子どもの思考の方向性を明確にする限定的発問を意識して取り入れる。主発問を「避難勧告が出ていない加西市で12人の避難者がいるのはなぜか」として，事象間の関連性を意識させて，自助・共助の重要性を捉えさせることができるようにする。
○子どもが，授業中につぶやく気づきを教師がうまく対応できていない。資料の詳細な分析と，授業場面で，子どものつぶやきや発言に瞬時に求められる教師の鑑識眼 connoisseurship を意識して，授業実践に取り組むこととする[37]。

②授業プロトコル分析による授業改善の実際　(次頁以降参照)

社会科授業プロトコル （T：教師 C：子ども）	社会科授業プロトコルの分析
T：写真を提示する。 C：えっ！ C：すごーい。 C：あー！！（納得した感じ） C：池めっちゃ汚い。 T：いつもの様子と違うよね。どういうところが違う？ C：土のうがあって，レンガ階段の向こう側がなんか池みたいになっている。 C：鯉池がいつもより水が多くなっている。 C：濁っている。 C：運動場の所の土がすごく流れて掘れて，川みたい。 C：土のうが積まれて水がたまっているところに土が…　いつもより土がいっぱいになっている。 C：上に上がっているん。 T：石の所だったはずなのに土がすごい流れているって　いうのがわかりますね。加西市で被害があったのはいつ以来でしょうか。 C：5年ぶり？ C：2年ぶり？ T：実は24年ぶり。 C：えっ！加西市ってそんなに平和だったの。 C：平和やん。 C：えっ！でも毎年災害が来る地域と比べたら少ない。 T：少ない。なるほどね。 T：降水量は棒グラフです。目盛を見るときは，左側，降水量って書いてますね。万願寺川の水位は，折れ線グラフで右側の目盛を見てください。	授業改善の視点 【導入場面】 普段と様子が違うところに気づき，台風12号が襲来した時のS小学校の被害の様子を把握する。  写真3-3-3　校庭が冠水している様子 発問をする前から子どもの関心が高い。子どもは，その日休校だったため，その日の小学校の様子を知らなかった。実態は，こんな感じだったのかと驚いたり，納得したりとそれぞれに反応が大きい。また，24年ぶりの被害に対して，予想以上に災害が少ない地域だと安堵を示す発言も見られる。 【展開場面】 万願寺川における降水量と水位のグラフを読み取り，当時の状況を鮮明に捉えさせる。

社会科授業プロトコル （T：教師　C：子ども）	社会科授業プロトコルの分析
（午前0時～1時）1時間に55mm，（午前1時～2時）1時間に61mm，合わせて2時間で，110mmの雨が降ったと言われています。 C：110mm‥‥。 T：ニュースのなかで「1時間に30mmの激しい雨が降ると予想されています」という天気予報を聞いたことがある？ C：30mmって3cm？ T：そうだね。「30mmって言うと，3cmのことやからそんなのちっぽけなもんやろう」と思うけど，1時間に30mmとは，「バケツをひっくり返したような雨」だと例えられて言われています。この大雨は2日間で300mmに達しました。 C：えっ，300mm。30cm。 T：加西市の広い地域全体で猛烈な大雨が降ったんですね。 T：気づいたところに，丸を付けて前で発表してもらいます。 C：私は，（加西市の）床下浸水がほかの市より多く発生していると思います。 C：僕は，（加西市の）土砂災害が2番目に多いなと思います。 C：えーと，僕は（加西市の）避難者数が他の市と比べて少ないと思います。 C：ちょっと似ているけど，避難勧告が出てないのに，自主的に避難している人がいるなと思います。 C：私は，床上浸水があまり…えっと床上浸水があまりないけど，床下浸水は一番多かったと思います。	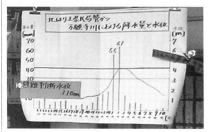 資料3-3-2　万願寺川における降水量と水位を表したグラフ北播磨県民局管轄 大雨のピークだった9月3日午前11時からから4日の午前11時までの降水量の変化と内水氾濫を起こした万願寺川の水位を表したグラフを提示し，当時の雨の強さを知らせる。 　このグラフを提示したのは，当時の降水量がピークに達する以前から避難判断水位の3.10 mを超えており，最高位は氾濫危険水位の4.10 mを上回る4.20 mに達していることである。児童にとって，「1時間に○○mmの雨」は理科的内容であるが，自助・共助をするためには様々な情報の意味を知り，それを活用していくことが重要であると考え，新たに追加した資料である。

社会科授業プロトコル （T：教師 C：子ども）	社会科授業プロトコルの分析
C：多可町は，全壊と半壊？そこに1,1がついていて他の町は0なのに1,1付いているのに気がつきました。 C：土砂災害とか避難者数とか全体的に多可町が一番多い。結構…被害が多いと思います。 C：う〜ん…（全員，しばらく考えこむ） T：では，（避難勧告を発令した）時間はどうですか？ C：えっバラバラやん。 C：西脇とかが2時とか3時なのに，多可町だけ40分からで一番なんか…早い時間になっていると思います。 C：はい。私もえっと似ていて，ほかに比べて多可町が早くて，早いから警戒している人が多いと思いました。 C：早い？早いの？ C：同じ日だったの？ T：同じ日ですよ。 C：でもバラバラだよ。 C：場所が離れているからかな？ C：西脇市は，全壊とか半壊とかはないけど床上浸水とかは多いと思います。 T：（5市町の発令基準を読み上げて掲示して）5市町の台風に対するそれぞれの対応を見て気づいたことを発表しましょう。 C：加西市は，全部に「あふれそうになり近くに民家」ってかいてある。 T：加西市は，家に被害があることが条件になる。 C：私は，他の市，西脇市とか加東市とかは川が氾濫したら，氾濫というか水位とか超えたら避難勧告が出されると思います。	北播磨各市町の被害状況を把握して，加西市だけ避難勧告が出ていないのに，なぜ12人の避難者がいるのかという本時の学習問題を設定する。 ここでは，降水量を表した棒グラフと，S川の水位を表した折れ線グラフから夜中に雨のピークがあり，推移が危険氾濫水位を超えていることをおさえる。 児童にとって，降水量に対するイメージがわからないようで，災害につながる大雨だったという認識には至ってなかったが，加西市全体が，2日間で300mm降ったことに対し驚いている。その証拠となる写真やデータの提示によって，当時の状況を把握したことで，その展開にスムーズに移行できている。 各市町の発令基準の違いと，公助の多様性，また，加西市が基準に応じて発令しなかった場合に，どのような行動が望ましいのかを考える。 北播磨各市町の避難勧告と被害の状況 |	西脇市	小野市	加西市	加東市	多可町
---	---	---	---	---	---
避難勧告	午前2時10分	午前2時50分から順次	なし	午前3時20分	午前0時40分から順次
対象	7748世帯 19714人	1419世帯 3896人	なし	190世帯 570人	7475世帯 23487人 (町内全域)
避難者数	380人	409人	12人	256人	1015人
全壊	0	0	0	0	1
半壊	0	0	0	0	1
床上浸水	116	0	25	1	37
床下浸水	134	25	309	2	258
土砂災害	1	5	7	0	9	 （5日午後8時現在） 資料3-3-3　北播磨各市町の避難勧告と被害の状況（2011年9月6日付神戸新聞記事）

社会科授業プロトコル (T：教師 C：子ども)	社会科授業プロトコルの分析
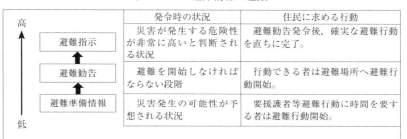表 3-3-1 避難情報の種類 C：私も似ているけど，その市で決めた危険水位や基準を超えたら避難勧告が出たりしてだいたい共通していると思います。 T：今二人が言ってくれたのは，川の水位が増えたら勧告が出るというところが共通しているってことですね。加西市は，川のことについて書かれているけど民家の被害がないと出ないといってるんですね。では，さっきのグラフ（図）もう一回見てみよう。加西市は，川は関係ないのかな…今2本線を引きました。<u>緑の線は，避難判断水位です。この地点まで達したら避難をしようという水位のところです。赤のところに来ると氾濫危険水位。氾濫の意味はわかる？</u> C：うん，わかる。水があふれるということ。 T：川の水があふれるっていうところは，4.1m なんですけど，グラフ見て，どうかな。	

社会科授業プロトコル （T：教師 C：子ども）	社会科授業プロトコルの分析
C：超えてる C：ちょうど‥‥ T：4.2mまで水かさが上がっているね。 C：超えちゃってる。 C：10cmぐらい…。  写真3-3-4　避難勧告対応の違いの板書 T：そう。では，そういった時にこっちの基準には万願寺川の緑とか赤の基準を超えたら勧告出しますよっている基準を設けていないので出さなかったんです。（逆に）他の4市町は，川が超えたから出したんです。川が氾濫しますよって。でも結局避難した人数は？ C：少ない。 T：<u>加西市以外の4市町の避難者が，対象より少なかったのはなぜですか？</u> C：え〜と，出ているけど外の様子を見て大丈夫だなと自分で判断してしまったから。	**神戸新聞の記事** （北播磨5市町の避難勧告基準） 　国内各地で大きな被害をもたらした台風12号。北播磨地域では9月3日深夜から雨脚が強くなり，大雨洪水警報や県の土砂災害警戒情報が全域に発令されたことに合わせて，各市町で避難勧告が発令された。 　多可町は，午前0時40分に八千代八千代区に発令し，中区，加美区にも順次発令し，町内全域2万人以上を対象とした。降水量が200mmを超え，さらに数十mmの雨が降る見込みだった。浸水だけでなく，土砂災害も警戒して全域への勧告を判断した。午前2時10分には西脇市が約2万人に勧告を発令した。杉原川と野間川の水位が氾濫危険水位を超えたため，基準に従って浸水被害が想定される地域に出した。小野市は，午前2時50分，加西から流れる万願寺川と加古川沿いの約4千人に発令。加西の雨で万願寺川の水位が上がるなど浸水の危険があった。加東市も午前3時20分，加古川沿いの570人に出した。加古川の板波（西脇市）の水位が基準を超えたとした。避難勧告を発令しなかった加西市は，①河川が避難判断水位を超えて周囲に民家がある場合。②ため池の水があふれそうになり近くに民家がある場合。③土砂警戒区域に崩れる恐れがあり，そばに民家がある場合に勧告を出すことにしているが，今回はいずれも確認できなかったとしている。

社会科授業プロトコル （T：教師 C：子ども）	社会科授業プロトコルの分析
C：私は，少し似ていて滅多に起こらないことだから大丈夫だと思ったのではないかな。 C：もう眠たいし，大丈夫だなと思って気が抜けて寝たと思う。 T：午前2時ですよ。もうみんな眠たいな。 C：午前？ C：午後じゃないよ。 C：暗い。朝？ C：午前だから寝ている人が多くて気づかなかった人が多いと思います。眠たくて気づかん人多いよね。だって寝てるときに「あっ地震あったんや」ってことだってあるし。 C：だってそんなのテレビ見ていたってそうやで。 C：私も寝ていて避難勧告だから朝？夜中だったので寝ている人が多かったので，避難勧告が出されたことを知らなかったから逃げなかったんだと思います。 T：では，反対に加西市は，なんで12人の人は逃げたの？ C：加西市の人はたぶん安心できなくて逃げたんだと思います。 C：僕は，何より身の安全を確保したいんだと思います。 C：12人の人は危ないと思って避難して身の安全を守ったんだと思います。 C：自分で気づいて逃げないと危険だと思ったから。	また，避難情報の種類として避難勧告以外に，避難準備情報，避難指示も取り上げ，発令時の状況と住民に求める行動について補足説明することで，避難勧告が避難指示に比べると拘束力が小さく，住民の判断に委ねられていることを確認する。 【まとめの場面】 避難勧告が発令されたのに避難者が少ない4市町と避難勧告が発令されていないのに12人の避難者がいた加西市の住民の行為を理解し，自助・共助の大切さに迫る。 　前回は，教師に向かって単語で気づきを発するのみであったが，今回は，他の人に伝わるように説明できている。その中で，ある児童は，加西市の避難者数12人が少ないと感じていたが，「避難勧告が出ていないのに」と付け加え，それが「自主的」である（＝自助の意味）ことを捉えられている。 　また，避難勧告が発令した時刻に着目させたことで，加西市と他の4市町を比較する場として設定可能になっている。台風が，同じ日に来襲しているのに，各市町の発令時刻が，バラバラになっていることに新たな問いが生まれ，各市町の位置関係が影響していることに気づいている。 　各市町の発令基準と各市町の位置関係を関連づけて思考することが可能になっている。

社会科授業プロトコル （T：教師 C：子ども）	社会科授業プロトコルの分析
T：自分たちで気づいた？どうやって気づいたの？ C：なんか音とか…。ザーって。 C：だって起きられへんやろみんな。 C：私は，気づいて逃げた人は池とか川とかに近い人。 C：私は，逆に夜とかに起きている人が…夜とかに大人が起きていて，それで雨とか音とかで気づいたりして他の市とは逆に気づく人が多かったと思います。 （以下略）  写真3-3-5　本時のまとめの場面	つまり，前回は，新聞記事から読み取ることで理解を深めようとしたが，今回は，教師が各市町の発令理由・基準を読み上げ補足することで，理解が深まっている。加西市は，避難勧告基準が「溢れそうになり，近くに民家」があることが条件だったが，S川が氾濫危険水位を超えたという事実があり，その情報を新たに与えたところ予想に反してわずか10cm超えただけだったとして，子どもからは，切迫感は見られず，自助・共助につながる発言はなかった。そこで，「なぜ，他の4市町では氾濫による民家への影響が考えられたことから避難勧告が発令されたのに，対象人数を下回る避難者数だったのか」さらに，「なぜ避難勧告が発令されていないにもかかわらず12人の避難者がいたのか」を考えさせることで，自助・共助の重要性に気づかせるようにしている。 　子どもは，それぞれの発問に対して住民がしている行為を理解している。自助の意味を含めた行為理解があった一方で，偶然性を含んだ考え方も出ている。避難情報や天気予報のように，情報によって促されてする避難もあれば，自分の意思や周囲の状況で避難することもあることに気づいている。自助・共助の在り方について，十分に考える機会になっていると思われる。

3. 授業場面からアプローチする授業改善の評価

　この単元は、①自然災害について知ろう②防災について考えよう③自然災害に備えよう、の三部構成である。この構成は、①日本の自然災害の現状を把握し、②その中から特に地域とも深く関わる風水害に焦点化して、風水害への対策を公助・共助・自助の観点から探究し、③さらにハザードマップの作成を通して、今後の防災の在り方を考察するという論理からなっている。その中で、本単元は、自然災害を防止するための我が国の取り組みと防災に果たす公助・共助・自助の重要さと関係性を把握することにある。授業者は、単元のねらいをほぼ達成している。つまり、本単元は、防災に関する認識を深められたと評価できる。その理由は、①国土の自然災害の学習であれもこれも取り上げるのではなく、北播磨地区の5市町（西脇市・小野市・加東市・加西市・多可町）の地域に出された避難勧告と被害状況の違いに対象を絞って考察させたことである。つまり、中学年の地域学習を踏まえつつ、地域の事例を手がかりに国土の自然災害を考えさせることで、学習に切実性を生み出している。それが、自然災害の生ずるメカニズムとそれを防止する社会システムを考察できた要因である。②問題の調整・解決に向けて、どのような対策がなされてきたのか、国土学習なので全国に視野を拡大するだけでなく、身近な地域に目を向けた点が特徴である。防災のための公助・共助・自助の関係が理解できたのもそうした社会認識の拡散と収斂をうまく位置づけたことにある。③今後の防災対策を考える段階で、ハザードマップ作成は、抽象的な社会のシステムやルールを人間の行為理解から改めて捉えさせることで、対象をより具体的で可視的なものにすることができたことにある。

　次に、授業場面となる本時の授業について考察する。本時は、「加西市の人は、避難勧告が出ていないのに、なぜ12人が避難しているのか。」という反証事例の発問が中心である。これは、防災に果たす公助・共助・自助の重要性である。結論から言えば、子どもは、その目標をほぼ達成できている。それは、授業のどこを改善したからなのか。大きく三点の理由が指摘できる。

①本時に至る段階で，国や地方公共団体の取り組みとして公助の重要性を認識させている。例えば，個人の日常生活であれば，自分の身は自分で守るべきことをわかっているが，自然災害のように規模が大きく，しかも個人だけでは対応できない事象に対しては，まず公助の役割から入るのが自然である。それが社会科学習のねらいでもある。その点で，本時は，前時までの学習を踏まえつつ，導入部では，自分の学校の水害の被害から公助の役割について用語の補足説明をした後で吟味させている。そのことが，公助の重要性とともに，公助だけでよいのかという疑問を生むのにも成功している。②展開部では，中心資料である「北播磨各市町の避難勧告と被害状況」を読解した上で，避難勧告の出ていない加西市の対応状況を吟味することで，自助の重要性に気づかせている。それにより，公助と共助，自助が一体となってこそ防災の機能が働くことを自然な形で理解させることができている。プロトコル分析をすると，「発問」の重要性が改めてわかる（実践記録の下線部参照）。改善前の授業では，「この資料を見てどんなことに気づきますか。」という拡散的発問を中心に構成したために，子どもの思考を拡散できても肝心の本質の部分には迫れていない。しかし，改善授業では，子どもの思考の方向性を明確にする限定的発問を意識して取り入れたため，事象間の関連性を意識して，自助・共助の重要性を捉えさせることができている。③まとめの段階では，公助・共助・自助の概念化を図っている。前記②のように，子どもは，ごく自然に三者の重要性には気づいているが，必ずしも相互の役割と関係を明確に認識したとは言えない。その点で，教師が三者の関係を用語の意味を解説し，板書で図式化によって概念化した意義は大きい。

　本授業改善研究の成果は，以下の通りである。

　第一に，これまで総合的な学習や特別活動（学校行事）の対象に限定されがちであった「防災」に，社会科教育として真摯に取り組んだことである。授業者自身が，阪神・淡路大震災の経験者であり，子どもに防災意識を植え付けたい教師の情熱が強かった点も見逃せない。そして，今，重要視されている課題である防災に挑戦し一定の成果を上げたことは意義深い。

第二に，社会科で学習する防災の内容として，公助・共助・自助の連携の重要性を位置づけ，その意味づけに成功したことである。避難勧告の発令基準がそれぞれ地域によって違うので，公助だけでなく，自分ならどうするか，他の人とどう協力して命を守るかを考えさせることができた。三者の関係を第5学年の子どもに納得をもって理解させたことの意義は大きい。その理由として，中核となる事例に子どもの住んでいる地域である加西市の事例を取り上げ，そこから他地域や県，日本へと視野を拡大したことが挙げられる。つまり，防災単元もまた社会認識形成の拡がりと深まりがあってこそ，社会科授業となり得るからである。その点で，本授業は，今後，小学校社会科で防災を取り上げる際の参考事例になり得よう。

　第三に，公助・共助・自助の連携は，目に見えない社会のネットワークである。そのため，具体的な教材を欠くと，どうしても道徳的で公式見解的な授業に陥りがちである。その点で，本授業では，子どもの記憶に新しく，身近な地域の自然災害を対象とした教材であり，他方で公助・共助・自助の重要性を可視化しうる教材を提示することができている。子どもに不可視の教育内容を直に学習させるよりも，リアリティのある可視的な教材を提示して学習させることが有効である。そうしたプロセスを経て子どもは，教育内容を自分事として実感をもって習得できるものと言える。

　また，今回の授業は，人間が陥るバイアス bias[38]について取り組んだ事例である。バイアスとは，偏見や先入観，思い込みである。加西市の事例でも，みんな誰でも今，現実に起こっていることは，信じられないことであり，現実ではなく，仮想か，何かの間違いか，訓練ではないのか，つまり，異常事態なのに，自分で勝手に正常範囲内と捉えてしまう。自分だけは，安全だと思ってしまう正常性バイアス normalcy bias に陥ってしまう。また，いくら危険な状態でも，みんなで同じ行動をすれば安心だという集団同調性バイアス majority synching bias に陥ってしまう。そんな中，避難勧告が出ていないのに，12人の避難者がいた，つまり自分で考えて行動しているという事例で考えさせた意義は大きい。

社会は，すべてのものが関係性で成り立っている。子どもには，物事を複数の要素が相互に関連し合っている関係の束であるという見方を鍛えなくてはならない。数学に「因数分解」というのがある。因数 factor に分ける時に必要になってくるのが問題を解くための手順であるアルゴリズム algorithm である。社会科の教師は，このアルゴリズムを明確にする意識が低い。手順，今回の場合であれば，発問や関連する資料を明確にせず，考えることを要求する。点在している事実や事象をつなげることによって，一つでは何の意味のないことでも，二つ以上になると意味をもつものになってくる。これが，社会がわかることである。社会がわかるには明確な手順が必要である。その手順に沿って板書で具現化することで，クラス全員で知識共有 Knowledge Sharing ができる。この知識共有は，子ども一人一人が，それぞれがもっている知識を一人だけの知識とするのではなく，全員で共有することによって，クラス全体の水準を上げることができる。それが，授業そのものの有効性である。そのためには，教師の日々の地道な教材研究が欠かせない。また，社会科授業で重要なことは，エビデンス（証拠・根拠）evidence を明らかにすることである。何を基に考えたのか。何を根拠に判断したのか。エビデンスを明らかにしなければ，ただの日常的・常識的理解に過ぎない。「答え」が日常的・常識的にわかるような「問い」ではいけない。一つのことがわかったら，それ以上にわからない「問い」が出てくる。子どもの中で，どんどんトピックがつながっていく。これが社会科の醍醐味である。そのために，社会科授業を創ることの楽しさや鑑識眼を含めた子ども対応の楽しさをベースにした授業開発研究が求められている。

（關　浩和）

【注及び引用文献】
1）岩田一彦『社会科固有の授業理論・30の提言―総合的学習との関係を明確にする視点』明治図書，2001年，p.53.
2）岩田前掲書，pp.31-32.

3）岩田前掲書，p.32.
4）米田豊「『習得・活用・探究』の社会科授業づくりと評価問題」米田豊編著『「習得・活用・探究」の社会科授業＆評価問題プラン』明治図書，2011年，p.11.
5）内田義彦『読書と社会科学』岩波新書，1985年，pp.145-146.
6）森分孝治「社会科における思考力育成の基本原則─形式主義・活動主義的偏向の克服のために─」全国社会科教育学会編『社会科研究』47号，1997年，p.4.
7）岩田一彦『社会科の授業分析』東京書籍，1993年，p.15.
8）峯明秀「社会科授業改善研究の方法論の研究─メタ・レッスンスタディのアプローチ─」，『大阪教育大学紀要第Ⅴ部門』60巻1号，2011年，p.1.
9）米田豊「学習指導案と学習資料」星村平和監修・原田智仁，大杉昭英，朝倉啓爾編集代表『CD-ROM版中学校社会科教育実践講座理論編3』ニチブン，2002年，p.81.
10）岩田一彦前掲書7），p.10.
11）詳細は，米田豊「『習得・活用・探究』の社会科授業づくりと評価問題」米田豊編著『「習得・活用・探究」の社会科授業＆評価問題プラン』明治図書，2011年，pp.7-21を参照。
12）「説明的地域認識」とは，地図を用いた社会科学習で形成される内容概念であり，地図やその他の資料から得た情報や知識によって構成される認知地図と，それらの知識や情報の分析・考察を通して習得される説明的知識が結びついた，地域的特色を説明する知識である。詳細は，小谷恵津子「地図を通した学習における地域認識形成の論理」社会系教科教育学会編『社会系教科教育学研究』24号，2012年，pp.31-35を参照。
13）筆者が行ったアンケート（愛知県豊川市立K中学校，1年生67名対象）では，「歴史の学習は覚えることの多い学習である」かどうかについて質問したところ(7件法，尺度は多いを1，少ないを7とした)，その平均値は2.53であり(SD1.20)，このことからも，歴史学習を暗記中心の学習であると考えていることが想定される。
14）渡辺雅子「歴史の教授法と説明のスタイル　日米小学校の授業比較から」渡辺雅子編著『叙述のスタイルと歴史教育─教授法と教科書の国際比較』三元社，2003年，p.47. なお，渡辺は日本の歴史授業を「時系列連鎖」による理解の枠組みから成り立つ傾向にあるとしている。
15）山田秀和『開かれた科学的社会認識形成をめざす歴史教育内容編成論の研究』風間書房，2011年，p.15.
16）遅塚忠躬『歴史概論』東京大学出版会，2010年，p.44.
17）遅塚同上書，p.428.

18) 岩田一彦「はじめに」岩田一彦編著『小学校社会科の授業設計』東京書籍，1991年，p.1.
19) 米田豊「産業学習：人々の工夫と努力の科学化」全国社会科教育学会編『社会科教育実践ハンドブック』明治図書，2011年，pp.57-60に詳しい。
20) 岩田一彦「目標をどのように書くか」岩田一彦編著『小学校社会科の授業設計』東京書籍，1991年，pp.71-80.
21) 米田豊「学習指導案と学習資料」CD-ROM版中学校社会科教育実践講座刊行会星村平和監修・原田智仁，大杉昭英，朝倉啓爾編集代表『CD-ROM版中学校社会科教育実践講座理論編3』ニチブン，2002年，p.79.
22) 鈴木秀一「学習計画」青木一他6名編著『現代教育学事典』労働旬報社，1988年，p.67.
23) 岩田一彦前掲書1），p.1.
24) 岩田一彦『社会科の授業分析』東京書籍，1993年，p.10.
25) 澤田昭夫『論文のレトリック』講談社，1983年，p.91.
26) 坂井ふき子「模擬授業を活用した授業力の育成」2008年度兵庫教育大学大学院学校教育研究科教育実践高度化専攻授業実践リーダーコース学位論文，2008年，p.66.
27) 同上，pp.66-67.
28) 坂井ふき子前掲論文26)，p.69.
29) 宇佐美寛『授業の理論をどう作るか』明治図書，1983年，p.79.
30) 同上，p.81.
31) 坂井ふき子前掲論文26)，p.74.
32) 教育界の流れや学習指導要領の変遷の分析については，次の文献を参照されたい。關浩和『情報読解力形成に関わる社会科授業構成論―構成主義的アプローチの理論と展開―』風間書房，2009年．
33) 同上書。
34) 關浩和「初等社会科授業研究の基盤構築に向けて―仮説検証的な学習方法の提案と授業評価スタンダードの開発―」社会系教科教育学会編『社会系教科教育学研究』，24号，2012年，pp.111-112.
35) 研究対象は，現在，川西市立多田小学校教諭の広原康平氏の実践記録を基に加筆・修正を行ったものである。次の文献を参照されたい。広原康平『防災・減災教育のための小学校社会科授業の開発研究―第5学年単元「自然災害を防ぐ」の場合―』平成24年度兵庫教育大学教職大学院教育実践高度化専攻小学校教員養成特別コース教育実践研究報告書，2013年．
36) プロトコル分析については，主に次の文献を参考にした。海保博之・原田悦子編『プロトコル分析入門―発話データから何を読むか―』新曜社，1993年。ノーマン

フェアクラフ著，日本メディア英語学会談話分析研究分科会（翻訳）『ディスコースを分析する―社会研究のためのテクスト分析―』くろしお出版，2012年．

37) 鑑識眼 connoisseurship とは，元々物事の善悪・真偽・美醜などを見分ける眼力のことであるが，授業場面において，教師に求められる眼力である。アイスナー（Eisner, E.W.）は，教師は，児童生徒の活動のありさまをつぶさに観察・記述しながら価値判断を行う「鑑識眼」discerning eye と，それを言語化して児童生徒やその保護者等に伝えることのできる「批評眼」critical eye といった高度な能力が求められていると主張している。

38) バイアスあるいは防災時の心理に関しては，主に次の文献を参考にした。ベイザーマン，マックス・H. 著・長瀬勝彦（翻訳）『行動意思決定論―バイアスの罠』白桃書房，2011年。広瀬弘忠『人はなぜ逃げおくれるのか―災害の心理学』集英社，2004年。山村武彦『人は皆「自分だけは死なない」と思っている』宝島社，2005年．

第Ⅱ部　子どもの社会認識発達に着目した社会科授業研究

第4章　子どもの社会認識発達に関する調査と社会科授業開発

第1節　中学生の社会認識発達に関する調査

1. 子どもの社会認識発達に着目した社会科授業研究の視点

　子どもの社会認識（社会の見方・考え方）の発達の解明とそれに即した授業実践は，科学的な社会認識の育成を目指す社会科教育の基礎的かつ重要な研究課題だと考えられる[1]。また，小中連携や一貫教育といった今日的な教育課題[2]に教科教育の立場から対応していくことも緊急の課題であり，子どもの認識発達とそれに即した授業開発に関する実証的かつ具体的な提言が求められている。

　社会科教育研究としての発達研究が最終的に目指すのは，児童生徒に社会認識の形成を通して市民的資質を育成する教科の本質をふまえ，どの学年段階（あるいは時期）に，どのような教育内容を，どのように指導すれば児童生徒の社会認識発達を促進できるのかを明らかにすることである。つまり，発達を促進する教育的働きかけの適時性・適切性の問題を検討することが必要となる。それでは，これまでどのような発達研究がなされ，どのような課題が指摘されてきたのだろうか。

　子どもの社会認識発達とその形成を扱った研究の成果は多様かつ豊富であり，示唆に富むものが多い[3]。表4-1は社会認識の発達と形成に関する研究の目的と方法を整理したものである[4]。しかし一方，これらの研究は現実の社会科授業改善や授業開発に十分生かされてこなかったのも現状であろう。その原因として，先行研究の多くはレディネス研究が中心であったため，社

会科授業構成において必要とされる認識過程や思考の筋道に関する解明（プロセス研究）が不十分であったことが指摘できる。また，社会認識の発達の様相や社会認識構造の発達，発達の規定因の研究という三つの研究領域の分断という問題点もあげられる。上述したように社会認識の発達とその形成に関する研究が目指すのは，発達と教育の相互作用の解明である。発達の様相に関する成果や認識メカニズム，規定因に関する知見は，発達を促進する教育的働きかけを具体的に解明していく中で吟味・応用されることが必要であろう。発達と教育の相互作用の解明にむけて，レディネス研究とプロセス研究の成果を理論的・方法的に接合していくことは，先行研究が共通に抱えた課題だといえる。

　本章では，まず中学生の社会的思考力・判断力[5]に焦点をあてた調査を行い，発達に即した授業実践のための根拠となる，能力の発達的変容過程に関する実証的データを収集する（第1節）。次に，調査で明らかになった中学生の社会的思考力・判断力の発達特性を踏まえながら発達仮説を設定する（第2節）。さらに，中学生の社会的思考力・判断力の発達を促進する教育的働きかけの適時性・適切性を検証するための実験的授業について考察する（第3節）。

2．中学生の社会的思考力・判断力の発達に関する調査

　これまで筆者は，児童期の社会認識発達に関する調査的研究を行ってきた。その結果，児童期の社会認識の発達過程は，量的増加と共にいくつかの質的に異なった発達段階に区切られ，連続性と不連続性を有するダイナミックなものであることが明らかになった[6]。そして，これら一連の研究の中で，青年期においても社会認識の質的な転換期と想定される時期が見出された。しかし，これらの研究は小学校児童の社会認識発達に焦点をあてたものであり，その質的転換の時期も仮説的なものであった。そこで「青年期の社会認識発達の質的な転換」を仮説としながら，中学生の社会的思考力・判断力に焦点をあてた発達的調査を行い，社会認識の発達的変容について実証的に検討し

表 4-1 社会認識発達と形成に関する研究の目的と方法

研究目的	レディネス研究	社会認識の発達の様相：学習に対する社会認識の発達水準や実態，その諸特質の解明。点的，静的，記述的研究。子どもは社会的事象及び事象間の関係，意味について，何を知っているのか，どの程度知っているのか，どのようにわかっているのか。	発達と教育の相互作用：発達を促進する教育的働きかけの適時性・適切性の解明。子どもの社会認識の発達を，いつ，どうしたら促進できるのか。
	プロセス研究	社会認識構造の発達：社会認識の発達の過程や条件，その機能の質の解明。線的，動的，説明的研究。子どもは社会的事象及び事象間の関係，意味について，どのようにわかっていくのか，それはなぜか。	
		社会認識の発達の規定因：社会認識の発達に影響する内的・外的要因の解明（経験要因，環境要因，能力要因など）。	
研究方法	実証的研究	調査的研究：一定の教育・社会・文化的条件下における子どもの自然発達的な社会認識の位相を横断法や縦断法によって明らかにする研究法。	
		実験的研究：学習過程を計画的にコントロールし，特定の刺激を与えながらその中で社会認識形成過程のメカニズムや条件を明らかにする研究法。	
	理論的研究	実際の社会科授業や実践記録の中に見出される子どもの社会認識の仕組みや変容過程を周辺諸科学の成果を援用しながら演繹的に分析・説明する研究法。	

てきた[7]。本稿は，これら一連の調査研究の結果に基づきながら，「子どもの社会認識発達に関する調査と社会科授業開発」のあり方について検討する。

(1) 社会科における社会的思考力・判断力のとらえ方

社会科教育で育成をめざす「社会的思考力・判断力」は，社会的事象に関する「知識」と，問いの構成と資料活用の技能を基盤とする「思考技能」とが一体化した能力であると捉える[8]。こうした理解により「中学生の社会認識の形成・発達」を，教科指導を通した「中学生の社会的思考力・判断力の形成・発達」に変換して考察することができると考えた。

社会的思考力・判断力を，授業づくりの実際と結びつくように根拠づけていくためには，当該の能力と知識及び思考技能（問いと資料活用の技能）との

相互のかかわりを説明しなければならない。授業において教師と生徒の間でやりとりされる社会的事象に関わる知識は，6層から成る「構造」として把握できる。以下に定義と事例を示す。

① 事象記述：特定に事象に関する事実そのものを記述した知識。事例：「中国北部の黄河流域には，よく肥え，耕しやすい黄土が広がっていた。」「黄河流域には，早くから漢民族が住みつき，粟や麦などの作物を栽培していた。」
② 事象解釈：特定の事象に関する事実を解釈し，因果，目的結果，意義などを説明した知識。事例：「作物の収穫がふえ，食料にゆとりができるようになると，食料を管理し，農業や軍事の指揮をとる，強い権力をもつ王が現れた。」
③ 時代解釈：個別の事象（事実）の解釈を総合して広い時間的範囲にある時代の社会の特色を説明した知識。事例：「B.C.3500～B.C.1600年ごろまでの時代に，都市文明が成立し，身分制社会が生まれた。」
④ 社会の一般理論：個々の事象の起因や影響を説明するのに用いられる一般的概念的な知識。事例：「生産力と生産関係を基盤に社会の構成は変化していく。」「人々は，気候や風土にあわせて，独自の生活様式をつくりあげていく。」
⑤ 価値的知識：個々の事象の解釈内容をふまえて評価的・規範的に判断した知識。事例：「「四大文明」はすぐれた文明である。」「都市のおこりや文字の使用をしるしに，特定の地域を古代の先進地域と評価する見方は公正な見方とは言えない。」
⑥ メタ知識：知識構成の背後にある立場や価値観，あるいはその方法を吟味し解釈した知識。事例：「中国文明をアジア世界形成の中核と考える歴史理解は，中華思想を基盤とした中国中心史観を背景にしている。」

これらの知識は，授業の実際においては，生徒たちに，学習問題（問い）

表4-2 授業における「社会的思考力・判断力」と「問い」・「知識」の関わり

問 い	社会的思考力・判断力とその内容		知 識
いつ，どこで，誰が，なにを，どのように	事実判断	資（史）料をもとに，事実を確定し記述できる。	事象記述
なぜか，（その結果）どうなるか，（時代の社会の）本質はなにか。	推 論	事象の原因，結果，意味や時代の社会の意義・特質を解釈し説明できる。	事象解釈 時代解釈 社会の一般理論
～よいか（悪いか），望ましいか（望ましくないか）	価値判断	事象を評価的に判断できる。	価値的知識（評価的知識）
いかに～すべきか	意思決定	論争問題や論争場面において望ましい行為や政策を根拠にもとづいて選択できる。	価値的知識（規範的知識）
その知識の背後にはどのような価値観や立場性があるか。その知識は，どのような手続き・方法により主張されているか。	批判的思考	知識（言説）に内在する価値・立場を吟味できる。知識（言説）の主張の手続き・方法を吟味できる。	メタ知識（知識を解釈するための知識）

に対する資料活用をふまえた思考・判断の結果として習得されよう。こうした考え方に基づいて，社会科授業における社会的思考力・判断力は，問い及び知識との相互の関わりにおいて，表4-2のように整理して示すことができる。

(2)社会的思考力・判断力を測る調査問題

①調査問題の類型

社会的思考力・判断力と知識，思考技能とを分析的に，相互関連的にとらえることにより，社会的思考力・判断力の質・内容を視点にした次の3つの問題の類型を設定することができる[9]。

a. 社会認識力[10]育成型

社会的事象に関する事実を資料に基づいて確定（事実判断）し，それらの事実間の関係や事象の本質を推論することを通して解釈し説明できる能力を測る問題

b. 社会的判断力育成型

　社会的（歴史的）論争問題に対応する複数の政策・行為の選択肢を，事実を根拠に評価（価値判断）し選択（意思決定）していく能力を測る問題

c. 批判的思考力育成型

　文字・図像・映像・音声などにより示される，社会的事象に関する知識の背後にある価値観や立場，あるいは知識の構成方法を，時代の社会の特質と関わらせて読み解き吟味していく能力を測る問題

　これら調査問題の3類型は，知識（内容）と思考技能（方法）が一体となった社会科に固有の社会的思考力・判断力を育成することをめざす授業の基本型でもある。

②調査問題の構成とその実際

　問題構成の基本原則は以下の通りである。社会認識力育成型の問題は，事実判断問題と推論問題とに大別する。事実判断問題は，資料から事実を読み取り記述する問題として構成する。推論問題は，推論過程のパターンにより2つに分類する。1つは「帰納的推論問題」であり，諸事実を関係づけて事象解釈を説明するように構成する。その回答過程で活用・育成される能力が帰納的推論能力である。もうひとつは「演繹的推論問題」であり，習得した事象解釈や時代解釈を活用して他の事象の因果や意味を解釈し説明するように構成する。その回答過程で活用・育成される能力が演繹的推論能力である。社会的判断力育成型の問題は，回答過程を社会的（歴史的）論争問題に対する，主張（価値的知識）・理由づけ（事象解釈・時代解釈）・事実（事象記述）を基本的な要素とする「議論」の構造に即して構成する。批判的思考力育成型の問題は，回答過程を資料のなかに組み込まれている価値・解釈・事実から成る知識の構成の正当性や妥当性を吟味させ，そのような知識の構成になる根拠・理由を説明させることと，知識構成の背景をなす時代の社会の特質をつかみ説明させることとを組み合わせて構成する。

　調査問題は上述した社会的思考力・判断力を測る問題の3類型と構成の基

本原則をふまえて歴史問題と公民問題を作成した（第2節末に資料として歴史問題を一部掲載）。また，歴史問題の構成と回答例についてまとめたものが表4-3である[11]。

(3)調査の手続き

中学生の社会的思考力・判断力を測るための調査を横断法と縦断法によって実施し，横断的データと経時的データをもとに能力発達の様相について検討する。具体的な調査の手続きは以下の通りである。なお本稿では歴史問題を取り上げた横断的調査の結果を中心に取り上げる。

①調査方法

中学生の社会的思考力・判断力を測る調査問題は歴史問題と公民問題からなり，それぞれの問題を40分で回答させた。そのうち，本稿では歴史問題に焦点を当てて報告する。調査は質問紙による選択肢と自由記述問題からなり，調査問題は全学年共通である。

②調査対象者

島根県下の中学校2校に通う生徒を対象にした。学年別にみると，1年生は292名，2年生は284名，3年生は316名である。

③調査時期と手続き

1年目調査は2009年12月から2010年1月に，2年目調査は2010年12月から2011年1月に実施した。作成した調査問題について調査協力校の校長から承諾を得た後，学校を通じて調査を実施した。

（加藤寿朗）

表 4-3 歴史問題の構成と分析の観点

問題類型		番号	問題内容	分析の観点	レベル	評価基準
社会認識力育成型	「事実判断」問題	問題1	「武士とは何か」について指摘させた。	評価基準に基づいて，回答を分類した。		a 武術の鍛錬
						b 主従関係
						c 地域の支配者としての領主
						d 武士の台頭によってもたらされる文化
						e 武士の館と生活
						f 暮らしの中の動物
	「帰納的推論」問題	問題3-1	恩賞奉行である安達泰盛に対して，恩賞を要求する竹崎季長の主張を自由記述させた。	評価基準に基づいて3つのレベル（レベル低：0，レベル中：1，レベル高：2）に分類した。	0	事実を間違って捉えている。説明不足である。設問に正対していない
					1	心情などの主観的な観点から主張しているが，（鎌倉期の）時代の社会の特色などを根拠としていない
					2	（鎌倉期の）時代の社会の特色などを根拠に主張している
						上記以外の回答
						無回答
	「演繹的推論」問題	問題3-2	鎌倉幕府が衰えた理由について，2つの言葉（「領地を分割して相続」と「商業の発達」）を関連付けながら自由記述させた。	評価基準に基づいて3つのレベル（レベル低：0，レベル中：1，レベル高：2）に分類した。	0	事実を間違って捉えている。説明不足である。設問に正対していない
					1	1つまたは，それぞれの言葉を使った因果の説明は正しいが，2つの内容を関連付けて説明されてはいない
					2	それぞれの言葉を使った因果の説明が正しく，さらに2つの内容を関連付けながら説明されている
						上記以外の回答
						無回答
社会的判断力育成型	「価値判断」問題	問題2-1	頼朝が「義経の鎌倉入りを許さない決断」をしたことについての意見を選択させた。	選択した選択肢の番号		①正しい判断である
						②間違った判断である
						③どちらとも言えない
	「意思決定」問題	問題2-2	問題2-1の選択肢を選んだ理由を自由記述させた。	評価基準に基づいて3つのレベル（レベル低：0，レベル中：1，レベル高：2）に分類した。	0	判断結果（問題2-1）と根拠（問題2-2）の内容が不整合である
					1	判断結果（問題2-1）と根拠（問題2-2）の内容は整合するが，（鎌倉期の）時代の社会の特色を意識しない判断である
					2	判断結果（問題2-1）と根拠（問題2-2）の内容は整合し，時代の社会の特色を意識した判断である
						上記以外の回答
						無回答
批判的思考力育成型	「批判的思考」問題	問題4	幕末から明治以降の時期に「元寇」という言葉が使われたねらいを推測させ自由記述を求めた。	評価基準に基づいて3つのレベル（レベル低：0，レベル中：1，レベル高：2）に分類した。	0	事実を間違って捉えている。説明不足である。設問に正対していない
					1	「元寇」という言葉は，相手を悪く言うような差別的な言葉として使われていることがわかる
					2	「元寇」という言葉は，人・組織・社会（時代）がある意図をもって使った言葉であり，言葉の背後の価値観や立場性がわかる
						上記以外の回答
						無回答

模範回答例
武士は，騎馬や弓射など武芸を職業としている者（戦いのプロ）である。自分たちの武器を自分で管理することが武士のたしなみのひとつであった。
武士団には主従の関係があった（領主・家人・郎党など）。
地域の支配者としての領主：武士は，在地の支配者（領主）であり，農民から年貢を徴収していた。
念仏信仰や田楽がはやった。
武士の屋敷は板敷きであった。質素な暮らしをしていた。母屋と違う場所に馬屋が設けられていた。
戦いに備えた館に住んでいた。烏帽子をかぶっていた。
馬，猿，犬，鷹，猫を飼っていた。
私は元軍が九州に来襲してきたとき，幕府（将軍）をお守りするため先頭をきって出陣しました。元軍は今まで見たこともないような武器を使い集団で攻めてきましたが，私は恐れることなく命がけで戦い，敵を追い払うことができました。これまでは戦いの功績に対しては，必ず恩賞がありましたが，今度の戦いではなぜ今だに恩賞のお沙汰（知らせ）がないのでしょうか。このままでは私たち御家人の幕府に対する忠誠心も揺らいでしまいます。どうか私の働きにふさわしい恩賞をいただきたくお願いいたします。
鎌倉武士は，嫡男が主な財産を相続し，その他を兄弟姉妹が分けていくという方法で，領地を<u>分割して相続</u>していた。こうした方法を代々繰り返すことで領地は細分化し，自給することさえ困難になる御家人が多くなった。また，<u>商業の発達</u>に伴い貨幣経済に御家人が巻き込まれていくようになると，御家人の中には高利貸しから借金をし，返済できなくなると先祖伝来の土地を手放す者が増加した。このように御家人が経済的に苦しくなり没落していったことが，鎌倉幕府が衰えていった大きな原因である。
①正しい判断である ・義経は京都（朝廷）の影響を受けているので，鎌倉の御恩と奉公にもとづく将軍（頼朝）と御家人との主従関係がくずれてしまうと考えられるからだ。 ・幕府のなかに頼朝と義経という二重の権力が生まれてしまい，権力争いが生じる危険性があるからだ。 ・血縁を重視して義経を鎌倉に迎えれば，平氏と同じ道をたどる可能性がある。 ②間違った判断である ・義経は平氏を倒した立役者だ。義経の功績を考えれば，鎌倉に迎えるのは当然だ。 ・義経は頼朝の血を分けた弟であり，しかも英雄だ。人間としての感情からして，当然義経を鎌倉に迎え入れるべきだ。 ・義経は京都（朝廷）と結んだことを心から反省している。義経を許し，武芸に秀で能力の高い彼を幕府の中で活かすことを考えたほうが，幕府の権力が安定する。 ③どちらとも言えない ・そもそも歴史における決断は，その時代の社会を生きた人間が，その時の状況の中で下したものである。過去にひとつの決断がなされたことに対して，現代に生きる私たちが，「正しい」とか「間違っていた」とかを判定すべきではない。
日本の政府が，第二次世界大戦が終わるまで侵略の対象としていた中国や朝鮮（韓国）に対する日本国民の敵対心をあおり　国民の団結をはかるとともに　政府の政策への支持を取りつける。

第2節　中学生の社会的思考力・判断力の発達

1. 中学生の社会的思考力・判断力についての調査結果

分析あたってはまず，表4-3に示す「分析の観点」に基づきながら生徒の回答を得点化し，学年進行に伴い各問題解決に使用する社会的思考力・判断力のレベルも上昇するか否かを検討した[12]。

(1)社会的思考力・判断力の発達についての調査結果
①社会認識力育成型問題の調査結果
a. 事実判断問題（問題1）の結果

問題1の指摘数について3学年（1年，2年，3年）を要因とする分散分析を行った（図4-1）。その結果，学年間の差が見られた（$F(2, 885)=3.71$，

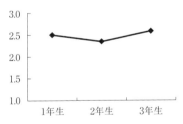
図4-1　事実判断問題の平均指摘数

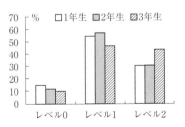
図4-2　帰納的推論問題の回答者率

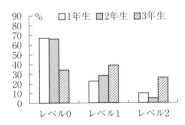
図4-3　演繹的推論問題の回答者率

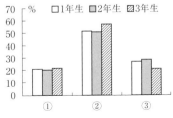
図4-4　価値判断問題の回答者率

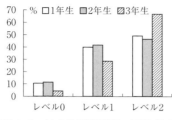 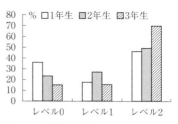

図 4-5　社会的判断問題の回答者率　　図 4-6　批判的思考問題の回答者率

$p<.05$)。学年間の差を検討したところ 3 年生の指摘数が 2 年生よりも多かったが，1 年生の指摘数と 2 年生や 3 年生の指摘数の間には違いはなかった。

b. 帰納的推論問題（問題3-1）の結果

　3（レベル：0，1，2）× 3（学年：1年，2年，3年）の χ^2 検定を使用して，帰納的推論問題の回答における各レベルに分類される各学年の人数割合の偏りについて検討した（図4-2）。その結果，レベル 0 では学年差はみられなかった。それに対して，レベル 1 の人数割合は 3 年生で少なかった。レベル 2 の人数割合は，3 年生で多く 1 年生で少なかった。

c. 演繹的推論問題（問題3-2）の結果

　3（レベル）× 3（学年）の χ^2 検定を使用して，演繹的推論問題の回答における各レベルに分類される各学年の人数割合の偏りについて検討した（図4-3）。その結果，レベル 0 の人数割合は，1 年生と 2 年生で多く，3 年生で少なかった。また，レベル 1 の人数割合では，3 年生で多く，1 年生で少なかった。レベル 2 では，3 年生で多く，1 年生と 2 年生で少なかった。

②社会的判断力育成型問題の調査結果

a. 価値判断問題（問題2-1）の結果

　3（選択肢：①，②，③）× 3（学年：1年，2年，3年）の χ^2 検定を使用して，価値判断問題における選択肢の選択傾向に学年差が見られるか否かを検討したが学年差は認められなかった（図4-4）。

b. 社会的判断問題（問題2-2）の結果

3（レベル）×3（学年）のχ^2検定を使用して，社会的判断問題の回答における各レベルに分類される各学年の人数割合の偏りについて検討した（図4-5）。その結果，レベル0の人数割合は2年生で多く，3年生で少なかった。また，レベル1では，2年生が多く，3年生で少なかった。レベル2では，3年生で多く，1年生と2年生で少なかった。

③批判的思考力育成型問題の調査結果

3（レベル）×3（学年）のχ^2検定を使用して，批判的思考問題の回答における各レベルに分類される各学年の人数割合の偏りについて検討した（図4-6）。その結果，レベル0の人数割合は1年生で多く，3年生で少なかった。また，レベル1では，2年生で多く，3年生で少なかった。レベル2では，3年生で多く，1年生と2年生で少なかった。

(2) 社会的思考力・判断力の関係性についての調査結果

社会的思考力・判断力を構成する諸能力の関係性の検討にあたっては，以下の関係性を仮定して検討を進めた。まず，諸能力の中で社会認識力（事実判断力）を生徒にとって最も基盤となる思考力・判断力と仮定する。そして，残り4つの思考・判断する能力においては社会認識力（帰納的推論能力）が最も生徒にとって容易であり，次いで社会認識力（演繹的推論能力），その次に社会的判断力（意思決定力）であり，批判的思考力の活用が最も難しいとする。この仮定に基づいてそれぞれの能力の関連性を検討した。なお，紙幅の都合から，以下は分析結果のみを記述する。

分析の結果，事実判断力が高ければ他の能力も高いという関係性は帰納的推論能力と社会的判断力において見出された。また，帰納的推論能力，演繹的推論能力，社会的判断力，批判的思考力のレベルの関連性を検討した結果，帰納的推論能力が高いと評価される者は，社会的判断力や批判的思考力の能力も高いと評価される傾向にあり，批判的思考力が高いと評価される者は，帰納的推論能力と社会的判断の能力が高いと評価される傾向にあった。さら

に，それぞれの能力間の関連性を検討した結果，帰納的推論能力が高い者ほど演繹的推論能力や社会的判断力，批判的思考力が高いこと，演繹的推論能力が高い者ほど社会的判断力や批判的思考力が高いこと，社会的判断力が高い者ほど批判的思考力が高い傾向にあり，いずれの能力とも関連性が見出された。以上のことから，社会的思考力・判断力を構成する能力間同士の相互関連的な関係が想定される。

2．中学生の社会的思考力・判断力の発達仮説

分析結果より中学生の社会的思考力・判断力の発達的特徴として以下の2点が明らかになった[13]。

① 中学生の社会的思考力・判断力（特に帰納的推論能力，演繹的推論能力，社会的判断力，批判的思考力）は，学年進行に伴って高くなり，特に2年生から3年生にかけて伸長する傾向が見られること。
② 社会的思考力・判断力を構成する諸能力は互いに独立する能力ではなく，相互に関連しあう能力であること。

以上の調査結果より，中学生の社会的思考力・判断力の発達仮説を次のようにまとめることができる。

> 中学生の社会的思考力・判断力の発達には，連続性（学年進行に伴う思考力・判断力のレベルが上昇）と不連続性（能力が著しく伸長する時期の存在）という特徴があり，量的増加と共に質的に異なった段階（質的な転換）が存在する。その時期は，中学校2年生から3年生にかけてであり，社会的思考力・判断力の中でも特に帰納的推論能力，演繹的推論能力，社会的判断力，批判的思考力が大きく発達する。また，社会的思考力・判断力を構成する諸能力は独立しているのではなく相互に関連している。

前述したように，社会認識の発達とその形成に関する研究では，発達と教育の相互作用を解明することが求められる。ヴィゴツキーは子どもの現在の発達水準と，周囲の人間からの適当な働きかけによってさらに発達可能な水

準との隔たりを「発達の最近接領域」と呼び，発達の可能性であるこの領域に働きかけることが教育の課題だとした[14]。発達の可能性である「発達の最近接領域」への働きかけを検討すること，つまり発達を促進する教育的働きかけの適時性・適切性を具体的に解明することが求められる。上述の発達仮説より，発達の質的な転換期と想定される「中学校2年生から3年生」に対して，社会的思考力・判断力の中でも特に「帰納的推論能力，演繹的推論能力，社会的判断力，批判的思考力」の発達を促す働きかけが発達と教育の相互作用を検討する手がかりとなるであろう。それでは，「発達の最近接領域」の考え方に基づけば，いつ，どのような内容を，どのように指導すればよいのだろうか。次節では，調査研究の結果を踏まえながら，教育的働きかけの適時性・適切性の解明を目的とする実験的授業について考察する。

(加藤寿朗)

[資料]
問題1：(鎌倉時代の武士のくらしを描いたイラストを見ながら)『武士とは何だろうか』という問いに対して，イラスト(省略)から見えてくることをできるだけ多く書きなさい。
問題2-1：源義経は，1184年の一ノ谷の戦いや1185年の壇ノ浦の戦いで平氏を破り，平氏打倒のために中心的な役割を果たしました。平氏の滅亡後，義経は，鎌倉の源頼朝の許可を得ることなく後白河法皇から高い官位を受けました。勝手に官位を受けたことに兄の頼朝は怒りました。そして，義経が鎌倉へ入ることを止めてしまいました。次の文章は，その時，頼朝にむけて義経が自分の心情を書いた手紙の一部(現代語訳)です。

> 私は，平家を攻め滅ぼすため，ある時は険しくそびえ立つ岩山で愛馬にむち打ち，敵のために命を失うことを恐れず，またある時は身を海の底に沈め，鯨のえさになることも苦痛としないで戦ってきました。自分が高い官位に任ぜられたのは，源氏にとって大変すばらしいことであり，重要な役目をいただいたと考えております。私には，全く野心が無いことを日本国中の神様にちかいます。

あなたは，頼朝が『義経の鎌倉入りを許さない』と決断したことを，どのように考えますか。①正しい判断である，②間違った判断である，③どちらとも言えない，の中から選びなさい。
問題2-2：あなたはなぜそのように考えましたか。
問題3-1：元寇とは，日本の鎌倉時代に，当時中国大陸を支配していた元による2度

の襲来（攻めること）のことです。1度目を文永の役、2度目を弘安の役といいます。元の襲来は、幕府軍の抵抗や、台風の影響もあって失敗に終わりました。しかし、この元寇は、鎌倉幕府が衰える大きな原因になりました。右の資料1（省略）は、御家人の竹崎季長が、文永の役で元軍と戦っている様子を描いた絵です。また、資料2（省略）は、元との戦いの後、鎌倉へ出かけた季長が恩賞奉行の安達泰盛に会い、恩賞（土地の給与）を要求している様子を描いた絵です。
竹崎季長は恩賞をもらうために、安達泰盛に何と言ったと思いますか。あなたが、季長になったつもりで、その願いを説得力をもって主張しなさい。
問題3-2：元との戦いの後、外国との戦いであったために御家人たちへの恩賞（土地の給与）が不十分でした。そのため多くの御家人が経済的に困りました。しかし、御家人の幕府に対する不満が大きくなった原因は、恩賞の少なさだけではありませんでした。御家人が経済的に苦しくなり、鎌倉幕府が衰えていった理由を、次の2つの言葉（領地を分割して相続、商業の発達）を使いながら関連づけて説明しなさい。
問題4：（「元寇」という歴史用語についての先生と生徒による以下の会話文を読んだ後）文中の □□□ の中に入れる言葉を考えなさい。
先　生：「元寇」については小学校の歴史学習でも勉強したと思います。みなさんは、「元寇」という出来事についてどのようなイメージを持っていますか。
さとる：日本が元に支配されることを断ったために元軍の攻撃を受けたので、日本が元に侵略されたというイメージが強いです。
まさみ：私は漢字の意味を調べてみたんだけど、「元寇」の「寇」の字は、どろぼう、強盗を意味しています。元軍は「悪者」というイメージが強いわね。
先　生：実は、「元寇」という歴史用語は、幕末から明治以降によく使われるようになり、国民の間にも定着していきました。元軍との合戦のことを、その当時は「蒙古合戦」と呼んでいました。現在では、「元寇」と「蒙古襲来」の両方の用語が使い分けられています。どうして、この時期に「元寇」という言葉が使われるようになったのかな。
さとる：ぼくは、この時期の年表を作ってみました。
まさみ：私は、幕末から明治以降の時期に「元寇」という言葉が使われるようになったのは、□□□ のねらいがあったのではないかと思います。
先　生：「元寇」という用語の使い方と歴史的な出来事についてのイメージとは深く結びついているようなので注意しておく必要がありますね。

さとる君が作った年表

1867	江戸幕府の滅亡（明治維新）
1894〜	日清戦争が始まる（〜1895）
1895	下関条約を結ぶ
1904〜	日露戦争が始まる（〜1905）
1910	韓国を併合する
1931	満州事変がおこる
1937〜	日中戦争が始まる（〜1945）
1945	第二次世界大戦が終わる

第3節 中学生の社会認識発達の特性をふまえた社会科授業仮説
― 実験的授業の計画と実践における方法論 ―

1. 研究課題

　調査的研究から得られた中学生の社会的思考力・判断力の発達仮説をふまえ，発達促進のための教育的働きかけの適時性と適切性を解明するための実験的授業の研究課題を，以下のように定めた。

　「中学生の社会認識発達の質的転換期である 2 年生後半から 3 年生の時期に，中学生の社会認識発達を促進するためには，社会認識力育成型授業に係る①帰納的推論能力育成授業と②演繹的推論能力育成授業，及び③社会的判断力育成型授業，④批判的思考力育成型授業のどれが最も効果があるのか，また発達を促す指導方略はどのようなものか。これらの課題に対して，実験的授業とそのデータを，定量的方法（統計的分析）を中心に，定性的方法（発話分析等）を適宜組み合わせて分析・評価することを通して，授業仮説（中学校社会科授業モデル）を提示する。」

2. 実験的授業のための教授書とポストテストの開発

　実験的授業を実施するにあたり，社会科教育の研究者（梅津正美・加藤寿朗），発達心理学の研究者（前田健一（岡山商科大学）・新見直子（広島文教女子大学））及び授業協力校（島根県下の中学校 1 校）の中学校社会科教諭（授業者と 2 名の授業協力者）の 7 名からなる研究チームを組織し，授業計画・実施・分析を必要に応じて共同，分担して行った。

　研究課題に対する第 1 の作業課題は，上記の授業の 4 類型に対応した授業構成と教授書を開発することと，その効果を実証するためのポストテストを開発することである。

　実験的授業の協力校の校長から授業実施の承諾を得た（2014 年 3 月）後，

教授書とポストテストの開発に本格的に着手した。まず，共同研究チームの梅津と加藤及び3名の社会科教諭で協議し，発達の質的転換期に合致することと，当該中学校の年間計画・授業進度等にできるだけ無理が生じないことを観点に，当校の第3学年5月期の歴史的分野単元である「太平洋戦争」を対象に定めた。

次に，教授書とポストテストの開発にあたり，発達心理学を専門とする前田と新見から，発達研究の観点からの留意点について助言を受けた。そのポイントは，①授業で獲得した知識の量が，ポストテストの回答にできるだけ影響しないように，実験的授業（教授書）とポストテストは「太平洋戦争」について視点・対象・内容を変えること，②ポストテストの問題で使用する資料は，生徒が資料内の事実の確定に時間をとられすぎないように，授業で使用する資料よりも事実・データ量を精選すること，③ポストテスト結果の統計的な分析・評価の観点を明確にするために，4類型のテスト問題で使用する資料は，各2種類が望ましいこと，であった。

⑴単元「太平洋戦争」の教授書開発

上記の前提条件をふまえ，まず，梅津が授業の4類型の目標（育成をめざす社会的思考力・判断力）と合致する授業を論理的に構成し「教授書（第一次試案）」にまとめた。授業の対象・内容は，「太平洋戦争」の政治史・戦局史である。その際，生徒の実態をふまえながら授業を展開する実践者を考慮して，選択の余地のある教授・学習用資料をできるだけ多く収集した「資料集」を併せて作成した。

第一次試案は，実験的授業の授業者とそれを支援する2名の授業協力者により，生徒の実態と7単位時間での4類型の実践の完了を考慮して再構成された。そして，「資料集」から授業で実際に用いる教授・学習用資料の選択と加工が行われた。その結果「教授書（第二次試案）」が出来上がった。

その後，第二次試案について，梅津と加藤，授業協力校の3教諭で，授業の仮説・論理・実践の手立てを観点に協議し，再々構成して授業にかける

「教授書(第三次試案：成案)」を完成させた。その教授書の実際は，表4-4に示した。

表4-4 小単元「太平洋戦争」教授書(第三次試案)

1．対象教科・分野(時間配当)と単元の位置づけ
　中学校社会科歴史的分野(7単位時間)
　中学校学習指導要領(平成20年3月改訂)・社会・歴史的分野　内容(5)近代の日本と世界のうち，「カ」

2．単元の目標(能力目標)
(1)日本が対米英戦争に踏み切った判断の根拠を，資料にもとづいて筋道を立てて説明することを通して，帰納的推論能力を育成する。
(2)「総力戦体制」の定義を，①戦時指導体制，②戦時経済体制，③国民動員体制，④国民精神の動員の4つの観点から捉え活用し，戦時下の国民生活に関する図版や人々の語りがもつ意味を説明することを通して，演繹的推論能力を育成する。
(3)「原爆投下の責任は誰が負うべきなのか。」という歴史的論争問題について，事実にもとづく根拠を明確にしたがら討論することを通して，社会的判断力を育成する。
(4)1941年12月8日から1945年8月15日まで日本が進めた戦争の3つの呼称と関連する歴史記述(教科書記述)を，問題意識・事実・解釈・価値の結びつきを視点に吟味し，「歴史を書くこと」「歴史を理解すること」の意味を説明することを通して，批判的思考力を育成する。

3．授業計画

パート	教師の指示・発問・説明	教授・学習活動	資料	生徒の応答・学習内容
Ⅰ 帰納的推論授業 配当2時間	◎日本とアメリカとの間には圧倒的な戦力差があることは分かっていたはずなのに，日本はなぜ開戦に踏み切ったのか。	T．パートⅠの学習問題の提示		
	御前会議決定(1941年9月6日)。御前会議において，「開戦やむなし」を筋道を立てて説明できるか。	T．発問する	1	・国際情勢(ヨーロッパ情勢，対ソ連関係，対米英関係)，国内政治，開戦の大義名分，国民生活・国民意識，日米戦力差等の観点を立てる。
	◎日本とアメリカの戦力の差は，どのようであったのか。	T．資料をもとに発問する P．ワークシートに	2	・1941年時点において，国内総生産(GDP)：米国は日本の11.8倍。粗鋼生産高：12.1倍。石油生産量：776.8倍。人口：1.86倍。

256

第 4 章　子どもの社会認識発達に関する調査と社会科授業開発　257

| I 帰納的推論授業 配当2時間 | ○大きな戦力差がある中で，日本の指導者は，なぜ開戦を決断したのか。その理由を，ペアで資料を読み取り，説明してみよう。 ・年表と世界地図を活用して，開戦前の国際情勢を整理してみよう。アジアの情勢はどのようか。ヨーロッパの情勢はどのようか。 | まとめる 発表する T．発問する P．ペアで資料を読み取り，説明するワークシートにまとめる P．クラスに発表する | 3 4 5 | ・1939年，満州・ソ連国境付近での日ソ両軍の衝突（ノモンハン事件）での敗北を機に，日本は「北守南進」策を主張するようになる。 ・1939年第二次世界大戦開始後，ヨーロッパでは，ドイツがフランスを降伏させ，パリを占領した。 ・日本は，フランスが宗主国のインドシナに着目。日独伊三国軍事同盟の締結（1940年），日ソ中立条約の締結（1941年）を通じて本格的に南進が可能になる。 ・日本は石油のほとんどをアメリカからの輸入に頼る→1941年7月，石油資源確保のため，南部仏印へ進駐→米国はこれに対抗し，石油の対日輸出前面禁止。また，ABCD（米英蘭中）包囲をしく。 |
| | ・大きな戦力差がある中で勝利を得るには，短期決戦しかないだろう。「短期決戦」「緒戦の勝利にかける」をめざした日本の指導者は，次の①～④を，どのように解決していったのだろうか。資料から読み取ってみよう。 ①資金や軍需品の調達 ②頼みのドイツへの期待 ③開戦の理由づけ ④国民の意識高揚 | | 6 7 | ①1937年9月から，特別会計として「臨時軍事費」を計上した。1940年の陸海軍省費・徴兵費は79億円，太平洋戦争開戦時までに使われた「臨時軍事費」は，256億円（現在の貨幣価値に換算すると，20兆4800億円） ②緒戦の勝利によりアメリカの出鼻をくじく。ヨーロッパ戦線でドイツがソ連・イギリスを破れば，アメリカは戦争継続の意欲を無くし，和平に応じるであろうとのドイツ頼みの戦略を描く。 |

Ⅰ 帰納的推論授業　配当2時間			8	③1941年12月，東条内閣は，「対米英戦争は，支那事変を含めて「大東亜戦争」と呼称する」ことを閣議決定した。「大東亜戦争」は，自存自衛と欧米列強からのアジア解放のための戦争であるとして正当化した。
			9	④日中戦争開始のころから，国民の生活と意識を戦争に駆り立てる体制ができていた。 1938年，国家総動員法 1940年，大政翼賛会，など
	◎日本とアメリカとの間には圧倒的な戦力差があることは分かっていたはずなのに，日本はなぜ開戦に踏み切ったのか	T．発問する P．「御前会議での意見書」としてまとめる		
Ⅱ 演繹的推論授業　配当2時間	◎「総力戦体制」の定義を活用して，戦時下の国民生活に関する図版や人々の語りがもつ意味を説明してみよう。	T．パートⅡの学習問題の提示		
	○日中戦争・太平洋戦争は，日本にとり「総力戦」として遂行された。 ・総力戦とは何か。 ・総力戦体制とはどのようなものか。	T．資料をもとに説明する「総力戦体制」の概念図を黒板に貼る	10 11	・総力戦とは，「国家・国民の物質的精神的全能力を動員結集して，これを国家の総力として戦争に臨むこと」である。 ・日本の総力戦体制とは，万世一系の天皇をいただく国家の優秀性を価値として（国体論），非常時に対応したⅠ戦時指導体制，Ⅱ戦時経済体制，Ⅲ国民動員体制，Ⅳ国民精神の動員体制から成っていた。
	○「総力戦体制」の定義を活用して，戦時下の国民生活に関する図版や人々の語りが，「国をあげて	T．発問する P．答える		

第4章　子どもの社会認識発達に関する調査と社会科授業開発

Ⅱ 演繹的推論授業 配当2時間	戦争に向かうため」にもったねらいや意味を説明してみよう。 ・次の6つの戦争中の事象は，「総力戦体制」の4つの体制のどれにあてはまるか。 ①大政翼賛会 ②切符による配給制 ③物資の供出 ④農村青年と学生 ⑤勤労動員 ⑥子どもに人気の漫画映画『桃太郎 海の神兵』 ・①〜⑥は，「国をあげて戦争に向かうため」にどのようなねらいや意味を持ったか，資料をもとに説明してみよう。	T．発問する P．資料をもと考え，ワークシートにまとめる P．クラスに発表する	12 13 14 15 16 17	・戦時指導体制：① 　戦時経済体制：②③ 　戦時動員体制：④⑤ 　国民精神の動員体制：⑥ ①ほとんどの政党や政治団体を解散して，大政翼賛会にまとめ，議会に戦争遂行を後押しする役割を担わせた。 ②配給制は，戦争遂行に限られた資源を集中させるために，国民生活に必要な物資を統制した。 ③日本では太平洋戦争が始まると資源不足が深刻化し，政府により金属製品など様々な資源を国民を上げて供出することが呼びかけられた。 ④厳しい農作業に耐え，精神と身体が頑強で，兵士としての出世にも意欲を持っていた農村青年は，兵士の主たる供給源であった。文系学生の学徒動員が決定されたのは，戦局悪化にともなう兵員の不足を補うためであったが，理系学生は軍事技術や兵器の開発にあたるために徴兵猶予が続けられた。 ⑤国内の労働力が不足したため，生徒・学生が軍需工場に動員された。若い女性も

			18	挺身隊に組み込まれ動員された。 ⑥「桃太郎」は，鬼（英米）を退治する勇ましい理想の日本男児というイメージを植え付けるために，子ども向けの漫画に多く取り上げられた。
Ⅲ 社会的判断授業　配当2時間	◎原爆投下の責任は誰が負うべきなのか。 1．米国のトルーマン大統領が負うべき。 2．日本の戦争指導者が負うべき。 3．その両方に責任があると考えるが，米国の方により重い責任がある。 4．その両方に責任があると考えるが，日本の方により重い責任がある。 5．その他の考え方がある。	T．パートⅢの学習問題の提示		
	クラスで徹底討論「原爆投下の責任は誰が負うべきなのか。」 ○1945年8月6日の広島，8月9日の長崎で何が起こったのか。	T．資料をもとに説明する	19 20	・原爆による死没者数は，1945年末までに広島・長崎両市で約21万人と推定されている。その他，物質的・文化的・精神的被害甚大。
	○皆さんは，資料18や資料19から，どんな思いを持ちましたか。	T．発問する P．答える		・原爆投下への怒り，悲しみ，疑問など
	○アメリカ大統領トルーマンは，なぜ原爆投下を決定したのか。 ・トルーマンは，原爆投下をどのように正当化しているのか。	T．発問する P．資料をもとに答える	21	・日本の降伏を早め，百万人もの米軍兵士の命を救うために，米軍はやむなく原爆を投下した。そのおかげで結果的に数百万人の日本人の命も救われた。
	・1944年7月にサイパン島を陥落させて以降，連合軍の勝利は動かな	T．発問する	22	・日本との戦争の終結に重要な役割を果たしたソ連が戦

Ⅲ 社会的判断授業 配当2時間	い状況だった。なぜトルーマンは実験に成功して間もなしで，しかも連合国の作戦外の原爆の使用を急いだのか。 米ソを中心とする国際関係を視点に考えてみよう。 ○サイパン島が陥落して以後終戦までに日本側の戦いについて，どのようなことが言えるか。	P．資料をもとに答える		後の国際社会で主導権を握ることを阻止するために，ソ連の参戦ぬきでの戦争終結を急いだ。
	・戦死者数について，どのようなことが言えるか。	T．発問する P．資料をもとに説明する	23	・1944年7月のサイパン陥落以降終戦までに，日本側の戦死者数は激増している。
	・日本の戦争指導者の間には，サイパン陥落以降で戦争を止めるという意見はなかったのか。	T．説明する	24	・あった。1945年2月近衛上奏文。共産革命による天皇制の崩壊を回避するためにも，ただちに戦争の終結に踏み切るべきことを上奏した。
	○日本は原爆投下によって降伏したのか。	T．年表をもとに説明する	25	・日本政府は，当初ポツダム宣言を「黙殺する」という態度をとっていた。原爆投下後，ポツダム宣言受諾の政治的決断（8月10日）に最も影響したのは，ソ連の対日参戦通告であった。
	◎原爆投下の責任は誰が負うべきなのか。 ・「C．主張，D．資料・事実，W．理由づけ」から成るワークシートに自分の判断をまとめなさい。 ・グループで話し合いなさい。	T．発問する P．資料や学習した知識をもとに，ワークシートに意見を書く P．グループで話し合う		

	・グループで出た意見を整理して,クラスに発表しなさい。	T．指示する P．資料や学習した知識をもとにクラスで討論する		
Ⅳ 批判的思考授業 配当1時間	◎「歴史」を書くとはいかなることか。「歴史」を理解するとはいかなることか。1941年12月8日から1945年8月15日まで日本が進めた戦争の呼称の違いを事例に説明してみよう。	T．パートⅣの学習問題の提示		
	○1941年12月8日から1945年8月15日まで日本が進めた戦争には,「大東亜戦争」「太平洋戦争」「アジア太平洋戦争」の3つの名称がある。 3つの名称の使い方の違いは何か。			
	・戦中の歴史教科書では,どのような名称を用いているか。	T．発問する P．教科書記述をもとに答える	26	・大東亜戦争
	・戦後すぐに作られた「くにのあゆみ」では,どのような名称が用いられているか。		27	・太平洋戦争
	・沖縄県の中学校で用いられている歴史副読本では,どのような名称が用いられているか。		28	・アジア太平洋戦争
	・3つの名称には,どのような背景があるか。	T．説明する		・「太平洋戦争」という名称は,連合国占領期に連合国軍最高司令官総司令部（GHQ）の占領政策で当時の日本側の正式名称であった「大東亜戦争」を「太平洋戦争」へ強制的に書き換えさせる検閲によって定着した名称である。「アジア太平洋戦争」の名称は,この戦争が米国だけでなく中国・東南アジアを含む戦争であったことを正しく反映させる

発問・指示	教授・学習活動	資料	教授・学習内容
○3つの教科書は，それぞれの時代や使用された地域において，1941年12月8日から1945年8月15日まで日本が進めた戦争について，どのように評価し記述しているか。 ①戦時中に使用された国定教科書 ②戦後すぐに使用された「くにのあゆみ」 ③沖縄県の中学校で用いられている歴史副読本	T．発問する P．教科書記述をもとに答える	26 27 28	ことを理由にして，1980年代に提唱され用いられるようになった。 ①自存自衛と欧米帝国主義勢力からのアジア解放のための戦争という評価により記述していると考えられる。 ②GHQが指示した呼称である「太平洋戦争」を用いて，「わが国にとって無理な戦争であった」と評価している。 ③中国や東南アジアを侵略し，沖縄を「本土防衛」「国体護持（天皇制維持）」のための「捨て石」とした侵略戦争という評価により記述していると考えられる。
○「大東亜戦争」という用語と「アジア太平洋戦争」という用語は，1941年12月8日から1945年8月15日まで日本が進めた戦争についての評価とどのような関係があると言えるか。	T．発問する P．教科書記述をもとに答える		・現在において「大東亜戦争」を主に用いる場合は，1941年12月7日から1945年8月15日まで日本進めた戦争を肯定的に評価していることが多い。「アジア太平洋戦争」を用いる場合は，先の戦争を否定的に評価している場合が多い。
◎それぞれの教科書には，1941年12月8日から1945年8月15日まで日本が進めた戦争について，いくつかの「歴史」が記述されていた。そして，それらの記述の違いは，先の戦争の評価と関わっていた。 そもそも，「歴史」を書くとはいかなることか。「歴史」を理解するとはいかなることか。先の戦争の呼称の違いを事例に説明してみよう。	T．概念図を説明し，発問する P．概念図をもとに答える	29	・「歴史を書く」とは，歴史の書き手・語り手が問題意識にもとづいて事実と解釈（因果・意味・影響など）及び評価を構成することである。 ・「歴史を理解する」とは，歴史記述の問題意識・事実・解釈・評価のつらなりを吟味することを通して，自分なりの歴史像をつくり出すことである。

〔教授・学習用資料出典〕
1．写真資料「御前会議」，『アサヒグラフ』朝日新聞社，1943年5月19日号より抜粋

2. 統計資料「日米の経済格差」，吉田　裕『アジア・太平洋戦争』岩波新書，2007年，p.30 より筆者作成
3. 年表「開戦までの流れ1939〜1942年」，全国中学校社会科教育研究会編『歴史資料集』[15]新学社，p.157.
4. 地図「南方への進攻」，『週刊朝日百科　日本の歴史110　太平洋戦争』朝日新聞社，2004年，pp.（11）303-304.
5. 統計資料「石油の需要供給の推移」，同上書，p.（11）299.
6. 統計資料「開戦のための臨時軍事費」，吉田　裕前掲書，pp.30-31 より筆者作成
7. 地図「ヨーロッパ戦線」，全国中学校社会科教育研究会編前掲書，p.156.
8. 文字資料「名称としての大東亜戦争」，有馬　学『帝国の昭和』講談社学術文庫，2010年，pp.280-281 より抜粋
9. 文字資料「国民生活の統制」，全国中学校社会科教育研究会編前掲書，p.155.
10. 文字資料「総力戦の定義」，纐纈厚『総力戦体制研究』三一書房，1981年，p.12 より抜粋
11. 概念図「日本の総力戦体制」，筆者作成
12. 写真資料「大政翼賛会」，全国中学校社会科教育研究会編前掲書，p.155.
13. 写真資料「切符による配給制」，同上書，p.158.
14. 写真資料「金属製品の供出と代用品の工夫」，同上書，p.158.
15. 文字資料「山形県出身兵士の手紙から」，吉見義明『草の根のファシズム』東京大学出版会，1987年，pp.107-108.
16. 写真資料「学徒出陣」，全国中学校社会科教育研究会編前掲書，p.159.
17. 写真資料「勤労動員」，同上書，p.159.
18. 動画資料「桃太郎　海の神兵」VHS動画
19. 写真資料「ヒロシマ・ナガサキ」，猿谷　要他編『写真記録アメリカの歴史　第3巻　アメリカ合衆国の世紀1917〜1960』ほるぷ出版，1998年，pp.145-148から抜粋
20. 統計資料「原子爆弾による被害」，全国中学校社会科教育研究会編前掲書，p.161.
21. 文字資料「原爆投下に対するアメリカの考え」，ジェームズ・M・バーダマン，村田　薫編『アメリカの小学生が学ぶ歴史教科書』ジャパンブック，2005年，p.221 より要約
22. 文字資料「外交戦争の最初の大作戦」，P.M.S.ブラッケット（田中慎次郎訳）『恐怖・戦争・爆弾』法政大学出版局，1953年，p.211 より要約
23. 統計資料「1943〜45年の主な玉砕」，『週刊朝日百科　日本の歴史111　敗戦と原爆投下』朝日新聞社，2004年，p.（12）19.
24. 文書資料「近衛上奏文」，吉田　裕前掲書，p.206 より抜粋
25. 年表「太平洋戦線の動き」，全国中学校社会科教育研究会編前掲書，p.161.
26. 文字資料「戦中の国民学校歴史教科書　昭和の大御代」，『初等科國史　下巻』大阪書籍，1943年，pp.186-187.
27. 文字資料「戦後の小学校歴史教科書　太平洋戦争」，『くにのあゆみ』日本書籍，1946年，pp.50-51.
28. 文字資料「沖縄をよく知るための歴史教科書　アジア太平洋戦争」，新城俊昭『ジュニア版琉球・沖縄史』東洋企画，2008年，p.241.
29. 概念図「歴史を書く　歴史を理解する」，筆者作成

(2)ポストテストの開発

ポストテスト問題は,「太平洋戦争」の社会史・生活史を対象・内容として, 授業の4類型に対応する4題を作成することとした。問題作成は, 教授書開発に準じて, 次の手順を踏んだ。①4つの社会的思考力・判断力を評価する4問題の第一次試案を, 各問題に原則2種類の資料を配置して論理的に作成する（梅津担当）。②授業の仮説・論理・生徒の実態・テストの実施時期等を観点に協議し, 第一次試案を再構成し第二次試案を得る（梅津・加藤・授業協力校の3教諭担当）, ③発達調査のためのポストテスト問題としての妥当性について, 2名の発達心理学者から助言を受け, 第三次試案（成案）を作成する（梅津・加藤担当）。そのテスト問題の概要は, 下記の通りである。

問題1（帰納的推論問題）

（4題共通の資料として「アジア・太平洋戦争関連年表」有り）次のグラフは, 1940（昭和15）年から1945（昭和20）年の農産物の生産状態の変化を示しています（統計資料「農産物の生産状態の変化」）。

グラフから分かるように, 1942（昭和17）年頃から生活のために特に必要な農産物の生産が大きく減少しています。資料1と資料2から考えられる「農産物の生産減少」の理由を説明しなさい。「資料1. 徴兵率の変化」「資料2. 男性労働者の変化」

問題2（演繹的推論問題）

総力戦体制について研究している歴史家たちの間には, 以下に示すような意見があります。

「戦争を行うために, 国家がすべての資源や人員, 社会の制度を合理的に組織しようとする結果として, 一見非合理と思われる戦争が, <u>社会の人々の関係を変化させ, 平等や民主化を促す場合がある。</u>」

戦時中の「配給制」も下線部のような役割を持ったものの一つとして指摘されています。なぜ, 人々の生活を困窮させた「配給制」が, 社会的な平等や民主化を促す役割を持つと言えるのか, 歴史家の意見をよく読み, 資料3と資料4を参考にして説明しなさい。「資料3. 配給制度のしくみ―東京市の場合―」「資料4.

1944（昭和19）年に内務省がまとめた国民の意識に関するレポート」

問題3（社会的判断問題）

（「太平洋戦争に関する戦局地図」有り）資料5は，1944（昭和19）年2月23日付けの毎日新聞朝刊に掲載された記事で，海軍省の担当だった新名丈夫記者が書いたものです。この記事を読んだ当時の東條英機総理大臣兼陸軍大臣は，「陸軍の根本作戦への批判である」として激怒し，記事を掲載した新聞の発行禁止を命じました。「資料5．1944（昭和19）年2月23日付け毎日新聞朝刊記事」

小問1　記者の報道の仕方について，あなたはどのように考えますか。あなたの考えに近いものを，①〜③から選び，番号で答えなさい。①記者の報道の仕方は，正しいと思う。②記者の報道の仕方は，正しくないと思う。③どちらとも言えない。

小問2　あなたはなぜそのように考えましたか。その根拠を説明しなさい。

問題4（批判的思考問題）

ようこさんは，戦時中の日本国民のくらしについての調べ学習で，人々の身体と健康に着目して，「強制された健康」というテーマで発表しようと計画しています。ようこさんは「強制された健康」というテーマで何を伝えようとしたのでしょうか。ようこさんの発表のねらいを，資料6と資料7をもとに考えて，説明しなさい。「資料6．健康の増進と結核予防を宣伝するポスター（結核予防会1939年）」「資料7．戦時下の女性のつとめ（内務省1931年）」

3．実験的授業の計画と実践

研究課題に対する第2の作業課題は，プリテスト・実験的授業・ポストテストの計画を立案し，実践することである。それは，社会科教育研究としての発達研究の論理性と実証性を確保するとともに，協力校の教育体制にできるだけ無理をかけず，教員の授業力向上にも資することを考慮して遂行する課題となる。

(1) プリテストの計画と実施

　中学生の社会認識発達の調査的研究で用いた「中世の武士」をテーマにした調査問題のうち，帰納的推論テスト（問題3-1），演繹的推論テスト（問題3-2），社会的判断テスト（問題2），批判的思考テスト（問題4）の4題を活用して，プリテストを2014年3月17日(月)・18日(火)の両日，調査の対象となる2年生4クラス139名に対して4題40分の回答時間をとって実施した。プリテストの目的は，第2学年末の段階で，諸能力がどの程度までのレベルに達しているのかを把握することである。

　本来であれば，プリテストは「太平洋戦争」をテーマとしたポストテストと同じ問題で実施すべきであろう。それを「中世の武士」の問題で実施した理由は，テーマが「太平洋戦争」の場合，内容について未習の生徒たちに大きな負担をかけることへの教育的配慮と，プリ・ポストテスト問題の内容と資料が異なっても，プリテストの目的である生徒の諸能力形成の現況を測ることが可能であるとの判断による。

(2) 実験的授業及びポストテストの計画と実施

　実験的授業（7単位時間）とポストテストを，2014年5月19日(月)～6月10日(火)までの期間に，3年生4クラス139名に対して実施した。実施前の準備として，授業協力者のコーディネートにより協力校教務部との連絡調整を行った。そして，実験的授業期間中の特別時間割を作成するとともに，2年生から3年生へのクラス替えに対応したポストテストを円滑に実施するための各生徒のID番号を設定する協力を得た。実験的授業に際しては，授業者が担任するクラスを「実験クラス」とし，その他の3クラスを「比較クラス」とした。ポストテストは，授業に合わせて4問題を別々に各10分の回答時間で行うこととした。

　実験的授業とポストテストの流れは，表4-5に示す通りである。

　ポストテストは授業実施後に行うが，授業を受けていないクラスはおよその時期を揃えることに配慮した。実験クラスと3つの比較クラスは，4類型

表 4-5　実験的授業及びポストテストの流れ

時数	授業	時数	授業	時数	授業	時数	授業	ポストテスト
						1	批判	
				1	批判	2	判断	
		1	批判	2	判断	2	演繹	
1	批判	2	判断	2	演繹	2	帰納	授業終了後ポスト4（10分）を実施（4クラス）
2	判断	2	演繹	2	帰納			授業終了後ポスト3（10分）を実施（4クラス）
2	演繹	2	帰納					授業終了後ポスト2（10分）を実施（4クラス）
2	帰納							授業終了後ポスト1（10分）を実施（4クラス）
実験クラス		比較クラス1		比較クラス2		比較クラス3		

（凡例1）帰納：帰納的推論授業（以下は帰納授業），演繹：演繹的推論授業（以下は演繹授業），
　　　　判断：社会的判断授業（以下は判断授業），批判：批判的思考授業（以下は批判授業）
（凡例2）ポスト1：帰納的推論テスト（以下は帰納テスト），ポスト2：演繹的推論テスト（以下は演繹テスト），ポスト3：社会的判断テスト（以下は判断テスト），ポスト4：批判的思考テスト（以下は批判テスト）

の授業をひとつの型ずつずらせて実践する一方で，ポストテストは実験クラスの授業類型の実施ごとに当該類型のポストテストを4クラス同一に行うこととした。例えば，実験クラスについて言えば，帰納授業50分×2コマ→帰納テスト10分→演繹授業50分×2コマ→演繹テスト10分→判断授業50分×2コマ→判断テスト10分→批判授業1コマ→批判テスト10分という流れになる。比較クラス1は，帰納テスト10分→帰納授業50分×2コマ→演繹テスト10分→演繹授業50分×2コマ→判断テスト10分→判断授業50分×2コマ→批判テスト10分→批判授業50分×1コマという流れになる。そうすることにより，特定の能力形成をめざす授業とその授業効果を実証するデータを得ることができると考えた。実験クラスと比較クラスに対する教育的配慮として，どのクラスにも同じ授業内容を確保することに加え，比較クラスの生徒には授業を受けていない内容のテストに対応しなければならないことへの理解を得るため，教科担任の授業者を通じて本実験授業の目的について事前説明をしていただいた。

4. データの分析と評価

　研究課題に対する第3の作業課題は，ポストテスト結果の定量的（統計的）な分析法と，授業のビデオ撮影を通じて収集した教師と生徒の発言内容や教授・学習過程での相互作用に関する定性的（質的）データの分析法を明確にすることである。

　前者については，社会認識発達の特質に関する調査的研究と同様に，ポストテストに対する生徒の回答内容を評価基準にもとづく4レベルで評価・分類し，その量的データを回帰分析等の手法で処理する。ポストテストの評価基準については，表4-6に示した。

表4-6　ポストテスト問題の評価基準

問題類型	問題	レベル	評価基準
帰納的推論問題	問題1	0	間違っている。
		1	1つの資料を活用して記述している。
		2	2つの資料を活用し，それぞれ個別に記述している。
		3	2つの資料を関連づけて記述している。
演繹的推論問題	問題2	0	間違っている。
		1	①「配給制のもつ平等性」，②「役得による不正に対する異議申し立てを通じた民主化の促進」の2つの内容について，1つの内容を取り上げ，資料から読み取れる1つの事実にも基づいて記述している。
		2	1つの内容を取り上げ，資料から読み取れる2つ以上の事実に基づいて記述している。
		3	2つの内容を取り上げ，資料から読み取れる2つ以上の事実を関連づけて記述している。
社会的判断問題	問題3	0	判断結果と根拠の内容が不整合である。
		1	判断結果と根拠の内容が整合しているが，時代の社会の特色を意識した判断をしていない。
		2	判断結果と根拠の内容が整合し，根拠として1つの事実を取り上げて時代の社会の特色を意識した判断をしている。
		3	判断結果と根拠の内容が整合し，根拠として2つ以上の事実を取り上げて時代の社会の特色を意識した判断をしている。

(表4-6続き)

批判的思考問題	問題4	0	間違っている。
		1	①「戦争遂行のために，国家による「体力増強」規範の浸透が図られたこと」，②「「体力増強」規範の強制により社会問題（差別や排除の問題）が生じたこと」の2つの内容について，1つの内容を取り上げ，資料から読み取れる1つの事実に基づいて記述している。
		2	1つの内容を取り上げ，資料から読み取れる2つ以上の事実に基づいて記述している。
		3	2つの内容を取り上げ，資料から読み取れる2つ以上の事実を関連づけて記述している。

　後者については，プロトコル分析等の手法を採ることが考慮される。実験クラスで判断授業，比較クラス1で演繹授業，比較クラス2で帰納授業が行われた5月29日(木)に，梅津・加藤と授業協力校の3教諭との合評会を開き，授業者の実践に基づき，実験的授業の理論構成（授業構想）とともに，教員の子ども理解や授業展開に必要な技能・態度等について協議した。授業者の高い授業力に接し，子どもの社会認識の発達を促す授業については，教師の授業力が強く影響していると考えられるが，授業における教師と生徒の相互作用については，定量的方法だけではその評価に限界があり，定性的（質的）研究法による読み解きが必要になるとの課題を確認した。

　研究課題に対する作業課題4は「実験的授業及びポストテストのデータを，定量的方法（統計的調査）を中心に，定性的方法（発話分析等）を適宜組み合わせて分析・評価すること」であり，作業課題5は「データの分析・評価に基づいて授業仮説（中学校社会科授業モデル）を提示すること」であるが，これらは別稿で明らかにすることになる。

（梅津正美）

【注及び引用文献】
1) 社会認識形成の「論理」と共に「心理」に即した授業構成が求められている。小原友行「社会認識形成の『論理』と『心理』―社会科授業構成の原理を求めて―」

社会系教科教育研究会編『社会系教科教育の理論と実践』清水書院，1995年，pp.10-21.
2) 中央教育審議会答申「新しい時代の義務教育を創造する」2005年ではカリキュラム区分の弾力化によって学校種間を連携・接続する仕組みの検討を提言している。
3) 社会科教育学及び心理学における社会認識の発達と形成に関する研究を整理したものとしては，例えば次のようなものがある。加藤寿朗「社会的認識」栗原和広編著『子どもはどう考えるか―認知心理学からみた子どもの思考―』おうふう，2010年，pp.127-146，同「社会的認識と指導」栗原和広編著『授業の心理学―認知心理学からみた教育方法論―』福村出版，2014年，pp.126-145.
4) 詳細は，加藤寿朗『子どもの社会認識の発達と形成に関する実証的研究―経済認識の変容を手がかりとして―』風間書房，2007年を参照願いたい。
5) 本稿における「社会的思考力・判断力」という用語は，「社会科授業で育成をめざす社会的事象に関する思考力・判断力」という意味で用いる。
6) 前掲書4)。
7) 加藤寿朗・梅津正美・前田健一・新見直子「中学生の社会認識の発達に関する調査的研究（Ⅰ）―思考力・判断力の発達に焦点をあてて―」鳴門社会科教育学会編『社会認識教育学研究』26号，2011年，pp.1-10，同「中学生の社会認識の発達に関する調査的研究（Ⅱ）―思考力・判断力の関係性に焦点をあてて―」鳴門社会科教育学会編『社会認識教育学研究』27号，2012年，pp.1-10，同「中学生の社会的思考力・判断力の発達に関する研究（Ⅱ）―公民的分野を事例とした調査を通して―」『島根大学教育学部紀要』46巻，2012年，pp.61-73，同「生徒の社会認識発達の変容に関する調査的研究―中学校歴史学習の場合―」歴史教育学会（韓国）『歴史教育論集』52号，2014年，pp.163-194（原文はハングル語），梅津正美・加藤寿朗・前田健一・新見直子「中学生の社会的思考力・判断力の発達に関する研究（Ⅰ）―歴史的分野を事例とした調査を通して―」『鳴門教育大学研究紀要』28巻，2013年，pp.64-79.
8) 社会科における思考力の捉え方については，森分孝治「社会科における思考力育成の基本原則―形式主義・活動主義的偏向の克服のために―」全国社会科教育学会編『社会科研究』47号，1997年，pp.1-10を参考にした。
9) 調査問題の3類型をそれぞれ「育成型」と表現しているのは，本継続研究が，中学生の社会認識発達の実相の解明に基づく授業開発を通して，その発達をよりよく促進していくことを最終的なねらいにしているからである。
10) ここでの「社会認識力」は，「社会的事象について知り・分かる」レベルの事実認識能力に限定して用いている。社会科教育の本質的な目標である「社会認識の形

成（=社会科学力形成）」は，「(狭義の) 社会認識力」「社会的判断力」「批判的思考力」の総体としての成長を意味している。社会科学力の構造については，梅津正美「社会科におけるテスト問題構成の方法—社会科学力評価—」『鳴門教育大学研究紀要』22 巻，2007 年，pp.175-187 を参考にした。

11) 公民的分野を取り上げた調査問題については，前掲論文7)「中学生の社会的思考力・判断力の発達に関する研究（Ⅱ）—公民的分野を事例とした調査を通して—」を参照願いたい。

12) 分析データの詳細については，前掲論文7)「生徒の社会認識発達の変容に関する調査的研究—中学校歴史学習の場合—」を参照願いたい。

13) なお一連の調査では，同じ到達基準でも分野（歴史的分野，公民的分野）によって到達している人数に違いが見られることから，分野による特殊性も指摘された。詳しくは，前掲論文7)「中学生の社会認識の発達に関する調査的研究（Ⅰ）—思考力・判断力の発達に焦点をあてて—」を参照願いたい。

14) ヴィゴツキー，柴田義松訳『新訳版　思考と言語』新読書社，2001 年．

15) 全国中学校社会科教育研究会編『歴史資料集』新学社版は，実験的授業の協力校で採択され，生徒が使用している資料集である。

第Ⅲ部　教師の多様化をふまえた社会科授業研究

第5章　教員養成教育における社会科授業力形成
——上越教育大学の社会系コースでの取り組みを事例として——

はじめに

　本章の課題は，教員養成教育における社会科授業力の形成について，上越教育大学の社会系コースでの社会科教員養成の取り組みを一つの事例として考察することにある。

　社会科に限ることではないが，授業力が話題になるのは，第一に現職教員の研修や再教育である[1]。その内容や方法の検討に加えて，力量形成の具体的な要因の解明にも取り組まれている。これには熟練の教師の技術や経験をいかに若い教師に受け継がせるかという切実な問題が背景にある。そして，第二に，教職大学院を含めた教育系の大学院での教育である[2]。これは，第一の問題とも密接に関わり，大学院教育のあり方の検討という課題が背景にある。

　そのような中で，本章では教育大学（教育学部）における社会科教員養成の教育を取り上げる[3]。大学における教員養成教育は，新規採用から退職までの生活や研鑽という一人の教師としての生涯から見るならば，各教師にとって出発点となる極めて重要な教育である。社会科を専攻した教師と他専攻の教師とは社会科授業の実践や意識に差異が見られることも指摘されている[4]。また，大学での個々の授業への検討も進められている。その一方で，それぞれの学生が4年間の大学において総体としてどのようなことを学んでいるのかを見る機会はほとんどない[5]。ここで問題としている社会科授業力を含めた社会科教師の専門性は総合的な性格を持つものであり，大学での個々の授業担当者の努力を前提としながらも，特定の授業のみで育成できる

ものではないと考える。そこで，具体的には，上越教育大学の社会系コースに所属して社会科を専門に学び，教師となることを志望する大学生の4年間に焦点を当て，教員養成教育における社会科授業力形成という観点から考察したい。特に，改編された教育課程のもとで入学時から学習してきた初の学年である2011年入学の社会系コースの21名の学生に焦点を当てる。

第1節　教員養成教育における社会科授業力形成

　社会科授業力に明確な定義はない。逆に言うと，社会科授業力は非常に多くの定義がなされている[6]。その多くは現職教員の研修や再教育に関わって，理想的な社会科授業力を想定した上で，それをいくつかの能力（や理解）に分けて取り組み，向上を図るものである。そのため教員養成教育で考えた場合，そのままでは利用しにくい。しかも，上述のように本章では21名の学生の4年間を取り上げている。そこで，発想を転換して，大学に入学したばかりの白紙の状態にある学生たちに対して，どのように社会科教師としての専門性を身に付けさせ[7]，その中で社会科授業力を形成していくかという方向で考えていきたい。

　上越教育大学の社会系コースの学生たちには，まず大学生としての一般的な常識，教員としての教育全般に関する幅広い教養が必要になる。加えて小学校教員として学ぶべき多くのことがある。以上は社会系コース以外の学生にとっても同様である。社会系コースの学生は，小学校教員志望であれ，中学校教員志望であれ，社会科教師としての専門性を身に付けることが期待される。社会科教育の理論や実践を学ぶのは当然ながら，それだけでよい授業はできない。併せて，社会に関わる諸学問の基礎や方法を広く学ぶことで，自らが社会を調べる力を付けていく必要がある。そして，社会科の教材開発・模擬授業・教育実習を繰り返すことで社会科授業開発の能力を高めていき，最終的に自分が設定した社会に関わるテーマで卒業論文に取り組むことで，社会を探究する力量形成の仕上げとする。

このように学生たちには，自らが構想して社会から獲得した題材を，社会科の基本を踏まえて独自の授業に作り上げていくことのできる社会科授業力の基礎を，大学で身に付けて教師になってほしいと考える。

第2節　上越教育大学とその教員養成教育

上越教育大学とその教員養成について確認をする。上越教育大学は新構想の国立教育大学として1978年に開学して1981年に第一期生が入学した学校教育学部の単科の大学である（新潟県上越市）。2004年以降は国立大学法人となっている。学生定員は1学年160名であるが，別に1学年定員300名の修士課程の大学院を持つため，学部学生数の割に教員数は多い。また，兵庫教育大学・鳴門教育大学・岡山大学教育学部とともに博士課程の連合大学院も構成している。

学部1年次においては，特にコース等に分かれることなく同一の教育課程のもとで学んでいく。そして，2年次からは，希望により以下の16のコース・科目群のいずれかに所属する。そのため，社会系コースの学生としては学部2年次から4年次までの3年間となる。

表5-1　上越教育大学学校教育学部の専修，コース・科目群

専修	コース（標準学生数）	科目群
学校教育専修	学校臨床コース（約31名）	<u>学習臨床</u>，<u>生徒指導総合</u>，<u>学校心理</u>
	臨床心理学コース（約6名）	
	幼児教育コース（約9名）	
	教職デザインコース（約14名）	
教科・領域教育専修	言語系コース（約23名）	<u>国語</u>，<u>英語</u>
	社会系コース（約14名）	
	自然系コース（約18名）	<u>数学</u>，<u>理科</u>
	芸術系コース（約18名）	<u>音楽</u>，<u>美術</u>
	生活・健康系コース（約27名）	<u>保健体育</u>，<u>技術</u>，<u>家庭</u>

注：下線は2年次以降の学生が所属する16のコース・科目群を指す。

小学校教諭一種免許状の取得が卒業要件となっている。小学校教諭一種免許状に加えて，7〜8割の学生は所属する各コース・科目群に関わる幼稚園・中学校・高等学校・特別支援学校等の教員免許を取得するのが通常である。他のコース・科目群の教員免許も併せて取得する学生も少なくない。

社会系コースの標準学生数は約14名であるが，受け入れ上限人数である21名の所属が継続している希望者の多いコースである。社会系コースの学生のほぼ全員が中学校教諭一種免許状（社会），高等学校教諭一種免許状（地理歴史）および高等学校教諭一種免許状（公民）の教員免許状を取得している。

なお，2011年入学生の卒業のために必要な単位は130単位（現在は129単位）であり，そのうちの68単位（現在は67単位）が小学校教諭一種免許状に直接関わるものとなる。ただし，前述したように中学校・高等学校等の教員免許を取得し，さらに一部の学生は保育士や社会教育主事，学校図書館司書教諭の資格も取得するため，20〜30単位増の150〜160単位を取得して卒業するのが通常である。

次に上越教育大学の全体の教育課程について確認する。教育大学の授業はそれぞれが教育職員免許法等の規定に関わる位置づけを与えられ，学内的にも必修・選択や履修学年などで独自の位置づけがなされている。そのような位置づけとは別に，社会系コースの教育の観点からは次のように分類できる。

①全学共通の科目
②全学共通の科目の中で社会科教育に関わる科目
③社会系コースの科目

①の全学共通の科目は1年次から4年次まで設定されており，基本的に小学校教諭一種免許状の取得に関わるものとなる。その中で1年次と3年次において②の社会科教育に関わる科目をすべての学生が履修する。その一方で，社会系コースに所属する学生は③の社会系コースの科目を2年次・3年次を中心に4年次まで履修する。これは基本的に中学校・高等学校の教員免許状

取得に関わるものとなる。

　次に上越教育大学全体での教育課程に関わる近年の取り組みを確認する。中央教育審議会により示された教員として求められる資質能力に関する「到達目標及び目標到達の確認指標例」[8]に基づき，2009年3月に「上越教育大学スタンダード」および「教育実習ルーブリック」を作成した。さらに2010年度には「上越教育大学スタンダードに準拠させて設定した教科のルーブリック及び知識・理解・技能等」を作成している[9]。この中で，初等・中等の社会科における教科教育・教科専門についても検討がなされている[10]。また，「教科専門と教科教育を架橋する教育研究領域に関する調査研究」が上越教育大学・鳴門教育大学・兵庫教育大学の三大学研究評議会により2010～2011年度に実施された[11]。この中で，「社会科内容学」の構成案が下里俊行（上越教育大学・歴史学）をチーフとして作成されている[12]。さらに，この検討を受けて，各教科の「教科内容構成」が検討されて，冊子として学生に配布されている[13]。

第3節　上越教育大学社会系コースにおける社会科教員養成

　2011年入学の社会系コースの学生の履修科目から，どのような学習をしてきたのか，どのような意図で教育を進めてきたのかを見ていくこととする。

1．1年次の教育

　前述のように1年次の学生はコース・科目群に分かれることなく，全学共通の科目を学ぶ中で，各自の志望を決めていく時期に当たる。次の表は，2011年入学の社会系コースの学生が1年次に履修した科目の一覧である。なお，表は，①当該学生の履修状況により作成したものであり，②履修学年は個人により多少異なり，③その後の教育課程の改編により一部の科目で位置づけや名称の変化があり，④一部を除いた選択科目・自由科目の記載は省略している（履修科目の表については以下同じ）。

表 5-2　2011 年入学の社会系コースの学生が 1 年次に履修した科目

全学共通の必修科目
人間教育学セミナー（教職の意義），体験学習，スポーツ実践，教育実地研究ⅠA（観察・参加），コミュニケーション英語AⅠ・AⅡ・BⅠ・BⅡ，<u>日本国憲法</u>，特別支援教育基礎，教育情報演習，教育情報科学概論，表現・相互行為教育演習，表現・状況的教育方法演習，国語（書写を含む），<u>社会</u>，算数，理科，音楽，図画工作，体育，家庭
全学共通の選択必修科目
フィールドスポーツ，ボールゲーム，スノースポーツ，ウォータースポーツ，<u>中国語・中国事情</u>，<u>韓国事情</u>，ロシア語コミュニケーション，<u>総合・生活A</u>，臨床教育課程論，教育課程論（総合的学習を含む），ボランティア体験〔選択〕

注：下線は，全学共通の科目の中で，特に社会に関わる科目である。

　初等教員養成の教育大学の基本として教員免許取得に関わる全学共通の必修科目が多い。教育職員免許法の規定に沿いつつ，1 年次から教員としての基礎の育成を念頭に置いた科目を計画的に設定している。また，1 年次から観察・参加の形で学校に行く機会を設定している（教育実地研究ⅠA（観察・参加））。これらは前述の大学生としての一般常識であり，また，教員としての幅広い教養を構成している。

　各教科の内容に関わる授業として，1 年次で「国語（書写を含む）」以下の 9 教科（「総合・生活A」を含む）の授業を受ける。ここに「社会」がある。初等教員養成教育における社会科の内容に関わる 1 年次の授業は，大学により非常に多種多様で幅がある存在である。「社会」では地理・歴史・公民の教科専門の担当者により小・中学校の授業を行う上で必要不可欠な基礎事項や考え方等について講義を通じて身につけることを目指している。前述の教科内容学の観点から検討が進められている[14]。

2.　2 年次の教育

　2 年次になると各コース・科目群のいずれかに所属する。ただし，各自の専攻を定めてゼミに参加するのは 3 年次からであり，2 年次では全学共通の科目とともに各コース・科目群に関わる科目を学んでいく。社会系コースの

2年次の学生は次のような科目を履修している。

表5-3 2011年入学の社会系コースの学生が2年次に履修した全学共通の科目

全学共通の必修科目
学校ボランティアA（学校支援体験），生活の中の科学，教育実地研究ⅠB（観察・参加），コミュニケーション英語CⅠ・CⅡ，人権・同和教育，道徳の指導法，生徒指導論，進路指導・キャリア教育論，教育実地研究Ⅱ（授業基礎研究）
全学共通の選択必修科目
教育本質論，比較教育学，教師・授業文化論，教育心理学概論，発達心理学，特別支援教育概論A・B，教育方法学，学力診断論，教育工学

表5-4 2011年入学の社会系コースの学生が主に2年次に履修した社会系コースの科目

社会系コースの科目（ブリッジ科目Ⅱ）
人文地理学，自然地理学，地誌学，日本史研究A，日本史研究B，世界史研究入門，法律学概説，政治学概説，経済学概説，社会学概説，倫理学概説，宗教学概説，社会科・地理歴史科教育学基礎，社会科・公民科教育学基礎
社会系コースの科目（専門科目）
地理学実験，地域調査法B，地理学野外実験，地域調査法A

注：中学校・高等学校の教員免許に関わる必修科目には二重下線を付した。この必修科目以外のブリッジ科目Ⅱの科目は選択必修科目である。この必修科目以外の科目で8割以上の学生が履修した科目には下線を付した。

　全学共通の科目として，教科以外の様々な教育活動，教育や授業の根本に関わる科目が教師としての基本的な素養を身につけるために設定されている。

　また，2年次になって社会系コースに所属すると，ブリッジ科目Ⅱ（一部に専門科目）を中心に履修する。ブリッジ科目とは，「十分な基礎学力を補習するとともに初等の教科専門性を培い，さらに専門科目への橋渡しをするための科目群」[15]である。ブリッジ科目Ⅰが前述の1年次必修の小学校での各教科に関する科目であり，ブリッジ科目Ⅱが各コース・科目群に入った2年次の学生が学ぶ科目である。要するにブリッジ科目Ⅱは各コース・科目群の基礎を学ぶためのものである。

　上越教育大学の社会系コースの特徴に，ブリッジ科目Ⅱの設定方法がある。

ブリッジ科目Ⅱは2単位（1科目）履修を要件としている。社会系コース以外のコース・科目群では，英語が「英語基礎研究」（2単位）を必修としているように，ブリッジ科目Ⅱとして1科目を開設しているのが通常である。社会系コースでは，2単位を越えて修得した分を卒業要件の専門科目の単位に代えることができるという規定を活用して，ブリッジ科目Ⅱで15科目を開設している。さらに中学校・高等学校の教員免許取得の規定を絡めて，この15科目から11科目を取るようにしている。社会系コースでは学生になるべく多くの科目を履修するように指導している。実際に2011年入学の社会系コースの学生は，この15科目について8人が13科目，10人が14科目，3人が15科目を履修しているので，一人平均13.8科目，おおよそ14科目を履修している。また，専門科目の地域調査法は，社会科の基本である地域の調査方法を実地に学ぶ貴重な機会となっている。

　これらの教科専門と教科教育の科目を履修することで，社会科教師としての幅広く均衡のとれた知識や技能の基本を身につけさせることを意図している。実際の問題として社会系コースに所属する学生でも社会科に関する学習状況には偏りがある。次の表は2011年入学の社会系コースの学生がセンター試験で選択した地理歴史科・公民科の科目を調査した結果である。

　特に注目すべきは，地理を選択した学生が皆無である点である。その後，地理学のゼミに6名が所属することを考えると，地理に興味がない学生が集まったわけではなく，大学受験の体制とそれに応じた高等学校での教育課程に原因があると推測される。また，世界史や倫理も，日本史や政治・経済と

表5-5　2011年入学の社会系コースの学生がセンター試験で選択した地理歴史科・公民科の各科目の人数

地理歴史科						公民科		
日本史A	日本史B	世界史A	世界史B	地理A	地理B	現代社会	政治・経済	倫理
1	15	0	5	0	0	7	11	3

注：2012年4月実施のアンケートにより作成した（21名）。数字は受験で当該科目を選択した人数である。地理歴史科と公民科からそれぞれ1科目を選択している。

比べて少ない。このような学習状況の偏りは，表5-4に見られるように，社会系コースの科目の幅広い履修により一定程度の是正が図られることになる。

3. 3年次の教育

全学的に3年次の学生は特定の指導教員のゼミに所属して各自の研究に着手する。社会系コースの場合は，人文地理・自然地理・地誌・日本前近代史・日本近現代史・世界史・宗教・法律・経済・地理教育・歴史教育・公民教育のいずれかのゼミに，希望により2名（もしくは3名）を標準として所

表5-6　2011年入学の社会系コースの学生が3年次に履修した全学共通の科目

全学共通の必修科目
特別活動論，初等国語科指導法，<u>初等社会科指導法</u>，算数科指導法，初等理科指導法，初等音楽科指導法，図画工作科指導法，初等体育科指導法，初等家庭科指導法，教育相談・カウンセリング論，教育実地研究Ⅲ（初等教育実習）
全学共通の選択必修科目
総合・生活科指導法B

注：下線は，全学共通の科目の中で，特に社会に関わる科目である。

表5-7　2011年入学の社会系コースの学生が主に3年次に履修した社会系コースの科目

社会系コースの科目（ブリッジ科目Ⅱ）
哲学概説
社会系コースの科目（専門科目）
人文地理研究，自然地理研究，地域環境学，日本前近代社会史認識論，日本近現代社会史認識論，ユーラシア史認識論，ヨーロッパ史認識論，歴史・民俗資料演習，<u>公民教材開発論</u>，現代社会論，<u>宗教学文献講読</u>，宗教思想史研究，法律学文献講読，経済学文献講読，<u>社会科・地理歴史科指導法</u>，<u>社会科・公民科指導法</u>
社会系コースの科目（専門セミナーⅠ）〔選択必修〕
地理学専門セミナーⅠ，日本史専門セミナーⅠ，世界史専門セミナーⅠ，宗教学領域専門セミナーⅠ，経済学領域専門セミナーⅠ，社会科教育専門セミナーⅠ
社会系コースの科目（実践セミナー）〔必修〕
実践セミナー「社会」

注：中学校・高等学校の教員免許に関わる必修科目には二重下線を付した。必修科目以外の科目で8割以上の学生が履修した科目には下線を付した。

属するのが基本である。なお，表5-7の各専門セミナーがゼミに該当する。

　3年次では全学共通の科目として，9教科（「総合・生活科指導法B」を含む）の指導法の授業が前期に設定されている。ここに「初等社会科指導法」がある。教科教育の担当者による「初等社会科指導法」では，前半で社会科教育の理論を学び，後半で地理・歴史・公民に関わる授業実践について学んでいる。また，3年次で，全員が「教育実地研究Ⅲ（初等教育実習）」として地域の小学校に4週間の教育実習に行く。5月の1週間と9月の3週間に分割しており，各教科の指導法の受講を終えた後に，9月の教育実習での研究授業に臨むことになる。

　加えて「実践セミナー」という科目が各コース・科目群で開設されている。これは学部生と大学院生がともに学ぶ場を設定したものである（大学院では「実践場面分析演習」として）。社会系コースでは実践セミナーを3年次前期（大学院生では1年次前期）に実施している。これも小学校での9月の教育実習に先んじて学ばれる。ここでは特定のテーマのフィールドワーク等が求められる。

　社会系コースの科目としては専門科目の履修が中心となる。20科目の専門科目については，2011年入学の社会系コースの学生は2～4年次を通じて7～14科目，一人平均11.1科目，おおよそ11科目を履修している。専門科目の中の「社会科・地理歴史科指導法」と「社会科・公民科指導法」は中等社会科に関わる指導法の授業に当たる。ここでは，前年度の「社会科・地理歴史科教育学基礎」と「社会科・公民科教育学基礎」で学んだ中等社会科教育の基礎，さらには社会系コースでの教科専門の学習，小学校実習での経験等を踏まえて，班による中等社会科教材の開発と発表を求めている。

4．4年次の教育

　4年次の5月に「教育実地研究Ⅳ（中等教育実習）」として地域の中学校に3週間の教育実習に行く。これは中学校・高等学校の教員免許の取得を希望する者に限られるが，社会系コースの4年生は例年ほぼ全員が参加している。

全学共通の科目として,「教育実践演習（幼・小・中・高）」を受講する。通常は4年次後期に設定されている教育実践演習であるが,上越教育大学では特別に4年次通年で「教職に関する授業」と「教科に関する授業」に分けて開設している。社会系コースの「教科に関する授業」では,前年度に開発した地理・歴史・公民の教材をそれぞれ模擬授業として実施し,受講生が検討した結果を報告書としてまとめている。

　社会系コースの学習としては,専門セミナーⅡとして4年次でのゼミが継

表5-8　2011年入学の社会系コースの学生が4年次に履修した全学共通の科目

全学共通の必修科目
教育実践演習（幼・小・中・高）
全学共通の選択科目
教育実地研究Ⅳ（中等教育実習）

表5-9　2011年入学の社会系コースの学生が4年次に履修した社会系コースの科目

社会系コースの科目（専門セミナーⅡ）〔選択必修〕
地理学専門セミナーⅡ,日本史専門セミナーⅡ,世界史専門セミナーⅡ,宗教学領域専門セミナーⅡ,経済学領域専門セミナーⅡ,社会科教育専門セミナーⅡ
卒業研究〔必修〕
卒業研究

続される。そして,2年間のゼミでの自己の専門分野への取り組みの成果は「卒業研究」としてまとめることが求められている。「卒業研究」の形態を社会系コースでは「論文」としている。例年,学生は非常に苦労して卒業論文を執筆しているが,論題の設定,先行研究の整理,調査・収集した資料の吟味,論理展開の検討などを通じての社会に関わる学術論文への取り組みは,社会科の専門家としての貴重な経験となっている。提出後には社会系コースに所属する教員・学生が一堂に会しての卒業論文発表会が開催されている。

おわりに―社会科教員養成の課題―

　ここまで，上越教育大学に2011年に入学した社会系コースの21名の学生たちが4年間で何を学んできたのかを，白紙の状態からの社会科授業力の形成という観点から追ってきた。もとより特殊な事例であり，とても一般化することはできないが，いくつか気付いた課題を述べることで，まとめとしたい。

　第1節において社会系コースの学生が身に付けてほしい社会科授業力の基礎として，自らが構想して社会から獲得した題材を，社会科の基本を踏まえて独自の授業に作り上げていくことと設定した。この社会科教師の専門性育成の不可欠な基盤をなすのが，全学共通の科目として学ばれる大学生としての教養，教育に携わる者の教養，小学校教師としての教養となる。社会科は対象が大変に幅広いという特徴がある。日々新たな事象が児童・生徒の目の前の現実として将来にわたっても登場することが予想される。その意味からも，これらの全学共通の科目，特に社会科教育と直接的には関わらない科目を，社会科教師の専門性育成にどのように結び付けていくかは，検討の余地が大いにある。

　社会科教師の目指すものは，内容と方法のどちらかでなく，その両者であるべきことは論をまたない。これは教員養成においては，内容としての教科専門の教育と，方法としての教科教育の教育の問題とされる。ただし，社会科教師の専門性育成としての社会科授業力形成の観点から考えるならば，教科専門の教育の中でいかにその〈方法〉を学び，教科教育の教育の中でいかにその〈内容〉を学ぶかが，教師として将来にわたって研鑽を深めていくことができるかにつながってくる。現在の教育課程の社会系コースの科目を通じて，社会系コースの学生たちの社会科教師の専門性育成を図ることで，社会科授業力の形成も一定程度実現していると考える。しかし，各人の教師としての将来における研鑽の観点からは，社会系コース全体としての教育に対

する検討も必要になろう。

　また，社会系コースでの社会科教師の専門性の育成は，中等社会科の教員免許に関わる科目が大きな位置を占めている。その一方で，社会系コース以外の学生の初等社会科に関わる社会科授業力の形成については，当該の教科教育と教科専門の科目による改善の余地があると思われる。

　社会系コースの教員により社会科内容学の検討が進められている[16]。その成果をいかに社会系コースでの社会科授業力の形成に反映できるかも今後の課題である。

（茨木智志）

【注及び引用文献】
1) 例えば，谷田部玲生（研究代表）『社会科系教科における現職教員の授業力向上プログラム作成のための研究』国立教育政策研究所，2009年，第1編などがある。
2) 例えば，鴛原進・川岡勉・福田喜彦「大学院教育を通じた学生・附属学校教員・大学教員の社会科授業力の向上：中学校歴史学習の単元「四国遍路」の開発を通して」『愛媛大学教育学部紀要』56号，2009年，米田豊「社会科教員の授業力―教育現場の現状と教職大学院の実践から―」『社会科教育研究』110号，2010年などがある。
3) 教育大学（教育学部）における社会科教員養成の教育については，早くも1965年に吉田太郎が批判的に論じている。吉田太郎「教員養成大学における教育課程と教科教育と社会科教育―とくに教員養成制度審議会の建議案を中心として―」『横浜国立大学教育紀要』第5輯，1965年。
4) 渡部竜也・川﨑誠司「教師の年齢・経験年数が社会科授業の実態や意識に与える影響について―東京都小学校教員対象アンケート調査（2009年度）の結果を中心に―」『学芸社会』第29号，2013年，志村喬・茨木智志・山本友和・大﨑賢一「社会科授業実践と教師の社会科専門性の実態分析研究―新潟県上越地方における調査からの知見―」『上越社会研究』第29号，2014年などがある。
5) 鳴門教育大学ではモデルコアカリキュラムを作成する中で，社会科教育コースのカリキュラムマップを示している。鳴門教育大学戦略的教育研究開発室編『教員養成に関するモデルカリキュラムの作成に関する調査研究　最終報告書』鳴門教育大学，2011年。
6) 谷田部玲生・前掲書での検討が非常に興味深い。

7) 社会科教師の専門性については，坂井俊樹「社会科教育の新たな展開と教師の専門性」東京学芸大学社会科教育学研究室編『小学校社会科教師の専門性育成　改訂版』教育出版，2010年が参考になる。
8) 中央教育審議会「今後の教員養成・免許制度の在り方について（答申）」2006年．
9) 上越教育大学カリキュラム企画運営会議編集・発行『上越教育大学スタンダードに準拠させて設定した教科のルーブリック及び知識・理解・技能等』2012年．
10) 同上書pp.11-24に，「上越教育大学初等教育教員養成における初等社会科指導法・教職実践演習ルーブリック」，「上越教育大学初等教育教員養成における社会科（地理・歴史・公民）の知識・理解・技能等の到達目標」，「上越教育大学中等教育教員（中学校・高等学校）養成における中等社会科指導法・教職実践演習ルーブリック」，「上越教育大学中等教育教員（中学校・高等学校）養成における社会科（地理・歴史・公民）の知識・理解・技能等の到達目標」が掲載されている。
11) 三大学研究協議会編『教科専門と教科教育を架橋する教育研究領域に関する調査研究』平成22〜23年度文部科学省先導的大学改革推進委託事業研究成果報告書，上越教育大学，2011年．
12) 同上書pp.109-142に，下里俊行他3名担当による「『社会科内容学』構成案」が掲載されている。
13) 山縣耕太郎他『教科内容構成　社会』上越教育大学カリキュラム企画運営会議「教科内容構成に関する科目」構築のための専門部会，2014年．
14) 下里俊行他3名・前掲「『社会科内容学』構成案」pp.135-137では，各大学での事例を通じて課題を提示した上で，社会科内容学としての内容構成を考慮した小学校「社会」専門科目のシラバス案が示されている。
15) 『平成26年度入学者用　履修の手引き（学校教育学部）』上越教育大学，p.3.
16) 研究代表者・松田愼也「教科教育と教科専門を架橋する社会科内容構成に関する基礎的研究」科学研究費補助金・基盤研究(B)，2014〜2017年．

第6章　教員研修における社会科授業力形成

第1節　行政機関における研修（研究）の難しさと多様性

　ベテラン教員の大量退職に伴う若手教員の増加が進む中，教員の授業力向上が課題とされている[1]。各自治体の教育センター等教育研修機関においても，それぞれの機関が独自に工夫を凝らしながら研修（研究）を進め，その成果等を冊子や報告書，HPなどを通して積極的に公開している[2]。それらは，一般に次の①～③のような共通性を持っているのではないだろうか。

①学習指導要領への順応，対応できる力が授業力とされている[3]。
②研修者（教員）には，学習指導要領の具現化と研修後の啓蒙が期待されている。
③ほぼ定式化されたプログラムにそった研修（研究）が繰り返される。

　一方，各教育研修機関に研修生として派遣される教員は，現実にはどのような課題意識を持ち，何を期待して研修に参加しているのだろうか。もちろん，なかには管理職に勧められて仕方なく現場を離れて研修に参加するという教員や，先に述べたような順応力，対応力を求めて参加する教員，あるいは研修後，管理職等へ登用されるための登竜門としていわゆる「箔を付ける」ということを目的に参加する教員もいるであろう。しかし，多くの教員は，これまでの授業実践の中で生まれた自らの課題意識を持ち，その解決による授業力向上をめざして参加しているのではないだろうか。
　ここに行政機関における研修（研究）の難しさと多様性をみることができる。公的な教育研修機関として，①，②が目的となることは当然の使命であ

ろう。また，その目的を達成するために研修プログラムが計画・実行され，さらにその研修（研究）成果を，優れた成果として評価し，公表した以上，それらを生み出してきたプログラムを変更することはあまり行われることなく定式化され，多少の修正・変更はあってもほぼ同様の内容が毎年繰り返される（③），というのは当然のことといえよう。しかし，研修生として参加する教員の課題意識は多様である。そのため，実際の研修（研究）現場では，定式化された公的な研修カリキュラムの枠組みの中で，指導主事と研修生（教員）による調整（ゲートキーピング）が必要となる[4]。つまり，研修機関が行う公的な研修（研究）カリキュラムの枠組みを受け入れつつも，研修を担う指導主事と研修生（教員）が，研修生の課題や現状を踏まえながら何を実際の目標（目的）とし，どういう内容を，どうやって研修（研究）していくかを主体的に決定し，実際上の研修（研究）カリキュラムを自主的にデザインして研修（研究）を進めてく必要が求められるのである。そこに，研修機関が行う研修（研究）の現実としての難しさと多様性がある。

　以下本章では，そのような公的な教育研修機関における社会科授業力形成の実際について，筆者が指導主事としてかかわった広島県立教育センターで実施された平成17年度長期研修とその研修生の成果を事例として取り上げ，論じていく[5]。

第2節　広島県立教育センターにおける平成17年度教員長期研修の実際と社会科授業力形成

1. 広島県立教育センターにおける平成17年度教員長期研修の実際

　教員長期研修とは，各教育事務所から推薦・選抜された中堅教員が，6ヵ月間，教育センターにおいて希望の各教科等の研修を受ける制度である。その平成17年度教員長期研修の概要を，当時長期研修生であった河田節生[6]の協力のもと作成したものが，表6-1である。教科等における全ての教員長

期研修生を対象とした共通のカリキュラムを「公的研修カリキュラム」とし，その枠組みの中で，担当指導主事と研修生との間で実際に実施された研修を「実施されたカリキュラム」として示した。

(1)教員長期研修における公的研修カリキュラムの実際

　表6-1にみられるように，教育センターにおける6ヵ月の公的研修カリキュラムの概要は，「研究計画書の作成」からはじまり，「スペシャルウィーク」による今日的な教育課題の研修，「先行研究及び経過報告書の作成」，「実態調査及び検証授業の構想・設計」，「実態調査及び検証授業」，「実態調査・検証授業の分析・研修報告書の作成」，「長期研修発表会の準備」，「発表会」となっている。

　この公的研修カリキュラムについて，その特徴を述べると，①形式的枠組みとしてのカリキュラム，②書類の作成・提出によって研修を推進するカリキュラム，③今日的教育課題についての知識・技能を習得させるカリキュラム，④指導的役割を担うリーダー的教員を養成するカリキュラム，という四つをあげることができるだろう。

①形式的枠組みとしてのカリキュラム

　この公的研修カリキュラムは，全ての研修生に適応できるオーソドックスな形式的なものとなっており，6ヵ月の研修全体の大きな枠組みとしてはたらいている。そのため，具体的な個々の研修（研究）の進め方については，担当指導主事に任されたものとなっている。

②書類の作成・提出によって研修を推進するカリキュラム

　この公的研修カリキュラムは，あらかじめ設定されている書類等（研修計画書，経過報告書Ⅰ，実態調査計画書，研修経過報告書Ⅱ，発表会資料）の作成・提出が，研修推進の一つの目安としてはたらいている。研修生は，これらの書類の作成・提出，修正・再提出を通して，行政的文書作成の技能などを習

表6-1 平成17年度教員長期研修の概要

月	公的研修カリキュラム		実施されたカリキュラム	
4月	・入所式（4日） ・研究計画書提出（7日） ・研究計画書検討会（14日） ・修正案の了解（主任・部長）（19日） ・研究計画書企画部提出（20日） ・企画部から返却（26日） ・研究計画書修正・再提出（27日）	研究計画書の作成	課題意識の確認・問題の所在の確定	○研修生の課題意識の確認，研究仮説の検討，学習指導要領における研究課題の位置付けの検討，問題の所在の確定，研究計画書作成（4～7日） ○研究計画・仮説にかかわる文献研究（「意味連関」，「説明的知識」「概念的知識」などについての検討（11～19日））
			社会科教育学の基本文献の研究	○社会科教育学の基本文献についての研究・検討，本の読み方演習（20～28日） ○先行研究報告書の章立て分析（問いの構造）（20～28日）
5月	・スペシャルウィーク（インターネットを活用した授業づくり，キャリア教育，ことばの教育など）（9～13日）	スペシャルウィーク	文献研究・検索の方法・社会科教育学の基本文献の研究	○県立図書館・書店・大学図書館などの巡検（6日） ○スペシャルウィークの講座についてのディスカッション（12・13日）
6月	・研修経過報告書提出（31日） ・研修経過報告会Ⅰ（3日）	先行研究及び経過報告書の作成	教材研究・授業計画・仮説設定及び検証方法検討	○仮説の立て方と検証方法の検討（16～20日） ○意味連関の視点を取り入れた授業開発に向けた教材研究（通信販売のしくみについての教材研究）（23～6日） ○検証授業に向けての学習指導案，知識の構造図等の作成（6～10日）
	・実態調査計画書提出・確認（13・14日）	実態調査・検証授業の構想・設計		○実態調査計画書（アンケート）の作成（6～10日） ○検証授業実施に向けての教材及び資料の準備（15～24日）
	・検証授業の実施（28～14日）	検証授業の実施	実態調査及び検証授業の実施	○検証授業の実施（28～14日）

第6章 教員研修における社会科授業力形成

月					
7月					○教育センター（小・中・高）社会科・地理歴史科・公民科課題講座参加（8日） ○教育センター（中・高）社会科・地理歴史科・公民科基礎講座参加（14日）
8月	・研修経過報告書提出（16日） ・研修経過報告会Ⅱ（22日） ・研修経過報告書再提出（30日）		実態調査・検証授業の分析・報告書の作成	実態調査・検証授業の分析・報告書の作成	○実態調査・検証授業の整理（19～22日） ○福山小学校社会科研究会発表（23日） ○実態調査（アンケート），プレテスト・ポストテストの分析（25～5日） ○小学校社会科教育研究会発表（7日） ○研修報告書（論文）作成（8～15日） ○広島県高等学校地理歴史科・公民科教育研究会発表（20日）
9月	・研修発表会リハーサル（12日） ・教員長期研修発表会（21・22日）	長期研修発表会の準備	パワーポイントによる	発表のための再構成と準備	○研究発表に向けた発表内容の構成の検討（31～9日） ○わかりやすいプレゼンテーションについての検討と作成・準備（12～20日）
	・修了式（30日）			省察	○「研究」としての授業づくり・授業改善についての省察（26～30日）
				・批判・吟味	○社会系教科教育学会発表（2月5日） ○社会系教科教育学会投稿（3月31日）

（河田節生（平成17年度教員長期研修生）の協力により筆者作成）

得するとともに，研修（研究）を限られた期間で着実に，完成へ向けて進めていくこととなっている。

③今日的教育課題についての知識・技能を習得させるカリキュラム

6ヵ月の研修の中に，ゴールデンウィーク期間を利用した「スペシャルウィーク」という全体研修が設けられている。研修生は，この「スペシャルウィーク」を通して，インターネットを活用した授業づくりやキャリア教育，ことばの教育など，今日的教育課題についての（当時）最新の知識や技能を習得することとなる。

④指導的役割を担うリーダー的教員を養成するカリキュラム

研修期間最後の約1ヵ月をかけて，プレゼンテーションソフトを活用した研修発表会の準備が設けられている。6ヵ月にわたる研修後，その成果を広く学校内外に広めるため，指導的役割を担うリーダー的教員としてのプレゼンテーションの資質・能力の向上が図られる。

以上のように，公的研修カリキュラムは，すべての研修生にかかわる今日的な教育課題，行政的文書の作成や発表方法などの知識・技術をその習得すべき内容の中心とし，教科や研修生の実践的課題を越えた形式的なプログラムを，諸文書の作成・提出などを通して確実に進め，将来の指導的役割を担うリーダー的教員としての資質・能力の向上を図ろうとする構成となっている。

(2)教員長期研修における実践されたカリキュラムの実際

表6-1にみられるように，実施されたカリキュラムの概要は，「課題意識の確認・問題の所在の確定」からはじまり，「文献研究・検索の方法・社会科教育学の基本文献の研究」，「教材研究・授業計画・仮説設定及び検証方法の検討」，「実態調査及び検証授業の実施」，「実態調査・検証授業の分析・報

告書の作成」,「発表のための再構成と準備」,「省察」となっている。そしてさらに研修後も,学会発表・投稿などが行われている。

　この実施されたカリキュラムの特徴は,①できるだけ研修生の実践的課題に即した課題解決的カリキュラム,②できるだけ社会科教育学の研究成果に基づいた学問的カリキュラム,③できるだけ広く批判の機会を設けた研究的カリキュラム,という三つをあげることができよう。

①できるだけ研修生の実践的課題に即した課題解決的カリキュラム

　実施されたカリキュラムでは,まず入所後すぐに研究計画書作成段階で,指導主事と研修生の間で「研修生の課題意識の確認」が行われ,それを基に「研究仮説の検討」「学習指導要領における研究課題の位置付けの検討」などが行われ,6ヵ月の研修における研究の見通しについて徹底的に検討がなされる。そして,約1ヵ月かけて,研修計画書を作成させる。次頁の図6-1は,研修生河田節生の完成した研修計画書の一部を抜粋したものである。河田は完成までに15回,作成・提出・修正を繰り返したと述べている[7]。また,「本の読み方」や「文献の検索の方法」など,研修生の実践的課題の解決にかかわる技能的指導も行われ,研修生個人の実践的課題の解決に向けた研修(研究)を積極的に図ろうとするものとなっている。このように,実施されたカリキュラムは,公的研修カリキュラムのスケジュール,学習指導要領の枠内で,できるだけ研修生の実践的課題の解決を図ろうとする課題解決的カリキュラムとなっている。

②できるだけ社会科教育学の研究成果に基づいた学問的カリキュラム

　実施されたカリキュラムでは,「研究計画・仮説にかかわる文献研究(『意味連関』,『説明的知識』『概念的知識』)などについての検討」や「社会科教育学の基本文献についての研究・検討」などが研修の早い段階で設けられ,積極的に社会科教育学の研究成果を取り入れることが図られている。図6-2は研修生河田節生が4月27日に授業分析の方法について指導主事(筆者)との

> **研修題目** 社会的事象の特色について考える力を育てる小学校社会科学習指導の在り方
>
> **主題設定の理由**
> 　小学校学習指導要領解説者会編の「改訂の要点」の中で，目標の改善についての視点として，「社会的事象の意味やはたらきなどを考える力を育てること」が挙げられている。このような視点を受けて，第3学年及び第4学年の目標の一つに，地域社会の社会的事象の特色を考える力を育てるようにすることが示されている。
> 　しかし，これまでの私の授業は，児童による調べ学習を取り入れはするものの，社会的事象の共通点と相違点を表面的に取り上げ，発表させるにとどまっており，結果的には社会的事象の事実的な知識を網羅して覚えさせる知識偏重の授業になりがちであった。
> 　そこで，人々の生産活動や販売の仕事にみられる工夫などを，人の行為を目的―手段の関係としてとらえる意味連関の視点を取り入れて授業構成すれば，社会的事象をみていく理論的な知識が獲得でき，社会的事象の特色について考える力を育てることができると考え，本研修題目を設定した。

図6-1　平成17年度（前期）教員長期研修研修計画書の一部（抜粋）

(中本和彦・河田節生「教育センターにおける中堅教員の社会科授業力形成―広島県立教育センター平成17年度教員長期研修を事例として―」(全国社会科教育学会第62回全国大会課題研究Ⅳ「教師の多様化と社会科授業の研究」，2013年11月10日，発表資料より筆者作成)

間で検討・協議したものをまとめたものである。このように，公的研修カリキュラムの枠組みの中で，できるだけ社会科教育学の成果に学び，それに基づいた授業研究となるよう研修（研究）が図られている。

③できるだけ広く批判の機会を設けた研究的カリキュラム

　実施されたカリキュラムでは，開発された授業の検証段階あたりから，各種研究会での発表を積極的に行っている。また，研修修了後においても，学会での発表や投稿を行い，広く批判の機会を設けている。これは，公的研修カリキュラムを越えたものである。しかし，このような機会を通して研修生は，研修修了後も実践的課題の解決のための研究を継続的に行い，批判・吟味を通して自らの研究を省察することができるよう図られている。

　以上のように，実施されたカリキュラムは，公的研修カリキュラムの枠組

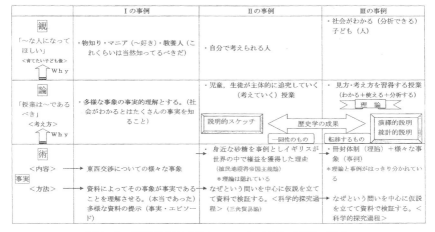

図6-2 授業分析の方法についての検討・協議の記録
(中本和彦・河田節生「教育センターにおける中堅教員の社会科授業力形成—広島県立教育センター平成17年度教員長期研修を事例として—」(全国社会科教育学会第62回全国大会課題研究Ⅳ「教師の多様化と社会科授業の研究」,2013年11月10日,発表資料より筆者作成)

の中で,できるだけ社会科教育学の研究成果に基づいた研究内容・方法を取り入れて研修(研究)内容の中心とし,広く機会を設けて自らの研究を吟味・検討する機会を通して,研修生の実践的課題の解決を目指そうとする,自主的・自立的な「研究としての授業研究」[8](小学校社会科教育内容開発研究)となるようカリキュラム構成されているといえよう。

2. 教員長期研修における社会科授業力形成

前項の教員長期研修における実践されたカリキュラムの実際でみてきたように,研修生の社会科授業力は,主に実施されたカリキュラムを通して図られ,形成されたといえる[9]。その成果は,研修後,学会発表を経て,投稿・掲載された,中本和彦・河田節生「科学的な見方や考え方を拡大・深化さ

る小学校社会科の単元開発とその検証―小学校3年生単元『ものを売る仕事―通信販売―』を事例として―」,社会系教科教育学会編『社会系教科教育学研究』18号,2006年,pp.19-30(以下,「論文」とする。)に結実されている。そしてその社会科授業力形成の成果は,実施されたカリキュラムの「目的―内容―方法」にそって,具体的に,「個人の実践的課題から社会科教育における問題の所在へ」(目的),「主観的・常識的授業づくりから社会科教育内容開発へ」(内容),「主観的・常識的教育研究から社会科教育実践研究へ」(方法)と対応させて述べることができる。

(1)個人の実践的課題から社会科教育における問題の所在へ

　研修生河田の4月入所当初の実践的課題は,入所式後,初めて筆者と会ったときの河田の「橋本先生のような授業をつくりたいと思っています。でも,同じ(スーパーマーケットの)授業をつくるわけにはいかないので,橋本先生を超える授業がつくりたいです。」[10]という言葉と,最初に提出された研修計画書(図6-3)によくあらわれている。

　河田の言葉から読み取れる河田の当初の実践的課題は,日常の社会科授業への疑問と,地域の研究会で示された優れた授業実践へのあこがれ,そしてその指導法を学びたいという強い熱意に満ちたものであったといえよう。また,図6-3にみられるように,はじめから思考力を育成することを実践的課題としつつも,その社会科教育としての位置付けは明確ではなく,広く教育一般にかかわる位置付けであったことがわかる。

　そのような河田個人の実践的課題は,実施されたカリキュラムの中で変革を遂げる。「論文」にみられるように,今日の小学校第3・4学年の販売の授業で習得される知識が主観的・常識的であり,児童の科学的な見方・考え方の成長を閉ざしていることを「小学校第3・4学年社会科授業における教育内容上の課題」とし,児童の社会認識体制を拡大・深化させることの必要性を,小学校第3・4学年の社会科教育における問題の所在として明確に位置付けた[11]。

> **研修題目** 生きる力・表現する力を育成するための社会科教育の創造―○○○の手法を通して―
> **主題設定の理由**
> 　神辺小学校の目指す子ども像の一つに「自分の考えをはっきり持つ子」という目標がある。この子ども像の実現に向けて昨年度研究主題として，「思考力・表現力を培う指導法の工夫・改善」に取り組んできた。所属校では児童の実態として，じっくり物事について考察したり，課題解決のための見通しを持ったりすることが苦手である。またせっかく自分の考えを持ったとしても，相手にわかりやすく伝えていく能力が乏しいために目的に対応した表現ができない児童が多い。今回の長期研修で社会科という教科を通して社会的（歴史的）な事実を関連付け，事象の意味や役割を見つけたり，自分の考えをしっかりと決定したりしていく能力，及び自分なりの考えを，相手にわかりやすく伝えるための能力を育成する指導法について学んでいきたいと考える。そしてそこで学んだことを生かして，「自ら学び，主体的に判断し，生きる力を育てる」教育の実現に力を発揮したいと考える。

図 6-3　入所当初の教員長期研修研修計画書の一部（抜粋）
(中本和彦・河田節生「教育センターにおける中堅教員の社会科授業力形成―広島県立教育センター平成 17 年度教員長期研修を事例として―」(全国社会科教育学会第 62 回全国大会課題研究Ⅳ「教師の多様化と社会科授業の研究」，2013 年 11 月 10 日，発表資料より筆者作成)

(2)主観的・常識的授業づくりから社会科教育内容開発へ

　河田の研修以前の授業づくりは，図 6-3 に「……能力を育成する指導法」とあるように，もっぱら指導方法・技術に傾倒したものであったことがうかがえる。また，研修後の「平成 17 年度（前期）教員長期研修についてのアンケート」に「今まで研究とは無縁だった私ですが，研究の進め方・文献研究の仕方・論文の書き方等や社会科教育の果たすべき役割について大変学ぶことの多い研修となりました。」[12]という記述がみられるように，研修前は経験や勘に頼った主観的・常識的授業づくりであったといえる。

　そのような河田の授業づくりは，実施されたカリキュラムを通して先の図 6-2 にみられるような授業構成論に基づいた授業分析や図 6-4 のような構造図の作成を行い，社会科教育学の研究成果を学ぶことによって，主観的・常識的授業づくりから社会科教育内容開発へと変革を遂げる。

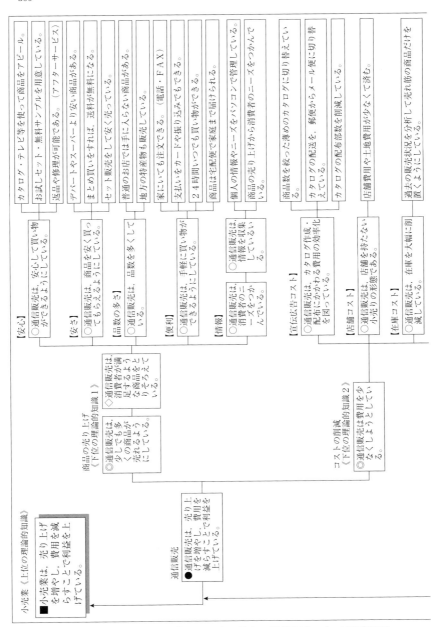

図6-4 単元「ものを売る仕事―通信販売―」の意味連関

第6章　教員研修における社会科授業力形成

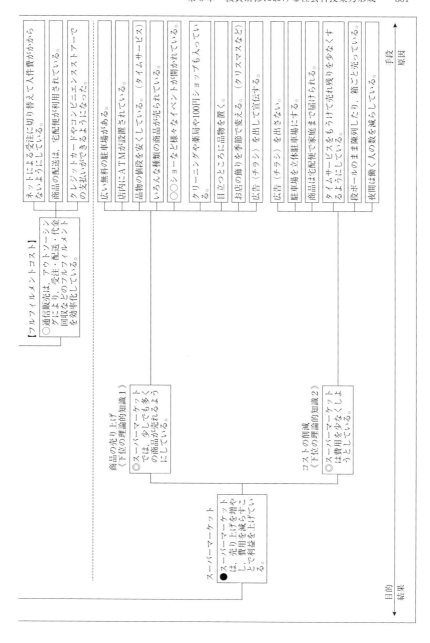

(3) 主観的・常識的教育研究から社会科教育実践研究へ

河田の研修以前の研究は，図6-3や先のアンケートでの記述にみられるように，主観的・常識的教育研究であったことがうかがえる。そのような河田の研究は，実施されたカリキュラムの中で，研究会・学会発表や学会誌への投稿を通して批判・吟味され，研究者と同じようなプロセスを経て社会科教育実践学としての研究へと変革を遂げる。その成果である「論文」について，加藤寿朗は次のように述べ，高く評価している。

> 「『販売に携わる人々の工夫や努力を扱いながら，それを科学的な見方や考え方に繋げるにはどうすればよいか』という問題意識から，社会的事象の意味連関の探究に着目して行った教育内容開発の研究授業である。本実践では，授業モデルの提示から実践へ，そしてプレテスト・ポストテストによる研究仮説の検証までが計画的に行われている。授業開発，実践，評価・検証という『教育実践研究』のモデルとしての指導案でもある。」[13]

以上のように，研修生河田節生は，実践されたカリキュラムを通して，社会科教育学の成果に学び，研究会や学会での批判・吟味・検討を重ね，「社会科の授業を計画・実施・評価・改善することができる社会科授業構成を中心とした力」，すなわち社会科授業力を形成することができたといえよう。

第3節　教員研修における社会科授業力形成とその条件

1.「二つの目標離齬の二重構造」とゲートキーピング

前節でみてきたような研修（研究）の実際を対象化してより一般化すると，教員研修における社会科授業力形成の困難さと多様性がみえてくる。それは，教員研修における社会科授業力形成では，「二つの目標離齬の二重構造」とそれらのゲートキーピングによって[14]，多様な社会科授業力形成が立ち現れる，というものである。

第6章 教員研修における社会科授業力形成　303

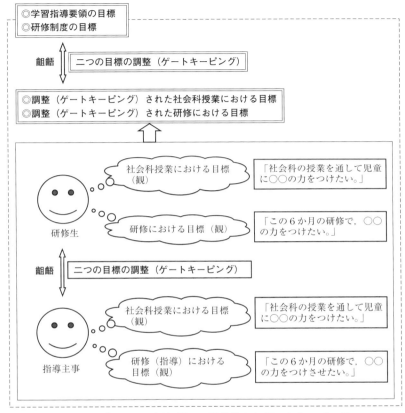

図6-5 「二つの目標齟齬の二重構造」とゲートキーピング

　ここでいう「二つの目標齟齬の二重構造」とゲートキーピングは，図6-5のようにあらわすことができる。研修生はそもそも授業者として，「社会科の授業を通して児童に○○の力をつけたい。」という「社会科授業における目標（観）」を持っている。10年以上の教員経験を持った中堅教員であれば，それはかなり強固なものになっているだろう。また，研修生は教員研修を通して「この6か月の研修で，○○の力をつけたい。」とか「○○の課題を解決したい。」という「研修における目標（観）」を持っているだろう。同じように，研修生を指導する指導主事にも「社会科授業における目標（観）」が

あるし，指導に当たっての「この6か月の研修で，○○の力をつけさせたい。」という「研修における目標（観）」があるだろう。まず，ここに研修生と指導主事それぞれに二つの目標（観）が現れ，研修生と指導主事の間に「齟齬」が現れる。そして，この齟齬に対する調整（ゲートキーピング）が必要となる。

このような過程によって二人の二つの目標の齟齬は調整（ゲートキーピング）され，「◎調整（ゲートキーピング）された社会科授業における目標」と「◎調整（ゲートキーピング）された研修における目標」となる。しかし，これらは公的な研修制度による研修の枠組みの中での研修（研究）であるため，「◎学習指導要領の目標」と「◎研修制度の目標」のそれぞれの間で再び「齟齬」が現れることとなる。そして，「◎調整（ゲートキーピング）された社会科授業における目標」・「◎調整（ゲートキーピング）された研修における目標」と「◎学習指導要領の目標」・「◎研修制度の目標」との間で，それらの齟齬に対する調整（ゲートキーピング）が再び必要となる。

このような，「二つの目標齟齬の二重構造」とそれらのゲートキーピングの程度，濃淡の違いが，教員長期研修における社会科授業力形成の多様性や，研修（研究）の難しさとなって現れてくるといえる。

2.「研修」から「研究」への変革の条件

それでは，上記の状況の中で，教員研修を通して「研修」を「研究」へと変革させ，研修生の自主的・自立的な授業研究を保証し，社会科授業力形成を図るには，どのような条件が必要だろうか。それには，「研修生と指導主事の間での二つの目標の齟齬と調整（ゲートキーピング）」と「組織・制度と研修生・指導主事との間での二つの目標の齟齬と調整（ゲートキーピング）」が円滑かつ広く担保される必要があろう。

(1)研修生と指導主事の間での二つの目標の齟齬とゲートキーピング

まず一つ目の条件は，研修生と指導主事の間での二つの目標の齟齬，特に

「社会科授業における目標（観）」の齟齬が円滑にゲートキーピングされることが重要な条件としてあげられよう。事例として取り上げた平成17年度教員長期研修の場合，先に述べた河田の入所当初の発言にみられるように，研修生（河田）は，スーパーマーケットを事例とした橋本秀基実践に学び，科学的な社会認識を形成する社会科の授業をつくりたいという，明確な「社会科授業における目標（観）」をもっていた。幸運にも，指導主事の筆者も科学的な社会認識を形成する社会科授業を研究していた。そのため二人の間の齟齬は当初から小さいものであり，そのゲートキーピングは容易であった。

　しかし，このケースのように，必ずしも両者の齟齬が小さいものとは限らないであろう。その場合は，両者の隔たりをどう調整するか，特に指導主事の対応が問われることとなろう。

⑵組織・制度と研修生・指導主事との間での二つの目標の齟齬とゲートキーピング

　二つ目の条件は，組織・制度と研修生・指導主事との間での二つの目標の齟齬にかかわって，特に組織・制度における強制力が小さいことが重要な条件としてあげられよう。事例として取り上げた広島県立教育センターの場合，教員長期研修の底流に，「共同的研究」という考え方が流れていた。これは，当時の所長，内田信正によるものであった。内田は常々，所員に次のようなことを述べていた。「教育センターの職務は研究・研修・指導の三つである。指導主事の指導力を向上させるには，指導主事自らが研究をして，指導できるだけの力をつけなければならない。しかし，指導主事は忙しい。だから，教員長期研修を通して，指導主事が積極的に研修生の研究に共同的にかかわって，一緒に研究して指導主事も力をつけなければならない。ただし，まちがってはいけない。『共同研究』ではない。指導主事はあくまで指導的立場でありながら，しかし一緒に研究するのである。だから『共同的研究』なのである。」このことが，公的研修カリキュラムを形式的な大きな枠組みとしてのカリキュラムにとどめ，実際の研修（研究）・指導は大きく指導主事

の裁量に任せられたものとなっていたといえよう。このように，組織における学究的風土と担当者の研究・指導に対する自由裁量の大きさが，ゲートキーピングにかかわる二つめの条件として重要であるといえよう。もちろん，その際に，担当指導主事の社会科教育学の力量が問われるということは，言うまでもない。

第4節　教員研修による社会科授業力形成が示唆するもの

　本章では，広島県立教育センターにおける平成17年度教員長期研修の実際を事例としながら，教員研修における社会科授業力形成について，「二つの目標齟齬の二重構造」とゲートキーピングの視点から論じてきた。しかし，ここで論じてきたことは，取り上げた事例にとどまるものではないだろう。我々は，多かれ少なかれ組織の中で仕事をし，研修を積み，職能成長を果たそうとしている。それは，学校という組織であったり，研究会という組織であったりするだろう。そこには，指導的な立場の上司や，会をリードする先導的役割を担う先輩がいたりする。つまり，組織における研修（研究）では，「二つの目標齟齬の二重構造」が現れるし，そこでは自主的な調整（ゲートキーピング）が必要となる。もしそこで，齟齬が許されず，ゲートキーピングも保証されないような場合，社会科授業力形成は，「運動としての授業研究」[15]に取り込まれていくものとなるだろう。齟齬と調整（ゲートキーピング）が許されること。その中で「研究としての授業研究」[16]が保証され，社会科教育学の成果に基づいた，開かれた自主的・自立的な社会科授業力形成が図られるのではないだろうか。

（中本和彦）

【注及び引用文献】
1)「授業力」の定義については各都道府県・市町村の教育研修機関によって様々な定義がされている。例えば，以下のようなものがみられる。

・東京都教職員研修センター：「教員の資質・能力のうち特に実際の授業の場面において具体的に発揮されるものを『授業力』ととらえ，その構成要素を 6 つに整理した。①使命感…(略)，②児童・生徒理解…(略)，③統率力…(略)，④指導技術（授業展開）…(略)，⑤教材解釈，教材開発…(略)，⑥『指導と評価の計画』…(略)…」(東京都公立学校の「授業力」向上に関する検討委員会『東京都公立学校の「授業力」向上に関する検討委員会報告書』，2004 年 9 月，p.9.)

・京都市総合教育センターカリキュラム開発支援センター：「ここでは，授業力を『子どもたちの確かな学力を保障する力』としてとらえたいと思います。…(略)…今，教員に求められている『授業力』とは，上に列挙したような『確かな学力』を保障する力です。そこに求められているのは，単に一方的に教え込むのではなく，子どもたちの『学習への関心・意欲を高め』ながら，『学び方を学ばせ』，『指導すべきことを指導しきる』力であり，また，子どもたちが，自ら課題を見つけ，意欲的に学び続けることにより，自らの進路を切り拓けるように指導する力でもあります。すなわち，授業力とは，学力保障の力であり，進路保障の力でもあります。」(京都市総合教育センターカリキュラム開発支援センター『授業力向上に向けて大切にしたい視点―「フレッシュせんせい授業交流会」での取組を通して―』，2006 年 3 月，p.6.)

・大阪府教育センター：「授業力を，『授業を通して，児童生徒に「生きる力」をはぐくむ力』とし，『児童生徒理解・学習集団づくりの力』『授業を計画，構想，展開する力』『教材を開発，解釈する力』『授業を分析，評価する力』の 4 つの要素で整理しました。」(大阪府教育センター『平成 21 年度研究報告収録』125-01 号，2010 年 3 月，p.4.)

2) 各自治体の教育研修機関のホームページなどを参照願いたい。
3) 前掲 1) でも示したように，授業力の定義に「確かな学力」，「生きる力」などの用語が使用されていること，また，各自治体の教育研修機関における教員研修講座のタイトルからも，それは明らかであろう。
4) ゲートキーピングについての詳細は，スティーブン・J・ソーントン（渡部竜也・山田秀和・田中伸・堀田諭訳）『教師のゲートキーピング』春風社，2012 年，を参照。一言で言えば，「(教師による) カリキュラムと授業の主体的な調節（＝ゲートキーピング）」(p.8) のことである。
5) 前掲 1) で示したように，「授業力」についての定義は多様であり，要素主義的な傾向がみられる。授業は総合的である。そのため，授業の全てを一度に論じたり，評価したり，あるいは形成することは不可能であろう。しかし，要素の総和が授業ではないことは明らかであろう。授業には大きく分けて二つの論理がある。一つは

児童生徒を統制したり，コミュニケーションにかかわったりするような教科固有の論理を越えた「授業成立の論理」であり，もう一つは「○○という学習内容を○○という学習方法（過程）で教授すれば，○○という力がつく（目標が達成される）。」という「目標―内容―方法」にかかわる教科固有の「授業構成の論理」である。本章では，「社会科授業力」を，過度に要素主義に陥ることなく，しかし社会科としての教科固有性を踏まえた授業力として論じるために，「社会科の授業を計画・実施・評価・改善することができる社会科授業構成を中心とした力」と仮説的に設定することとする。

6) 河田節生は研修当時は広島県福山市立神辺小学校教諭であった。現在は，福山市立泉小学校教頭である。

7) 全国社会科教育学会第62回全国大会課題研究Ⅳ「教師の多様化と社会科授業の研究」（2013年11月10日，山口大学）において，中本和彦・河田節生「教育センターにおける中堅教員の社会科授業力形成―広島県立教育センター平成17年度教員長期研修を事例として―」の発表の中で，河田が述べた発言である。

8) 原田智仁は，授業研究を，①研修としての授業研究，②運動としての授業研究，③研究としての授業研究，の三つに類型化している。そこでは，「①は学習指導要領の枠内で，その趣旨の徹底・普及を図るために行う研究である。」「②は自らの信条や教育理念に基づいて授業を実践し，その妥当性を確かめつつ運動の輪を広げていこうとする研究である。」「③は授業を具体的な単元の指導に関する理論構築の場ととらえるだけでなく，授業理論そのものを体系化する場ととらえる研究である。」と述べている（原田智仁「社会科の授業研究」，全国社会科教育学会編『社会科教育実践ハンドブック』明治図書，2011年，pp.229-232）。実施されたカリキュラムは，①の中での③をめざすものといえる。

9)「社会科授業力」の定義については，前掲5) を参照。

10) 河田の発言にある「橋本先生」とは，河田が務める地域の小学校社会科の研究会に所属する教員で，河田は研究会で橋本の実践VTRと発表を視聴し，このような発言をしたものである。

橋本秀基実践については，以下を参照願いたい。

・中本和彦「『調べ学習』の特性を活かした社会科授業構成の論理―小学校地域学習を事例として―」，『社会認識教育学研究』20号，2005年，pp.11-20.
・中本和彦「小学校社会科における思考力・表現力育成の二つの方略」，『研究紀要』（財団法人日本教材文化研究財団）39号，2010年，pp.24-33.

11) 中本和彦・河田節生「科学的な見方や考え方を拡大・深化させる小学校社会科の単元開発とその検証―小学校3年生単元『ものを売る仕事―通信販売―』を事例と

して—」,『社会系教科教育学研究』18 号,2006 年,pp.19-20 参照。
12) 中本和彦・河田節生「教育センターにおける中堅教員の社会科授業力形成—広島県立教育センター平成 17 年度教員長期研修を事例として」(全国社会科教育学会第 62 回全国大会課題研究Ⅳ「教師の多様化と社会科授業の研究」,2013 年 11 月 10 日,発表資料参照。)
13) 加藤寿朗「地域学習—殿堂入り?! 指導案の実物&リスト一覧—」,『社会科教育』明治図書,2013 年 6 月号,p.33.
14) ゲートキーピングについては,前掲 4) 参照。
15) 前掲 8) 参照。
16) 同上。

第Ⅳ部　社会科授業研究方法論の特質と課題
　　　―アジアの視点から―

第7章　日本の社会科授業研究方法論の特質と課題

第1節　問題の所在

　2008年4月に創設された教職大学院は，従来の修士課程教育学研究科と異なり学校現場等における10単位以上の実習が必修であること，そして修士論文がカリキュラムに位置づけられていないことが大きな特徴である。しかし，筆者が勤務する兵庫教育大学授業実践開発コースでは，修士課程の課題研究に相当する「教育実践課題解決研究」という科目が設定され，学校現場における実習と関連づけて授業研究が行えるよう指導を行っている。また，学校現場における実習では，教育実践課題解決研究での指導内容をもとに，院生が学校現場における課題を克服するために開発した授業を実践し，その有効性を検証するという実験的デザインのスタイルがとられる。

　ところで，教職大学院では学修内容に教科色を濃く出さないカリキュラム設計になっている。そのため，社会科教育の学会で行われてきた授業研究のスタイルが，他教科の教科教育学や教育方法学，教育心理学のそれと比較されることとなった。これ自体は，社会科の文脈の中で研究を進めてきた我々がある程度他分野の専門家に影響を与えることもあれば，もちろんその逆もあり，ミクロなスケールではあるが学際化が進むきっかけにもなった。しかし，この環境下で筆者が感じてきたことは，社会科教育学会における授業の事実を対象にした研究の遅れのようなものである。授業の事実を分析する際に，どのような研究方法をとるのかといった手続き上の知識を，多くの社会科教育学研究者はトレーニングされてこなかったのではないかということや，開発研究に偏った社会科教育学は，整理された手続きに基づいた授業の事実分析・検証に関する研究を学会誌にほとんど掲載せずに学会を発展させてき

たのではないかということを感じるようになった。

そこで本稿では，社会科教育学における授業研究，それもとりわけ研究者や実践者等が授業を開発・実践し，分析を行って効果を明らかにするタイプの研究を「実践研究」と称することとし，それらを対象として，その方法論的特徴と課題を明らかにすることを目的とする。特に，社会科教育学の全国学会誌掲載論文を対象として，どのような手続きがとられているのかを分析し，社会科における教育実践と研究活動を一体と捉える実践研究の記述の仕方を模索したい。

第2節　社会科教育関係学会誌における授業研究の動向

まず，社会科教育学に関する全国学会誌として全国社会科教育学会の「社会科研究」，日本社会科教育学会の「社会科教育研究」，そして社会系教科教育学会の「社会系教科教育学研究」の三誌を取りあげ，過去10年間に掲載された論文中に占める実践研究の割合をみよう（表7-1）。

教職大学院が創設された2007年以降は実践研究の割合が徐々に増してい

表7-1　社会科教育学関連全国レベル学術誌に掲載された実践研究論文

雑誌名	社会科研究		社会科教育研究		社会系教科教育学研究	
発行年	実践研究論文数	論文数	実践研究論文数	論文数	実践研究論文数	論文数
2013	2	8	6	11	1	9
2012	0	4	7	16	4	10
2011	2	12	5	18	4	7
2010	3	11	4	16	2	15
2009	1	13	2	8	3	11
2008	1	13	1	7	0	11
2007	2	12	2	6	1	12
2006	1	10	1	10	1	13
2005	1	13	1	9	0	7
2004	0	12	1	9	1	9

（筆者作成）

る。特に日本社会科教育学会では，2011年以降，実践研究論文の特集的掲載や，2013年に質的研究論文を特集するようになり，積極的に実践研究を取りあげている。また，社会系教科教育学会では，教職大学院の修了者による投稿論文が掲載されるようになり，実践研究の割合が高まっている。ただ，全国社会科教育学会ではやや傾向が異なっている。授業実践を分析するタイプの研究論文の増加は認められない。それぞれの学会の特徴が出ていると考えて良いだろう。社会科教育の学会全体の傾向は，2010年以降実践研究の割合が高まっていることである。

それでは，これらの実践研究はどのような研究スタイルをとっているのだろうか。その方法論に着目し，分析を進めたい。そこで，次に以下の問題を明らかにする。それは，実践研究では実践の事実を確定するためにどのようなデータを収集しているのか，そしてそのデータをどのような手続きで分析・解釈し結論づけているのかということ，またそれらのデータ収集・分析・解釈・結論は単元的なのか，一旦出た結論を用いてさらに研究を深める多元的研究なのか，といった点である。

量的研究については論じる必要もあるまい。質的研究についてはクレスウェル（Creswell, 1998）の5類型により分類される。しかし，本稿ではさらにミクロな視点である質的データの収集方法，分析方法が手続き的な明示を伴っているかに着目したい。方法論に関しては，クレスウェルとプラノ・クラーク（Creswell and Plano Clark, 2007/2010）の混合研究法表記システムと視覚的ダイアグラムを描くための規則を用い，対象となる論文の特徴をダイアグラム化し，その特徴と課題を論じることとする。クレスウェルとプラノ・クラークが用いた視覚的ダイアグラムを描くための規則を用いれば，仮に混合研究でなくとも，どのようなデータがどのような方法で収集・分析されるのかが表記できる。そのため本稿ではこの方法を用いて，研究論文の手続きを視覚化し，特徴と課題を見いだすための手段とする。

第3節　混合研究法表記システムと視覚的ダイアグラム

　混合研究法表記システムと視覚的ダイアグラムは，混合研究の研究手続きを視覚化しようとするものである。表記システムには，質的データを表すQUALや量的データを表すQUAN，連続的に起こった研究手法を示す→などの記号が用いられる。例えば，QUAL → quan という表記の場合，2つの研究手法が順に用いられたこと，それも質的データが量的データの前に用いられたこと，そして質的データに重点が置かれた研究であることを示す（クレスウェルとプラノ・クラーク，2010）。

　また，これらの表記システムを用い，視覚的ダイアグラムを作成する際に，単純化された研究の流れだけではなく，混合研究法の特徴をレビューするためのチェックリストを設定している（図7-1）。

　例えば，いかにして両方のタイプのデータが混合されたかを決定することにおいては，質的および量的データを混合する手順として，クレスウェル（2010）は，3つのタイプがあるとしている。それは「統合型（2つのデータセットを全て統合してあるいは収斂して結果を得る）」（図7-2），「結合型（1つのデータセットの上にもう1つのデータセットに積み上げて結果を導く）」，そして「埋め込み型（1つのデータセットの中にもう1つのデータセットを埋め込むことで，埋

―研究トピックを査定する。
―研究目的が含まれている文章を見つけ出す。
―量的データと質的データの両方が収集されているかどうか同定する。
―量的データと質的データの両方が分析されているかどうか同定する。
―量的データと質的データの両方を収集して理由を査定する。
―いかにして両方のタイプのデータが混合されているかを確認する。(a) 混合，(b) 埋め込み，あるいは (c) 結合を用いて表記すること。
―混合研究法表記システムを用いて全体的混合研究法アプローチを同定する。
―研究において起こった活動の流れを1頁の絵に描く。

図7-1　混合研究法をレビューするためのチェックリスト

（クレスウェルとプラノ・クラーク，2010）

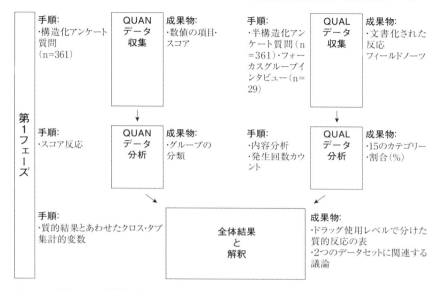

図7-2　量的および質的データの両者が同時に収集される研究における手順の視覚的ダイアグラム

(Jenkins, 2001をもとにした視覚的ダイアグラム。クレスウェルとプラノ・クラーク, 2010)

め込まれたデータセットはもう一方のデータセットの支援的役割をすることになる)」である。論文執筆者がこれらの手続きを明示することが重要となる。

このように，どのようなデータを収集するのかという手順，それをどのように分析し，結果としてどのような成果物が得られたのかを視覚化するダイアグラムを作成して，社会科教育学研究における授業研究の手続きの特徴を明らかにしたい。

これまで言及したことを整理して，社会科教育学研究における実践研究手続きの分析フレームワークを作成した（表7-2）。

以上の分析フレームワークにあてはめて，全国レベル学会誌に掲載された実践研究論文を分析し，その特徴と課題の明確化を試みる。その際，典型的な例をいくつか抽出し，特徴を述べる。

表 7-2 社会科教育学研究における実践研究の研究手続き分析フレームワーク

視点	手続き	
1. 研究方法	・研究方法を明示しているか	
2. 授業分析方法	・授業分析に関連してどのようにデータを収集しているか（手順と成果物）	・授業分析に関連してどのようにデータを分析しているか（手順と成果物）
3. 結論の導出方法	・質的・量的データの両方が収集，分析されている場合，どのように混合されているか（手順） ・分析したデータからどのように考察，結論づけているか（成果物）	

（筆者作成）

第4節 分析結果

　社会科教育学研究における実践研究では，授業実践の効果をどのように測定するのかによってデータの収集方法や分析方法，さらにはデータの解釈方法にも様々なタイプがうまれる。しかし，多くは予めつくられた授業理論やそれに基づく学習指導案に基づいて授業が実践されるため，学習指導案は処方箋，そして授業の実践事実は治療薬のような位置づけとなる。実践研究で明らかにしたいことはその効果であるため，実験的デザインとしての研究が行われるケースが多くなる。今回分析した実践研究も実験的デザインとしての研究であった。ただし，実践研究では，データの取り方や分析方法などの見通しを研究方法として明示している研究がほとんど見当たらなかった。論文執筆者が，授業の事実や研究仮説の証明のためにどのタイプのものを用いているのかということや，どのタイプの修正版を用いているのかと言うことを自覚しないで研究を進めている可能性が示唆される。

　用いているデータは，質的なものと量的なものを組みあわせているものが多い。一方，評定尺度などを用いて量的データを収集することや，児童生徒へのインタビューにより質的データを収集するという手法はほとんど見られなかった。

　社会科教育学研究における実践研究の典型は，以下の3つである。

1. 質的データの量的データへの転換による解釈

　実験授業における社会認識形成や能力育成が達成されたかを測定するために，学習者に授業後にアンケートを行う方法である。

　梅津（2010）では，問1：学習を通じて「形成される『日本国民』」とはどのような意味だと理解しましたか。問2：学習を通じて，私たちの日常生活の中で生まれる差別についてどのような考えをもちましたか，という2つの自由記述式の設問が用意され，その回答を予め設定された評価基準に照らして3つの段階に分類している（図7-3）。また，それらをカウントすることによって，量的データに変換している。学習者にとっては，自由記述式での回答を求めているため質的データの収集と捉えてよいだろう。授業の効果測定としては最もシンプルな方法である。しかし，最もよく用いられる方法でもある。それは，社会科教育学における実践研究が，実践の開発研究と切り離すことができないからである。実践の開発のためには，授業構成理論をうちたて，その理論に基づいて授業がつくられる。そのため，授業を構成する上で必要かつ十分な要素を特定し，それらを授業の評価規準として設定することが可能だからだ。授業の評価規準が予め設定されていれば，学習者による反応は，規準に照らして分類可能となる。つまり量的なデータに変換可能となる。そのため，質的データを量的データに変換する研究が多くなるのであろう。オーソドックスな実験的デザインと言える。

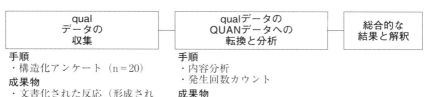

図7-3　質的データの量的データへの変換による解釈

（梅津，2010より筆者作成）

2．複数の質的データによる解釈

このタイプでは，学習の各段階における質的データの収集を複数セット行い，それら複数の質的データを用いて解釈を行う。

松岡（2011）は，メディア解釈学習の事例である「成長するネットショッピング」の単元構成を，問題設定場面，構造分析場面，価値解釈場面の3つとしている。ネットショッピング売買がさかんな理由についての記述内容を問題設定場面と構造分析場面，そしてネットショッピングと既存の店の比較についての記述内容を問題設定場面と価値解釈場面でそれぞれ自由記述によって収集している（図7-4）。抽出児の記述の変化を通して，学習前後の価値選択を行う基準が多様化することを導き出している。

浅野（2011）は，概念形成過程において，「①第1次における説明的知識を具体的な形で『習得』しているならば，それを第2次で『活用』することによって，課題解決の見通しを持たせる予想や仮説を設定できる。②第1次，第2次で説明的知識を蓄積し，その共通点を見いだすことによって，子ども

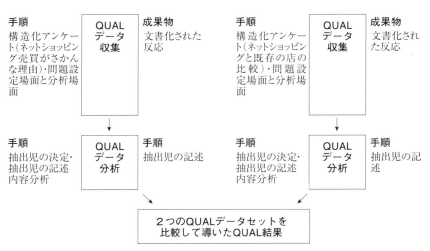

図7-4　複数の質的データの比較による解釈

（松岡，2011より筆者作成）

第7章 日本の社会科授業研究方法論の特質と課題 321

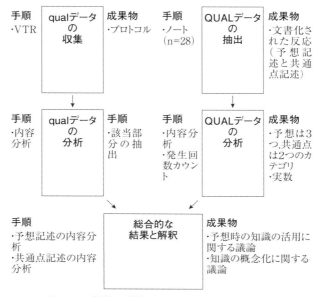

図7-5 複数の質的データによる総合的な解釈

(浅野, 2011より筆者作成)

に伝統工芸に関する概念装置を形成させ探究させる。またそれを活用すれば、他の事象について説明することができる」という授業仮説を設定し、その仮説を検証するために複数の質的データを収集している。

まず授業をVTRで記録して児童の発言を抽出する方法、そしてノート記述の内容分析から学習問題に対する予想の記述および、伝統工芸品がつくられている2つの町の共通点に関する記述を分析している(図7-5)。授業での児童の発言、そしてノート記述という複数のデータから総合的な結果を得て解釈を行っている。

いずれの研究も実験的デザインである。

3. 質的データと量的データの両方を利用した解釈

このタイプの研究では、統合型、結合型、埋め込み型のように何らかの形

で質的データと量的データとが混合されることになる。

　岡﨑（2003）は，農産物生産を経済的要因から説明するフードシステム論を用い，小学校4年生に農産物生産が自然的要因や社会的要因にとどまらず，経済的要因に基づいていることを理解させようとした。そこで後継者が減少する広島菜づくりの農家で若い人が広島菜をつくるようになるにはどうすれば良いのかという3つの方法を提示し，それぞれの方法の適否とその判断理由を自由記述で収集している。その判断理由は，予め設定された主観的視点，社会的視点，経済的視点に分類される。フードシステムからこの問題を捉えさせようとしている点からも，経済的視点から理由が説明されることが評価される。児童が回答したアンケートは自由記述であるが，予め設定された規準によって回答が3つに分類され，量的データに変換されている。この調査を授業開始前と終了後に行い，そのデータが比較されている（図7-6）。

　また，量的データからなぜこのような結果が得られたのかを説明するため，抽出児の変容プロセスを用いて量的データの妥当性を高める役割をさせている。この研究は埋め込みデザインと読み取れる。しかし，研究者自身がそれを明示しておらず，そう断定するには課題で残る。全体としては実験的デザイン的傾向が強いが，量的データを補足するように質的データが使われているようである。

　阿部（2008）は，理論探求型授業による歴史的見方・考え方を習得する学習の評価を質的・量的両側面から行うことを明示し，研究を進めている（図7-7）。

　阿部は，授業の事前・事後の評価としてMQ「聖徳太子はなぜ遣隋使を送ったのか」を質問項目とした構造化されたアンケートに自由記述形式で回答させている。この質的データを歴史的見方（隋から得るもの，倭国としての使いを送る意味）を規準に分類し，さらに発生回数をカウントして量的データに変換している。しかしここでは量的データは分析のための主データではなく，あくまでもどのような見方ができているのかを読み取る質的内容分析に主眼が置かれている。授業前の調査は，中学校の学習で身についている見

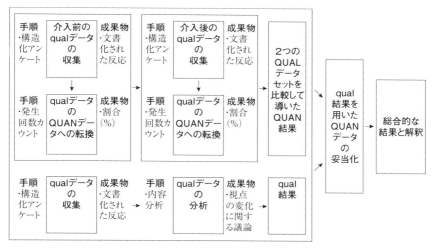

図7-6　量的データの妥当性を支援する質的データの埋め込みによる解釈

(岡﨑，2003より筆者作成)

方に関する診断的評価の意味合いをもっている。このデータは授業終了後のデータと比較され，見方の明確化を具体化した第1時の授業構成の評価が行なわれている。ここまでの研究が授業分析の第1フェーズである。

さらに単元全体の評価は，定期考査の問題を用いて行われている。理論探求型授業では，一般的説明的知識の獲得，さらに一般的説明的知識を用いた他の個別的記述的知識の説明がめざされる。そこで理論の獲得・吟味を検証する問題の解答分析を，予め作成しておいた評価規準に照らして行い，さらにそれをカウントして，実数と割合を算出している。この分析は，予め評価規準が作成されており，質的な内容分析である。

一方，学習者毎の個別的記述的知識，個別的説明的知識および一般的説明的知識の相互関係については，スピアマンの順位相関係数の検定（有意水準1％）を用いている。それにより各知識間の関係に有意な相関が認められたことが示されている。また，個別的記述的知識の正答率が6割以上の対象者は，上位の知識である個別的説明的知識の正答率が全員3割以上であり，逆の傾向もあることが報告されている。ここまでの研究が第2フェーズである。

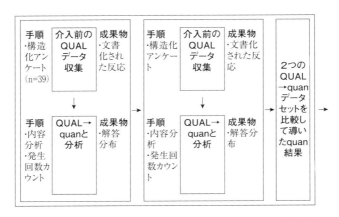

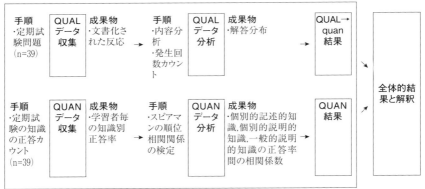

図7-7 質的データと量的なデータの結合による解釈

(阿部, 2008より筆者作成)

　歴史的見方や考え方と知識論の質との関係について, 見方の形成に関する質的データとそれぞれの知識習得と見方の形成との関係を示す量的データを結合し, 全体の結論を導き出す結合型の研究と位置づけられるのではないか。ただし, 阿部自身はデータの混合手法について言及していない。

　阿部の研究は実験的デザイン的要素が強いが, 異なった質の知識の習得とその相互関係を明らかにしようとする相関的デザインでもあると言える。

第5節　日本の社会科授業研究の課題と展望

　日本の社会科教育学研究における実践研究の動向を調査した。まず，本研究の成果から導き出した課題を3点述べる。

　1．全体的傾向として，日本の社会科教育学研究では「つくる」研究の割合が高く，つくった授業の効果を検証して「あきらかにする」研究である実践研究は比較的少なかった。しかし，近年その数は増加傾向にある。社会科教育学における実践研究は，問題のある現状を克服するための理論構築が行われるところからスタートすることが多い。そして理論構築およびモデル授業の開発で終わることが多かった。ただ，学校現場では開発研究のみならず，実際に行われた授業の分析的研究が求められている。実践研究が学会誌に掲載されないのは，社会認識や市民的資質の深まりの質を，限られた紙幅の中では書ききれない実践の事実があるためではないかとも考えられる。

　2．データの収集・分析方法および結論の導出方法に関しては，①質的データを量的データに変換して社会認識の深まりを測定しようとするもの，②複数の質的データを用いて社会認識の深まりを測定しようとするもの，③量的データと質的データの混合により社会認識の深まりを測定しようとするもの，という3つの典型的な例が抽出された。ただし，ほとんどの論文では，その研究方法を明示していない。論文執筆者自身が，データの収集・分析，結論の導出のプロセスを理解していないことに起因する可能性がある。

　3．そのような現状の中でも，混合研究法的な研究が見られた。ただし，論文執筆者自身が，研究方法論を明示していないため，質的データと量的データの重み付けを読み手がしなければならないという問題も含んでいる。また，授業の効果を測定しようとする場合，実験的デザインの強調からか量

的データに偏ってしまう傾向がみられた。いずれにしても方法論を明示することが重要となる。

　最後に，今後の展望を述べる。

　今後，学校現場と学会との距離は縮まるだろうか。当に研究レベルで学校現場と学会が距離を縮めるためには，授業研究のため研究者が学校現場に赴き，授業に対するコメントを行うような一過性のものではなく，社会科の目標や内容と結びついた授業研究の方法論を学校現場とともに開発していくことが必要になる。そのために社会科教育学としての授業研究のあり方を再度見直し，質の高い実践研究が学会誌に掲載されることが重要となろう。例えば，質的研究の蓄積によって，社会認識の深まりや社会事象に対する態度を評価することができる評定尺度の開発や改善が今後強く求められることになろう。そうすれば，質の良い評定尺度を用いた量的研究が可能になる。一方で，混合研究法や質的研究法の発展のためには，社会科教育学系学会誌の1論文あたりの分量についても慎重に検討する必要があろう。

　　　　　　　　　　　　　　　　　　　　　　　　（吉水裕也）

【引用文献】

浅野光俊「小学校社会科授業における概念形成過程―知識の「習得」「活用」を組み込んだ第4学年「岐阜県の伝統工芸品」の単元構成を事例として―」社会系教科教育学会編『社会系教科教育学研究』23号，2011年，pp.21-30.

阿部由貴子「歴史的見方・考え方を習得する学習の評価―理論探求学習型単元「律令国家とは何か」の開発―」全国社会科教育学会編『社会科研究』68号，2008年，pp.21-31.

梅津正美「規範反省能力の育成をめざす社会科歴史授業開発―小単元「形成される『日本国民』：近代都市の規模と大衆社会」の場合―」全国社会科教育学会編『社会科研究』73号，2011年，pp.1-10.

岡﨑誠司「フードシステム論に基づく小学校地域学習の単元開発―4年生単元「わたしたちの県―広島菜をつくる―」の場合―」全国社会科教育学会編『社会科研究』58号，2003年，pp.41-50.

クレスウェル，J.W.，プラノ・クラーク，V.L.，大谷順子訳『人間科学のための混合

研究法質的・量的アプローチをつなぐ研究デザイン』北大路書房，2010 年，(Creswell, J.W. and Plano Clark, V.L. (2007) *Designing and Conducting Mixed Methods Research*, Sage Publications, Inc. London)

松岡靖「ネットメディアによる販売と消費の変化を読み解く「メディア解釈学習」―単元「成長するネットショッピング」の場合―」全国社会科教育学会編『社会科研究』74 号，2011 年，pp.11-20.

Creswell, J.W. (1998) *Qualitative Inquiry and Research Design: Choosing Among Five Traditions*. Thousand Oaks: Sage Publications, Inc.

第8章　韓国の社会科授業研究方法論の特質と課題

第1節　問題の所在

　この章は，日本の研究者へむけて韓国の社会科授業研究方法論の特質と課題を紹介するために叙述したものである。まず，韓国の社会科授業研究の文脈が理解できるように，授業研究に影響を及ぼした主な要因を制度的な要因，学問的な要因，社会的な要因に分けて検討する。そして，授業研究方法論の特徴については，1990年代以後の研究成果を対象にし，五つの類型に分けて分析する。最後に，韓国の社会科授業研究の課題を提示する。

　韓国の社会科教育研究において，1990年代は重要な転換期である。1980年代の半ばにはソウル大学校と韓国教員大学校に教科教育専攻の博士課程が設置されており，1990年代からは教員養成大学に教科教育専攻者が本格的に採用され，社会科教育研究者の数が急増した。また，主にアメリカや日本に留学して教科教育を専攻した研究者たちも多く帰国して，新しい教育理論や研究方法を活用した研究を本格的に始めた。1992年に公布された第6次教育課程では，社会科の目標が国民性の育成から市民性の育成に転換して，新たな研究と実践の土台が整えられた。現在の社会科授業研究の基になる多様な研究主題と方法論が現れた時期も1990年代である。

　そして，韓国の社会科授業研究方法論を分析した論文[1]の多くが取り入れている類型化の方法は，授業研究のパラダイムの変化を反映して，過程産出（process-product）研究，媒介過程（mediating process）研究，質的（qualitative）研究の三つの類型に分類することである。この類型化の方法は，授業研究の背景になる認識論（行動主義，認知主義，解釈主義）を反映しており，興味深い。しかし，実際の研究成果には，このような三つの類型に含まれないものが多

くある。まず，授業の歴史研究，外国との比較研究，外国の授業理論や授業モデルの紹介，授業研究の動向や方法論の研究などのように主に文献調査や分析を通して行われる文献研究が存在する。また，量的研究と質的研究の方法を同時に活用する混合研究（Mixed Methods Research）もある。従って，ここでは，社会科授業研究の類型を文献研究，過程産出研究，媒介過程研究，質的研究，混合研究の五つに分類した。

第2節　授業研究に影響を及ぼした主要な要因

　韓国の社会科授業研究の方向と発展に影響を及ぼした要因は多様である。しかし，制度的な要因は教育課程の思潮の変化，学問的な要因は外国理論の導入，社会的な要因は民主化，世界化（国際化），情報化が主要なものとして挙げられる。

　第一に，韓国の社会科授業研究は国家教育課程の変遷と密接な関連を持って展開された点を取り上げる。韓国の教育は中央集権的である。日本の学習指導要領のような性格をもつ国家教育課程が，教育内容と方法を規定する。教育課程の思潮が変わると，重視される教授学習方法も変化する。社会科教育課程に提示される教授学習方法の変化は，社会科授業研究の展開方向と密接な関連を持っている。表8-1は，韓国の教育課程の思潮の変化と社会科の教授学習方法を整理したものである。

　紙面の関係で，最近の動向だけを説明しておく。第7次教育課程期では，構成主義の教育理論が取り入れられ，学習者中心の教育課程が強調された。教育課程の教授学習方法も開かれた学習，水準別学習，授業の個別化などのような構成主義の教育理念を反映したものが提示されている。さらに情報化社会の進展を反映してコンピューターとインターネットの活用学習なども強調されている。社会科授業研究でも構成主義的観点を取り入れた研究が活発になり，コンピューターとインターネットなどを活用した媒体活用方案に関する研究も展開された。その他にも新たに授業分析，授業批評，授業評価，

表 8-1 韓国における教育課程の思潮の変化と社会科の教授学習方法

時期	教育課程の思潮	教授学習方法
教授要目期 （1945-1954）	経験中心	設問式の教育（＝問題解決学習）
第1次教育課程期 （1954-1963）	経験中心	問題解決学習
第2次教育課程期 （1963-1973）	経験中心 教科中心	問題解決学習
第3次教育課程期 （1973-1981）	学問中心	探究中心の学習の手続きの強調
第4次教育課程期 （1981-1987）	人間中心	探究的で自律的な学習，統合的方法，地域学習，概念学習
第5次教育課程期 （1987-1992）	統合中心	探究的で自律的な学習，地域学習，概念学習
第6次教育課程期 （1992-1997）	統合中心 地方分権型	統合的な方法，思考力の涵養，探究的手続き，地域学習，協同学習，参与学習，意思決定学習
第7次教育課程期 （1997-2007）	学習者中心 （構成主義）	問題解決学習，探究学習，概念学習，思考力の涵養，統合的な方法，開かれた学習，水準別学習，授業の個別化，協同学習，参与学習，新聞活用学習，コンピューター補助学習，インターネットの活用学習
2007・2009・2011 教育課程期	学習者中心 （構成主義）	学習内容の性格を反映した多様な学習方法，統合的な方法，社会参与体験学習，協同学習，新聞活用学習，コンピューター補助学習，インターネットの活用学習

授業コンサルティング，教師の教授内容知識（PCK）などに関する研究も登場しており，従来の争点学習，問題解決学習，探究学習，討論学習，思考力学習などに関する研究も多様な形で展開された。そのような研究傾向は，現在までも続いている。

　第二に，韓国の社会科授業研究は外国，特にアメリカの教育思潮と教授学習理論などの影響をうけて展開されてきたのも，重要な特徴である。

　韓国の社会科はアメリカの経験主義の社会科を受容して始まった。導入の初期には，一部の理論家たちがアメリカや日本の本を翻訳して，問題解決学習を中心とする教授学習方法を紹介した。1980年代の後半からは，アメリ

カと日本に留学した研究者たちが多様な社会科授業理論と方法を紹介しており，韓国の大学で社会科教育を専攻した研究者たちも外国の文献を活用して授業研究を展開することが多かった。例えば，価値探究学習，意思決定学習，問題解決学習，争点学習，ディベート学習，協同学習，シミュレーション，STS授業などの多様な教授学習モデル，認知的徒弟理論（cognitive apprenticeship），認知的柔軟性理論（cognitive flexibility theory），問題中心学習（Problem-based learning, PBL），状況学習理論（situated learning）などの多様な学習理論を紹介して，社会科授業に適用しようとする研究が現れている。質的研究の方法論を導入して韓国の社会科授業を分析したり，アイズナー（Eisner）の教育批評の理論を活用して授業批評の研究を試みたり，シュルマン（Shulman）などの教師知識に関する研究成果を用いて社会科授業の現状を理解しようとしたり，教師の授業専門性を向上させようとする研究なども行われている。

　このように外国の理論に大きく頼る社会科授業研究の傾向は，様々な問題点を生み出している。一部の教師たちが紹介された外国の理論を活用して授業を実践したが，理論に対する理解の不足と授業状況の違いなどによって成果がほとんど実証されていない。社会科の特性や教育内容の違いなどを考慮せずに画一的に特定の理論とモデルだけを強調して，教育現場の混乱と試行錯誤を招く場合も多くなっている。外国理論への依存は，韓国的な現実を反映した独自な授業研究の方法を開発して実践する努力を疎かにする結果も招いている。最近になって外国理論への依存に対する批判が提起され，韓国の授業現状を分析，批評する研究を通して授業の改善の方向を模索する研究がなされているが，まだその成果は十分なものではない。

　第三に，韓国の社会科授業研究に影響を及ぼした多様な社会的な要因の中で特に重要なものは，民主化，世界化，情報化である。

　まず，民主化が社会科授業研究に本格的な影響を及ぼすようになったのは，1990年代からである。1987年6月の民主抗争の以後，韓国の民主化は急激に進展した。1990年に発行された韓国社会科教育研究学会の学術誌の『社

会科教育』（第23号）に，民主市民意識を培養するための小集団学習の方法，価値問題の意思決定学習，協同心の涵養の方案，民主的政治意識の発達を促進するための教材開発と適用などに関する論文が同時に掲載されたのは象徴的である。民主化がさらに進むことによって，1990年代以後の授業研究では意思決定能力の伸長，社会的論争問題学習，批判的思考力の涵養，参与学習，人権学習などのように市民的資質の涵養を目指す研究成果が多く登場する。

　一方，世界化の影響を受けた社会科教育の授業研究は，国際理解教育，グローバル教育，多文化教育の順に展開された。まず，社会科で国際理解教育の研究が学会の次元で始まったのは，1980年代の初め頃である。1986年のアジア大会，1988年のソウルオリンピックを目前にして国際理解教育の必要性が台頭したからである。しかし，この時期の研究は，国際理解教育の必要性と方向を提示することに止まり，その授業研究はまだあまり見られない。その後の1990年代初頭，冷戦の終息による国際情勢の変化の中で国際理解教育の研究が再び重視された。国際理解教育を授業研究の次元でも本格的に取り扱い始めたのである。

　1990年代の後半からは，国際理解教育に代わってグローバル教育という用語が登場する。社会科教育でもグローバル教育のための授業モデルやグローバル問題の授業方案などが研究された。2000年代の半ばに入って，外国人労働者の流入と国際結婚の増加などで韓国社会が急激に多文化社会に変化することによって，社会科教育でも多文化教育の研究が始まった。授業研究の場合，多文化学習のモデルや授業プログラムの開発，映画を活用した多文化授業の方案，人権教育を中心とした多文化教授学習の戦略などの成果が見られる。しかし，社会科教育で国際理解教育，グローバル教育，多文化教育の授業研究は意外にも活発ではない。理論的な側面から教育の必要性や方向を提示する論文は多いが，実際に授業の方案を提示したり，授業を分析する研究は少ない。

　最後に，情報化社会の影響が社会科授業研究に本格的に現れたのは，コン

ピューターとインターネットが広く普及する1990年代の半ばからである。1990年代の後半までは，主にコンピューター，インターネット，マルチメディア，パワーポイントなどの媒体活用の授業方案に関する研究がなされた。2000年代の初めからはICTを活用した探究学習，討論学習，問題解決学習などの実践方法と効果，情報活用能力とメディア・リテラシーの育成方法などの研究が展開されており，最近ではデジタル教科書を活用した授業に対する質的研究，スマートフォンのGPSを活用した地理学習モデルの開発などの研究も現れている。

第3節　社会科授業研究の類型と特徴

1. 文献研究

　外国の理論に大きく依存し，実証的な授業研究の方法論が確立されていない韓国の社会科授業研究において，文献研究が占める割合はとても高い。1990年代以後の研究成果にも，その傾向は続いている。文献研究の類型には，主に外国文献を活用した教授学習モデルの開発研究，過去の授業関連資料を活用した歴史的な研究，授業研究動向の分析研究，社会的変化と要求を反映して授業改善の方向と方法などを提示する処方的な研究，授業研究の方法論の研究などが挙げられる。ここでは，その中で最も多く研究されている教授学習モデルの研究について紹介する。

　1990年代以後の社会科授業研究で提示された教授学習モデルとしては，シミュレーション，価値探究学習モデル，創意性の伸長のための問題解決学習モデル，意思決定学習モデル，意思決定能力の伸長のための経済授業モデル，集団意思決定の合意志向モデル，概念授業モデル，協同学習モデル，論争授業のための賛反協商モデル，DIE（Drama In Education）論争学習モデル，法教育の論争問題の授業モデル，段階型討論モデル，論争中心の協同学習モデル，映像媒体活用の授業モデル，ウェブ基盤の教授学習モデル，ウェブ基

盤の問題中心学習モデル，ICT活用授業モデル，ICT活用の経済問題解決学習モデル，スマートフォンのGPSを活用した地理学習モデル，コミュニケーションモデル，社会参与の体験学習モデル，参与と社会的行動学習モデル，多文化授業モデル，認知的徒弟理論の適用モデルなどがある。

このような研究には，外国の教授学習モデルを変形させたり，複数の教授学習モデルを結合させて開発したものが多いという特徴がある。また，意思決定学習，論争学習，協同学習，参与学習などのように市民性の涵養を目指したり，ICT活用，スマートフォンの活用，インターネットの活用などのように，最新の媒体の活用方法を模索する研究が活発であることも特徴である。教授学習モデルの研究は，従来は文献研究を通して開発したモデルだけを提示したり，授業案を例示することに止まる場合が多かったが，2000年代の以後からは開発したモデルを適用して授業を実際に実施して，その効果を検証する研究が増えている。その場合，モデルを開発する文献研究と，効果を検証する量的研究，または質的研究を結合した形の研究が行われている。

2. 過程産出研究

過程産出研究は，授業研究の最も伝統的なパラダイムであり，授業の効果性研究とも言われる。授業でなされている教授活動の過程が，学習者にどのような学習効果があるかを研究することである。

過程産出研究は，教育大学院の修士論文で多く見られる。授業の形態，教授学習モデル，発問の類型，学習集団の類型，教授媒体，学習資料，授業技法，授業空間の類型などが，学習者の態度，能力，動機，認知，学業成就などに及ぼす影響と効果を設問調査や評価などで測定する研究が多くなされている。最近の研究を見ると，研究対象とする過程要因と産出要因が多様化する傾向がある。しかし，このような修士論文レベルの研究には，標本選定の方法や測定道具の妥当度と信頼度，分析の技法などに問題のある場合が多い。

社会科教育の学術誌に掲載された社会科授業の過程産出研究は，意外にも多くない[2]。統計学的な技法を活用した過程産出研究が学術誌に本格的に登

場したのは，1990年代以後である。社会科教育学が学問的な位相を確保するためには，実証的な方法論を活用した研究が求められたからであろう。過程産出研究で取り扱われた過程要因には，協同学習，授業環境，問題中心学習，論争問題，教授学習モデル，質問の方略などが多い。産出要因には学業成就度が最も多く，高度な思考力，創意的思考力，批判的思考力などの思考力も比較的に多い。その他にも意思決定能力，問題解決力，自己学習力，授業の魅力性，時間概念の理解，市民性の涵養，政治的効能感なども産出要因になっている。学術誌に掲載された社会科授業研究の量的研究が多くない理由は，何よりも研究遂行の基本となる統計学的な技法を活用できる研究者が少ないからであると思われる。そして，質的研究の方法論の導入によって，特定の要因だけに焦点を合わせて複雑な授業現象の効果を検証することについての疑問が提起されたことも，重要な要因であると思われる。

3．媒介過程研究

　媒介過程研究は，教授と学習を媒介するものを教師と学習者の思考と看做し，授業で行われる教師と学習者の思考過程を研究の主題としている。韓国の場合，媒介過程研究は1990年代から紹介され，2000年代から本格的に研究されている。しかし，社会科授業研究で占める割合はあまり高くない。

　学習者の思考過程に対する研究は，構成主義の学習理論の導入によってその必要性が一層強調されているが，実際に学習者たちの思考過程を分析した研究成果は多くない。その代表的な研究としては，概念図，非操作資料（原資料），社会科付図の資料などを活用して，学習者の認知構造の変化を解明した研究[3]，問題解決授業モデルを活用した授業による認識の変化を学習者の作文と思考口述の記録などを分析して解明した研究[4]，役割遊びの授業で見られる児童の歴史的概念の変化を分析した研究[5]，歴史新聞の製作で見られる児童の歴史理解の過程を分析した研究[6]などが挙げられる。

　教師の思考過程に関する研究は，主に授業と関連する教師の知識に焦点を合わせて展開されており，授業の観察，教師との面談などで収集した資料を

質的に分析する事例研究が多い。これらの研究では，教師知識研究の三つのアプローチ方法（情報処理的アプローチ，実践的知識のアプローチ，教授内容知識のアプローチ）が全て現れている[7]。例えば，初等学校の現職教師と教生の社会科授業の計画過程を比較した研究[8]，初等学校の社会科授業で見られる教師の実践的知識を分析した研究[9]，高等学校の地理授業で初任教師と経歴教師の実践的知識を比較した研究[10]，教育実習の過程で経験した授業実践と反省を分析した研究[11]，初等社会科の授業で見られる教授内容知識（PCK：Pedagogical Content Knowledge）を分析した研究[12]，初等学校の歴史授業で見られる内容変換（transformation）から教師の教授内容知識を分析した研究[13]，中等学校の歴史授業に見られる教授内容知識を分析した研究[14]などがある。

4. 質的研究

韓国で社会科授業の質的研究が初めて登場したのは，1990年代からであり，2000年代以後本格的に多様な研究が発表されている。1990年代の質的研究の成果は少なく，研究方法も多様ではない。研究方法は，主に微視記述的研究方法論（Micro-ethnographic research method）を活用している。代表的な研究成果は，中等学校の社会科の経済授業で行われる社会的相互作用を分析した研究[15]と中学校の社会科授業で教師が教科内容を変換する方式を解明した研究[16]などがある。前者の場合，授業の組織，対話の移動様式，社会的参与構造などの概念を用いて授業を分析して，教育的効率性を優先する韓国の授業文化の特性を取り出している。後者の場合，教科の変換という概念を用いて中学校の社会科授業で専攻の異なる教師が専攻領域と非専攻領域を教える時，教科内容をどのように変換して教え，各領域での相互作用がどう変わるかを分析している。

2000年代以後，質的研究の社会科授業研究に占める割合はあまり高くないが，研究の方法論と類型は多様である。研究方法論の場合，エスノグラフィー（ethnography）を活用した研究が最も多いが，データ対話型理論

(Grounded theory),事例研究（case study），自然主義的探究（Naturalistic Inquiry），アクションリサーチ（action research）などの方法論を活用した研究も登場している。質的研究の主題と形態には，社会科授業の全般的な特徴を記述する研究，行為者（教師，学習者）の観点から行為の持つ文化的な意味や特徴を記述する研究，授業で活用する教師の知識（実践的な知識，PCKなど）を記述する研究，教科書などの活用事例を記述した研究，教育課程や教室環境の変化などによる授業の変化の様相を記述した研究，特定の教授学習方法を活用する授業の特徴を記述した研究，特定の教授学習方法やモデル，資料などを活用した授業を実践してその結果を記述したアクションリサーチ，批評の方法を活用して授業の意味を解釈した研究などがある。

最近の10年間（2001年-2011年），主要な社会科学術誌に掲載された社会科教育の質的研究を分析した結果によると，ほとんどの研究が自然な状況で文化的な行為と場面を記述して，その中での行為者の意図と文化的意味を解釈する研究を行っている。しかし，研究の目的と対象が細分化されていないために多様な質的研究の方法が活用されていない。研究報告書の論理構造と文体は，量的研究の報告書で活用する方式がそのまま使われている場合も多くなっている。質的研究の妥当性を確保するための方法が活用されていない場合が多いのも，克服すべき課題として挙げられている[17]。

5. 混合研究

混合研究は，一つの研究で質的研究と量的研究の方法論や資料などを同時に活用する研究を意味する。混合研究は，研究問題を解決するために質的研究，あるいは量的研究の枠組みで複合的な資料や解釈の方法を使う混合モデル型研究（Mixed Model Design）と，一つの研究で相反する複数の小規模の研究が同時に進められる混合方法型研究（Mixed Methods Research Design）に分けられる[18]。

混合モデル型研究の代表的な事例としては，量的研究の方法論を活用しながらも，質的資料を追加して活用するアクションリサーチがあげられる。修

士論文で多く見られるこのようなアクションリサーチは，研究者である教師が特定の教授学習の方法やモデル，資料などを活用した授業を実施して，その効果を検査紙などを使った量的方法で検証しながら，学習者との面談や作文などの質的資料を追加して研究を行っている。

混合方法型研究の代表的な事例としては，社会科授業の評価基準の開発研究と授業コンサルティング（teaching consulting）の研究などが挙げられる。社会科授業の評価基準の開発研究は，教員任用試験で実施される模擬授業についての評価基準を作るという現実的な必要性から始まった。韓国教育課程評価院が主導したこの研究では，文献研究と設問調査，授業観察，教師の面談などの多様な方法を活用し，社会科授業の評価基準を開発してその活用の方案を提示している[19]。この研究の結果を修正し，初等学校の社会科授業の評価基準を開発すると共に，実際に適用した研究も現れている[20]。

社会科授業のコンサルティングの研究は，2000年代から従来の「授業奨学」に代わる教師の専門性の向上のための方案として登場した。授業コンサルティングは，自分の授業の改善を希望する教師が信頼できるコンサルタントの助力をもらって授業の問題点を発見し，改善する過程を意味する。社会科における授業コンサルティングの研究は，主に授業コンサルティングのモデルを開発したり，実践研究によって効果を分析するなどの研究が行われている。モデル開発の場合，文献研究，設問調査，教師との深層面接，授業の参与観察，アクションリサーチなどの多様な方法を活用した混合研究の性格を持っており，コンサルティングの内容要素をまとめると共に，実行方法と手続きなどを提示している[21]。また，アクションリサーチや事例分析，授業観察などの方法を活用して，初任教師を対象とする授業コンサルティングの方案を開発した研究も現れている[22]。

第4節 おわりに

韓国の社会科授業研究は，1990年代以後から研究主題と方法などが多様

になり，研究の量と質が共に大きく発展してきた。しかし，克服すべき課題も少なくない。

第一に，外国の授業理論に頼りすぎずに，韓国の教育状況を反映した独自な授業理論の開発と実践が求められる。入試中心の注入式教育，多人数のクラス，中央集権的な教育制度などの韓国的な教育状況を考慮せず，外国の理論を無批判的に受け入れた結果，社会科授業研究が授業改善にあまり役に立っていない現実がある。そのような限界を克服するためには，実践されている社会科の授業を多様な観点から観察して記述すると共に，それを基にして授業改善のための方案を模索して理論化し，実践する方案を講じなければならない。それは，理論と実践の乖離という社会科授業研究の問題点を解決するためにも必要な作業である。

第二に，文献研究の比重を減らすと共に，研究方法論の改善とレビューを通して授業研究の全般的な質を高める必要がある。最近，量的研究と質的研究の多様な方法論が活用されているが，研究の妥当度と信頼度，分析技法などに問題のある場合が多い。社会科教育の研究者たちが，学位課程などで多様な科学的な研究方法論を習得する機会がほとんどないことも深刻な原因である。従って，学位課程の研究者たちに授業研究方法論のトレーニングの機会を確実に提供すると共に，授業研究方法論の研究もさらに進める必要がある。

第三に，他の教科とは異なる社会科の特性を反映した授業研究が求められる。勿論，一般的な教授学習の理論を社会科に適用したり，他の教科で開発された研究主題と方法論などを社会科で活用することも，研究の多様性の確保と新しいアイディアの獲得という点から必要である。しかし，社会科の特性や各領域（歴史，地理，公民）の違いを考慮せず，画一的に研究を進めることは問題である。社会科の独自な教授学習の理論を開発すると共に，一般的な教授学習の理論を活用したり他の教科の理論を取り入れる時も，社会科の特性に合わせて修正，変更することが必要である。

第四に，教師の授業専門性の伸長を目的に行われている授業評価や授業コ

ンサルティングに関する近年の研究は，その方向性を再考する必要性がある。現在の授業評価と授業コンサルティングの研究は，授業の標準化と画一化を招き，授業専門性の伸長という本来の効果を上げ難いと思われる。これらの研究は，教師の授業を評価するための幾つかの基準を設定し，それらの基準ごとに評価の要素を細分化して提示している。授業をありのままに総体的に観察することではなく，標準化された枠組みにあわせて要素ごとに解体し，授業の効果性と効率性を評価している。教師の専門性を伸長するためには，第三者による標準化された評価よりも教師自らが自分の授業を反省して改善する機会と方法を提示することが必要である。教師の反省的実践能力を高める研究への転換が求められるべきである。

(権　五鉉)

【注及び参考文献】
1) 例えば，次のような論文がある。이혁규,「社会科　教室授業　研究의　動向과　課題」『社会科学教育研究』 제4호, 2001年, pp. 1-22. 김혜숙,「地理科　教室授業　研究를　위한　理論的　探索―教室授業研究　패러다임의　動向을　中心으로―」『韓国地理環境教育学会誌』, 13(2), 韓国地理環境地理教育学会, 2005年, pp. 275-291. 김순희,「社会科　教室　授業　研究의　限界와　可能性―研究　動向　分析을　中心으로―」『社会科教育』제47권　3호, 韓国社会科教育研究学会, 2008年, pp. 218-240.
2) 1990年代以後の社会科教育の3大専門学術誌（社会와　教育, 市民教育研究, 社会科教育研究）に掲載された主要論文の題目だけを年代順に提示すると，次のようである。協同学習による社会探究が意思決定技能の伸張に及ぼす影響（1994年），年表学習が歴史の時間概念の理解に及ぼす効果（1996年），選択型の深化学習が社会科の授業の魅力性の涵養に及ぼす効果（1998年），社会科の協同学習の構造での意思決定モデルが学業成果に及ぼす効果の研究（1998年），映像プログラムの提示の方式が社会科の学習効果に及ぼす影響（1999年），中学校の教室で協同学習の構造が社会科の授業成就に及ぼす効果の研究（1999年），環境領域の教授―学習の過程でコンピューターシミュレーションゲームの学習の効果（1999年），マルチメディアを活用した地理学習の効果に関する研究（1999年），授業環境の決定要因と社会科の高級思考力との関係に関する研究（1999年），社会科の経済領域における創意

性の伸張のための混合質問学習の効果（2001年），問題中心学習（PBL）が問題解決力に及ぼす効果の研究（2001年），初等教師の授業創意性が討論授業の認識及び実行に及ぼす影響の研究（2001年），初等学校の授業環境が討論授業に及ぼす影響（2001年），教師の役割による論争問題学習の効果の研究（2002年），社会科の問題中心学習の効果の分析（2003年），中学校の教室で社会的争点を活用したEngle—Ochoaモデルの効果（2004年），質問生成と質問解決戦略が地理授業に及ぼす効果（2007年），青少年の民主市民性の教育のためのDIE論争学習モデルの開発とその効果に対する研究（2007年），教師要因と学生要因が高級思考力に及ぼす効果の研究（2009年），初等学生の学業的自己効能感と学習実在感が社会科の成就度に及ぼす影響（2011年），高等学校の社会科の授業環境が自己主導学習力に及ぼす影響—経済授業を中心に（2011年），協同学習の小集団学習の効果と限界（2011年），公共争点の討論学習で学習者の性格の類型による小集団の特性ごとの政治的効能感の効果（2011年），公共争点の討論学習で学習者の参与様態による批判的思考技能と性向の比較研究（2011年），公共争点の社会科討論学習で消極的な参与者の政治的効能感の増進効果（2012年），社会科の葛藤解決の授業モデルの考案と適用及び効果の検証（2012年），社会科の視覚芸術の活用授業が創意的思考力に及ぼす影響（2012年）など。

3) 허인숙,「概念図(concept map)로 탐색한 학습자의 認知構造 변화」『市民教育研究』, Vol. 33 No. 1, 2001年, 허인숙,「認知構造 변화의 評価道具로서 概念図（Concept map） 활용의 의미」『教育心理研究』, Vol. 16 No. 4, 2002年, 허인숙,「社会科 教育에서 事前知識을 考慮한 学習과 概念図의 활용」『市民教育研究』, Vol. 34 No. 2, 2002年, 강창숙,「中学生의 社会科付図 資料 活用에서 나타나는 理解 特性」『韓国地図学会誌』, Vol. 5 No. 1, 2005年, 정혜정・송언근,「非操作 資料의 操作 過程이 学習者의 知識 構成에 미치는 影響—初等 社会科를 対象으로—」『韓国地理環境教育学会誌』, Vol. 16 No. 1, 2008年.

4) 박주송,『글쓰기 프로토콜 分析을 통한 社会科 問題解決過程의 理解』, 韓国教員大学校 教育大学院 석사학위논문, 2009年.

5) 심형기,『役割놀이 授業에 나타난 初等学生의 歴史的 概念 변화』, 韓国教員大学校 大学院 석사학위논문, 1999年.

6) 오만기,『歴史新聞 製作에 나타난 初等学校 学生의 歴史理解 過程』, 韓国教員大学校 大学院 석사학위논문, 1999年.

7) 情報処理的なアプローチ（information processing）は，主に教師が授業を計画して意思決定をする時の思考の手続きを研究する。実践的な知識（practical

knowledge）のアプローチは，教師の知識を実践という行為の中で形成される思慮深い複雑な知識体として看做し，そのような知識をどのように獲得し，意味のあるものに構成して活用するのかを研究する。教授内容知識のアプローチは，特に教師が教科内容を再構成して伝達する方式に関する知識である教授内容知識に焦点を合わせて研究する。

8) 정혜영,「初等学校 現職教師와 教生間의 社会科 授業計画 過程 比較研究」『初等教育研究』, Vol. 14 No. 3, 2001年．

9) 홍미화,『教師의 実践的 知識으로 읽는 初等 社会科 授業』, 韓国教員大学校 大学院 博士学位 論文, 2006年．

10) 김혜숙,「高等学校 初任과 経歴 地理教師의 実践的 知識 比較 研究」『社会科教育』, Vol. 45. No. 1, 2006年．

11) 박정서,「社会科 予備教師가 教育実習過程에서 経験한 授業実践과 그 뜻갗에 대한 理解」『韓国教員教育研究』, Vol. 29 No. 3, 2012年．

12) 설규주,「初等 社会科 授業에 나타난 内容教授知識（PCK） 分析 研究 : 初任教師와 経歴教師 事例를 中心으로」『社会科教育』, Vol. 48 No. 2, 2009年．

13) 민윤,「社会科 歴史授業에 나타난 内容의 変換과 教授内容知識」『社会科教育』, Vol. No. 33, 2000年．

14) 박해현,「歴史와 教室 授業에 나타난 教授内容知識」『全南史学』, 제21집, 2004年．

15) 조영달,「韓国 高等学校의 経済 授業 研究 : 社会的 相互作用을 中心으로」『서울大学校 사대논총』, 44·45 합편, 1992年．조영달,「定型化된 社会的 空間에서의 韓国的 相互作用 類型의 理解」『社会科教育』, 제16집, 韓国社会科教育学会, 1992年．

16) 이혁규,「統合 社会科 教室 授業에 대한 日常 生活 記述적인 研究」『市民教育研究』, Vol. 21 No. 1, 1995年．이혁규,「中学校 社会科 授業의 教科 変換 過程에 대한 事例 研究」『初等社会科教育論叢』, Vol. 1, 1999年．

17) 김영석,「韓国 社会科 質的研究의 類型과 特徴 : 2001-2011」『社会科教育』, 50(4), 2011年, p. 14.

18) 김영석, 上掲論文, p. 8. 混合モデル型研究の場合，一つのアプローチを基盤にして複数の性格の資料を収集する。例えば，実験研究（授業モデルの効果を検証する研究）の過程に被験者に対する深層面談を行う形の研究，帰納的な質的研究の過程に設問調査を追加する形の研究などがある。混合方法型研究の場合，授業の効果を検証する研究と，その授業に見られる文化的意味を探索する研究が同時になされることのように，一つの研究の中で相反する方法論に基づいた複数の研究過程が含

まれている場合である。

19) 임찬빈 외,『授業評価 基準 開発 研究（Ⅰ）──一般 基準 및 教科（社会, 科学, 英語） 基準 開発─』, 韓国教育課程評価院研究報告 RRI 2004-52004, 2004年, 강대현·박영석,「社会科 授業 評価 基準 開発 및 活用 方案 研究」『社会科教育』, Vol. 44 No. 3, 2005年. 강대현·박영석,「社会科 授業 評価에 대한 論議와 運営 実態 分析」『市民教育研究』, Vol. 37 No. 1, 2005年.
20) 남상준·정혜정,「初等 社会科 授業 評価 基準과 評価 事例」『初等教科教育研究』, Vol. 11, 2009年.
21) 강대현,「学校 現場에 適用 可能한 社会科 授業 컨설팅 類型 및 事例 研究」『社会科教育』, Vol. 46 No. 3, 2007年, 강선주·설규주,「社会科 授業 컨설팅의 理論과 実際」『教育論叢』, Vol. 27l, 2007年, 천호성,「授業 컨설팅을 통한 教室 授業 支援 方案에 관한 研究」『社会科教育』, Vol. 47 No. 3, 2008.年
22) 홍미화,「初等学校 低経歴 教師의 授業 읽기를 통한 社会科 授業 専門性 소고」『社会科教育』, Vol. 46 No. 4, 2007年, 강대현,「中等 社会科 初任教師에 대한 授業 컨설팅 研究」『市民教育研究』, Vol. 42 No. 3, 2010年, 변정현,「初等学校 初任教師 社会科 授業컨설팅에 관한 実行 研究」『社会科教育』, Vol. 49 No. 1, 2010年, 설규주,「初任 教師의 社会科 授業에서 나타나는 授業 専門性의変化와 限界를 考慮한 컨설팅의 方向」『社会科教育』, Vol. 51 No. 1, 2012年.

第9章　インドネシアの社会科授業研究方法論の特質と課題

第1節　はじめに―授業研究の導入―

　授業研究は日本で生まれ，1996年の国際数学・理科教育調査（TIMSS）の報告書以来，世界的な話題になった。その報告書は，日本の生徒が数学で上位の評価を得た理由の一つとして，日本では多くの教員がしばしば授業研究を行うことが影響していると記述している（Wang-Iverson in：Herawati 他, 2009）。それ以来，多くの国が授業研究を学び始めた。それは，第一に教師の専門的能力開発における有効性，第二に生徒の学習成果（学力）の向上における有効性の観点からである。

　インドネシアでは，まだ授業研究の本質を知らない教師が多い。彼らの多くは，授業研究を研究というより，教員の仕事を評価する手段と捉えており，授業づくりや授業評価は教育実習と変わらないと捉えている。つまり，授業研究の哲学や目標が分かっていないため，他人が自己の授業を観察したり，分析したりするのは邪魔者以外の何物でもないと考えるのである。

　インドネシアにおいて，教師の仕事を監督する役職には，校長と学校監察官の二つがある。両者ともに，授業を見るのは子どもの学力向上のためではなく，教員の仕事ぶりや学校経営上の問題を調査するためである。すなわち，学習の技術や方法的側面よりも管理の面に重点を置いているのである。

　校長や学校監察官の職務は，授業研究と比べると大きく異なる。授業研究は，授業実践や学習活動を見直し改善することである（稲垣忠彦・佐藤学, 1996）。つまり，教師は授業を公開することで，他者の視点を取り入れようとする。そこには，自己の専門的力量の向上を図りたいという個人的な動機

と，他方で授業過程や学習活動などを改善したいとする学問的な動機がある。

インドネシアで，教師の専門的力量を向上させるためによく行われるのが，アクションリサーチである。アクションリサーチとは，生徒個々の学習成果を高めるために，日々の学級活動や授業の中から課題を立て，自己反省を通じて課題解決を図ろうとする教師の研究である（Suharsimi Arikunto, 2011）。教室でのアクションリサーチはインドネシアで急速に普及し，多くの教育大学が授業科目として導入している。大学院で学んでいる教師が，教室アクションリサーチを論文にすることもあるし，学校現場では教師がプロモーションのために，アクションリサーチペーパーを作らなければならないというルールがある。

教室アクションリサーチとは対照的に，授業研究は2004年，JICA（日本国際協力機構）の専門家が，IMSTEP（インドネシア初等中等理数教育プロジェクト）のプログラムを通じてインドネシアに導入したことに始まる。その後，2006年〜2008年のSISTTEMS（Strengthening In-Sevice Training Teachers of Mathematics and Science Education at Junior Secondary Level＝中学校の数学・理科教育の教員養成のサービス強化）プログラムや，2008年〜2009年のPELITA（Program for Enhancing Quality of Junior Secondary Education＝中等教育の向上プログラム）において授業研究は展開された（Ibrahim, 2013）。

SISTTEMSは，JICAにより，スメダン地区（西ジャワ州），バントゥル地区（中部ジャワ州），およびパスルアン地区（東ジャワ州）の三つの地区で，プロジェクト的に行われた。パスルアン地区では，2006年4月24日にまずJICAとパスルアン地区行政府，国立マラン大学との間で，技術協力プログラム協定に調印した。その協定は教員養成の向上に資するためのものであり，プログラムの内容には授業研究が教師の専門的な力量開発の方法として使われている（Department of Education, Pasuruan, 2009）。インドネシアの他の地域でも，同様の方法で授業研究が導入された。

インドネシアの授業研究のモデルは，実際には佐藤学（2014）によって開発された学校改革モデルに従っている。この改革モデルは，周辺の学校の改

革とのネットワークを形成するために，エリア内にベースとなるパイロット校を構築して，草の根運動の形で学習コミュニティを形成しようとする。このように，授業研究は，パイロット校で継続的に実行することが期待されている。未来への希望は，例外なくすべての生徒が共同で学ぶことのできる学習環境の創造である。そして，すべての教師は共同で研究し，質の高い学習を生み出すために働くのである。

スラバヤ市での授業研究の採用は，スラバヤ教育事務所，サンプルナ財団，スラバヤ国立大学との連携の下に開始された。本章では，スラバヤ市での事例を基にして，インドネシアの授業研究の特質を分析し，課題を考察する。

第2節　インドネシアにおける社会科授業研究の事例

1．実践の概要

ここで取り上げる社会科授業研究は，スラバヤ市・サンプルナ財団・国立スラバヤ大学の協力プログラムの一環として，スラバヤ市の第三国立中学校2学年を対象に，2011年3月12日に実施されたものである。教科は社会科歴史の授業で，テーマは「インドネシアの独立宣言を取り巻く事件」（2時間），授業担当教師はヌルジャティ Nurjati 先生（女性），助言者は国立スラバヤ大学のダルヨノ准教授であった。

授業では，導入として，まず前時までに学習した独立準備調査会と独立準備委員会について質問し，生徒の理解を確認した後に，「なぜ日本占領政府はインドネシアの独立準備調査会と独立準備委員会を成立させたのか」と尋ねた。多くの生徒が沈黙している中で，「日本は連合国に圧迫され始めたので，独立準備調査会を成立させた」とある生徒が答えた。それはヌルジャティ先生が期待する答えだったので，皆の前で賞賛し，続けて本時の学習テーマが「独立宣言を取り巻く事件」であることを伝えた。

ヌルジャティ先生はパワーポイントを使ってテーマを説明する。展開部の

第一段階では，最初のスライドにテーマを示して，独立宣言の意味と成立年を生徒に問う。そして，1945年のインドネシア独立宣言がすぐには実現しなかったことを説明し，インドネシアの独立を取り巻く事件とその原因について学んで行くことを説明した。第二のスライドには，以下の5つの学習目標が示されている。

①レンガスデンクロック事件を年代順に説明することができる。
②独立宣言の文書を作成する過程を叙述することができる。
③独立宣言の過程を説明することができる。
④独立宣言の結果の宣伝及びインドネシアの国民の反応を説明することができる。
⑤インドネシアの独立宣言の重要性について分析することができる。

　最初の目標を達成するため，ヌルジャティ先生は独立宣言前後のドキュメンタリー映画を見せる。まず広島と長崎の原爆に関するドキュメンタリーが5分ほどで，その後に日本の敗戦と降伏，レンガスデンクロック事件，スカルノとハッタによるインドネシア独立宣言のドキュメンタリーが約4分間続いた。映画の終了後，ヌルジャティ先生は独立宣言が原爆投下で始まっていることを簡単に説明した。次に，日本の降伏に関する記事のスライドを提示して，「なぜ日本は降伏したのか」を生徒に尋ねた。生徒は「広島と長崎に原爆が投下されて，日本は壊滅したから，連合国に降伏した」と答えた。ヌルジャティ先生も生徒と同様の説明をした。さらに，次のスライドでは，日本の降伏がインドネシアに大きく影響したことの事例として，レンガスデンクロック事件，独立宣言文書の作成，インドネシア独立宣言の発表があることを説明し，それらについてこれから学級で議論していくことを述べた。
　展開部の第二段階として，ヌルジャティ先生は学級を5つのグループに分け，それぞれに課題を与えた。それは次の通りである。
○1班：日本の降伏をインドネシアに広げたニュースと，ジャカルタの青年

たちによる独立宣言の準備との関係を説明する。
○2班：ジャカルタの急進派の青年たちがスカルノとハッタをレンガスデンクロックに拉致し，再びジャカルタに戻すまでの事件の過程を叙述する。
○3班：a）宣言文書の作成に直接的，間接的に関与した人物たちの役割を説明する。
 b）最初の手書きの宣言文書とタイピングされた正式な独立宣言との内容の違いを説明する。
○4班：独立宣言の発表はどのようになされ，国民はそれをどう受け止めたか説明する。
○5班：a）独立宣言のニュースを広めるために使用された手段を説明する。
 b）独立宣言を広めるために放送局はどのような役割を果たしたか説明する。

ヌルジャティ先生は，これらの課題を調べるために必要な学習資料を配付するとともに，その他にも教科書やインターネットを積極的に活用して資料を探すよう奨励する。また，生徒の議論を活性化するために，議論の内容や班内での協力的態度も評価の対象にすると説明し，班別の調べ学習と議論の時間に移った。

20分後に，各班の学習成果の発表に先立ち，「ハリ・ムルデカ＝独立の日」という生徒もよく知っている闘争の歌を全員で歌った。その歌詞は下記の通りである。

　ハリ・ムルデカ（独立の日）
　テゥジュ・ブラス・アグステゥス・タウン・ウンパツ・リマ（1945年8月17日）
　イテゥラ・ハリ・クムルデカアアン・キタ　（それは我らの独立の日です）
　ハリ・ムルデカ・ヌサ・ダン・バンサ　（独立した祖国の日です）
　ハリ・ラヒルニャ・バンサ・インドネシア（インドネシア国民の生まれた日です）
　ムルデカ　（独立）
　スカリ・ムルデカ・テタプ・ムルデカ　（一回独立を宣言したら独立を守らなきゃ）

スラマ・ハヤッツ・マシ・ディ・カンデゥング・バダン（命がまだ身体にいる間）
キタ・テタプ・セティア・テタプ・セディア（我らは独立を守り，祖国のために闘争を）
ムンプルタハンカン・インドネシア（インドネシアを保護し）
キタ・テタプ・セティア・テタプ・セディア（我らは独立を守り，祖国のために闘争を）
ムンベラ・ネガラ・キタ　（我らの国を守る）

　その後，1班から順に発表を行った。7人前後の班のメンバーは教室の前方に立って説明していく。各班の説明の概要は次のようになる。

● 1班の説明：1944年に日本の敗色が濃くなり始めた。そして原子爆弾が1945年8月6日と9日に広島・長崎に投下された後，8月14日に日本は連合国に無条件降伏した。日本の敗戦はインドネシアでは最初隠されていたが，最終的にラジオ同盟により8月15日に報道された。スタン・シャーリアが，日本の敗戦のニュースを最初に伝えた。インドネシアは日本に占領されていたので，日本が無条件降伏すればインドネシアに大きな影響を与えるだろう。なぜなら，インドネシア人にとって何百年もの間夢見てきた独立を達成する絶好の機会となるからである。日本の敗戦のニュースを聞いて，青年たちはすぐに独立宣言の準備のために立ち上がった。

→他班からの質問は特になく，先生からの補足説明もなかった。

● 2班の説明：青年たちの指導者ハエルル・サレは1945年8月15日の午後8時に会合を開いて，スカルノとハッタの声明で8月16日に独立を宣言することを決定した。ダルビスとビカナの両人が会議の決定を伝えると，スカルノはそれを拒否したため，青年たちはスカルの説得をあきらめ再度会合を開いた。その結果，レンガスデンクロックにスカルノとハッタを拉致することで合意し，8月16日の午後4時に，スカルニ，ユスフ・クント，シンギの指導下で決行された。青年たちはインドネシアの独立を宣言するためにスカルノとハッタが必要だったのである。スカルノはジャカルタに戻ることができれば，インドネシアの独立を宣言することに同意した。一

方，ジャカルタでもビカナを中心とする青年グループとスバルジョを代表とする長老グループが会合を開いていた。そこでは，スカルノとハッタを連れ戻し，ジャカルタで1945年8月17日の正午までに独立宣言を発表することが合意され，実行された。

→他班からの質問は特になく，先生からの補足説明もなかった。

● 3班の説明：a）スカルノは独立宣言の原稿を書き，布告する役割を，ハッタは助言する役割を，スバルジョは独立宣言文作成の準備と独立宣言文の精神を確立する役割を，スカミ，BM.ディア，スディロの3氏は起草作業の証人の役割を，サユティ・メリクは作成した独立宣言文をタイプライターでタイプする役割を，そして前田精海軍少将はジャカルタの自宅を独立宣言作成のための会合場所として提供する役割をそれぞれ担った。

b）スカルノの手書きの宣言文と，タイプされた正式の宣言文の間には2つの変更点があった。1つは，"wakil-wakil bangsa Indonesia" ＝インドネシアの国民の代表者」が「"atas nama bangsa Indonesia" ＝インドネシア国民の名において」に，もう1つは「Djakarta, 17-8-05 ＝ジャカルタ，17-8-2605（皇紀）」という日付が「Djakarta, hari 17 boelan 8 tahoen 45 ＝ジャカルタ，1945年8月17日」に変更された点である。

→ 1つの質問がなされた。それは，「前田精海軍少将とは誰か。なぜ独立宣言文の起草が前田精の家で行われたのか。なぜ他の場所でしないのか。」というもので，次のように答えた。「前田精はインドネシアに駐在した日本の海軍少将で，日本が間違ったことをしていると考え，インドネシアの独立を手伝った。彼は青年たちの独立を支援することを喜びに感じたので，自宅を提供した。」関連した質問や新たな質問は出なかった。

● 4班の説明：独立を宣言する前にスカルノは次のようなスピーチを行った。「ご列席の皆様，私は私たちの歴史の中で最も重要な出来事の目撃者として，皆様にここに来ていただきました。インドネシア民族は，祖国の独立のために，何十年，何百年もの間，戦ってきました。（中略）同胞たちとの会議で，今や私たちは独立を宣言することを決定しました。

宣言：われらインドネシア国民は，ここにインドネシアの独立を宣言する。権力委譲その他に関する事柄は，完全かつできるだけ迅速に行われる。

ジャカルタ　1945年8月17日　インドネシア国民の名において

スカルノ　ハッタ」

これに続いて，国旗（赤－白）の掲揚が行われ，「インドネシア・ラヤ」が国歌として採用された。

→1つの質問，「なぜ独立宣言はイカダ広場ではなく，スカルノ邸で発表されたのか。」がなされ，4班は「スカルは自宅の庭で集会を開いた方が安全だと考えたからである」と答えた。その答えに誰もが同意するように見え，他の質問は出なかった。

●5班の説明：a)独立宣言を広めるために使用された手段は，主にラジオ，次に新聞やパンフレットであった。ジャワのほとんどすべての地域で，1945年8月20日の出版物にはインドネシア独立宣言やインドネシア共和国憲法のニュースが載った。b)ラジオの放送局は，印刷物の何倍もの早さで，多くの人にニュースを広める役割を果たした。

→質問は2つ出た。1つは誰もが知っている他愛もないもので，もう1つは独立宣言の普及のために同盟ラジオ局が果たした役割に関する質問であった。5班は「それは非常に重要な役割であった。なぜなら，当時インドネシアには同盟ラジオ以外の放送局はなかったからである。」と答えた。その他の質問はなかった。

最後に，ヌルジャティ先生は各班の発表と，それに至るまでの調べ学習の努力や議論を誉めた。そして，これを踏まえてさらに学習を進めていくよう促して授業は終了した。

2．実践の分析

ヌルジャティ先生の実践した授業はインドネシアの社会科歴史の授業では一般的なものであり，本授業で使用された資料や教科書は2006年カリキュ

ラムに基づいている。インドネシアの国家標準カリキュラムでは，学習内容，指針（インディケーター），目的，評価，コンピテンシーが詳しく決められているが，本授業のテーマは2006年カリキュラムのコンピテンシー（KD5.2）に規定された「独立宣言を取り巻く事件」または「インドネシア共和国の成立」に当たる。先述したヌルジャティ先生の授業の学習目標は，KD5.2 の指針に則したものとなっている。なぜなら，教師はカリキュラムの指針に従うことが義務づけられているからである。それゆえ，ヌルジャティ先生の授業の内容や配付した資料は，いずれもカリキュラムの指針に則して作成された教科書に準拠している。

しかし，ヌルジャティ先生はこれらの指針を達成するために学級を5つのグループに編成し，各グループにそれぞれ課題を与えて調べさせた。これは，インドネシアの授業のやり方を批判する中での佐藤雅彰（2011）の発言に沿ったものである。彼は教師が生徒に非常に長い説明をする傾向があると述べている。その理由は，伝達すべき内容が多いからであるが，結果的に生徒は教科書に書かれた内容を暗記するようになる。だから，彼女はできるだけ教師の説明を省いて，生徒相互に議論させるよう仕向けたのである。この点で，ヌルジャティ先生の授業は一般的なインドネシアの教師の授業よりはるかに良いと評価できる。なぜならば，彼女はメディアとドキュメンタリー映画を十分に活用し，生徒にインドネシアの独立宣言を強く印象づけることができたからである。

他方，ヌルジャティ先生の授業は，生徒の思考を最適化していないとみなすこともできる。なぜなら，彼女が生徒に与えた課題は，すべて教科書に答えを見出しうるものだからである。つまり，生徒の作業はただ教科書から答えを見つけることであり，自ら深く思考するまでに至らない。つまり，ダイアローグ（対話）は生まれないのである。佐藤雅彰（2014）によれば，対話は他者とのコミュニケーションを意味するだけではない。異質な考えを持つ他者との対話や交流を通じて，自己が難題に直面したり何かに単独で挑戦したりするときに，主体的に判断したり自身の意見（思想）を表明したりでき

るようになることを意味するのである。各班の発表に対する質問が少なく，また質問に対する応酬も全くなかったことは，生徒の主体的な判断や考えを求める問いがなく，教科書に記載された一般的な知識で対応可能な問いであったからだと考えられる。ヌルジャティ先生は，各班毎に長方形のテーブルを囲んで学習するよう教室の配置を工夫したが，結局それが生かされることはなかった。つまり，対話を促す学習は，形式を整えるだけでは成功しないということの証明である。

ヌルジャティ先生の授業実践でもう一つ最適化していないのは，班内の生徒の間に相互協力やコラボレーションがなされていないことである。コラボレーションとは，問題を解決するために，生徒間で意見交換することである。ここでは，お互いの存在を尊重することと，各自の多様な考えを組み合わせて新たな解決策を生み出すことが期待されている。しかし，彼女の授業では，コラボレーションは課題をシェアすることとしてのみ解釈されていた。意見の発表も，ただ順に交替して役割を分担しているだけで，議論を通して開発される思考力を育てていない。そこに大きな課題が指摘できる。

3. 授業研究の現状

ヌルジャティ先生の実施した授業研究への参加者は，スラバヤ市内の中学校の教師3人であった。この授業観察に際して，参加者は次ページに記載の観察フォーム／シートを活用した。しかし，この観察フォームは教師の教授行為を中心に評価するもので，生徒の活動について気づいた点を記録したり，評価したりする自由は与えられていない。ここから，インドネシアにおける授業研究は依然として，教師の教授活動に焦点化されていることがわかる。これについて，佐藤学（2014）は教師の指導方法だけでなく，生徒の学習の現実を観察することが一番大事だと述べている。

授業研究の一部としての授業観察は，次の授業開発のための基礎として重要である。そこでは，参加者にはさまざまな意見や発想を提供することが求められる。教師の行った学習活動を唯一の標準形式として扱えば，教師の新

第9章 インドネシアの社会科授業研究方法論の特質と課題　355

表 9-1　授業研究の観察フォーム／シート

スラバヤ，2011 年 3 月 12 日

担当教師氏名..............　　学校名..............　　学年..............
授業科目　　..............　　テーマ..............

観察の側面	良	否	備考
はじめの活動			
統覚と動機			
1. 挨拶から始めて身体的・心理的な学習の準備			
2. 学習者の経験やこれまでのレッスンと教材のリンク			
3. 挑戦的な質問をして動機づける			
4. 教材のメリットを伝える			
5. 教材に関連する何かを実証			
能力と行動計画を配信			
1. 学習者が達成すべき機能を提供する			
2. 活動の計画を提供する（個人・グループワーク，観察など）			
コアの活動			
主題の習得			
1. 学習目標に教材を適合させる能力			
2. 教材に関連する知識，科学技術の開発，実生活との関連			
3. 適切な教材に基づく議論			
4. 体系的な方法で教材を提示する（抽象から具体へ）			
学習方略の活用			
1. 達成すべきコンピテンシーに基づいた学習			
2. 継続的，一貫した学習			
3. 学級の管理			
4. 学習者の積極的な参加を促す発問			
5. 学習者の積極的な参加を求める意見発表			
6. 教材に基づいて学生のスキルを開発する学習			
7. 文脈に則した学習			
8. 学習習慣や前向きな姿勢を促す学習			
9. 計画された時間配分による学習			

学習における教材／メディアの活用			
1. 多様な教材の使用の能力を実証			
2. 学習メディアの使用の能力を実証			
3. 教材の使用における学習者の関与			
4. 学習メディアの使用における学習者の関与			
5. 説得力のあるメッセージの生成			
アセスメントの実施			
1. 態度を評価する			
2. 知識を評価する			
3. スキルを評価する			
4. 能力の達成の指標と技術や機器の適合性			

たな変化を期待することは非常に困難である。例えば，ヌルジャティ先生の授業を観察した3人の教師の観察フォームでは，ほとんど「良（yes）」の所にチェックされていた。これは，ヌルジャティ先生がすでに良い教師であることを認定したことになる。そこでは，授業研究といいながら，参加者間の対話もないままに進行する。佐藤雅彰（2014）が述べているように，授業研究の成功は参加者の学習活動を観察する方法に大きく依存するのである。それゆえ，授業観察がこのように標準的な形式で行われた場合，自由な対話や議論が生まれにくくなり，事業研究が単調で退屈なものとなる。そして，学習のノベーションを教師に期待することも難しくなるだろう。

第3節　おわりに―授業研究の課題―

　ヌルジャティ先生の実践事例で指摘したように，インドネシアの国家標準カリキュラムは，基本的なコンピテンシーから指針まで，学習の内容と目標を規定しているため，教師にはカリキュラムに示された事柄を習得させるよう生徒を導くことが期待される。そのために，学校で日常的になされる授業では，教師は従来型の方法（講義形式の一斉学習によって長い説明を与えるやり

方）を好む。

　ヌルジャティ先生は，生徒が過去の雰囲気を楽しむことを可能にするITメディア，パワーポイント，ドキュメンタリー映画を使用した。彼女の実践したようなステップを学ぶことは，インドネシアの授業改善や教師の力量形成のために一歩前進となる。特に，彼女は2時間という配当時間内に生徒に課題を解決させるために，パワーポイントや配付資料を効果的に活用した。したがって，2時間内に生徒は目標を達成することができた。その意味で，彼女はプロの教師として理想的な学習手順を踏んでおり，観察者の90％がヌルジャティ先生を高く評価する結果となった。しかし，ここにインドネシアの授業研究が優れた教師の技術に学ぶという段階に留まっており，本当の研究にはまだ達していないことが現れているといえる。

　すでに述べたように，ヌルジャティ先生の授業では，第一に生徒同士の対話が生まれていないことが挙げられる。与えられた課題に対処する上で，生徒に創造的なアイデアも議論も必要ではなく，ただ教材や教科書を読んで，コピーすることが求められている。第二に，生徒が課題を解決するために，グループ内のブレインストーミングを通して，協同していくようなコラボレーションがなされていないことも指摘される。グループで行われたのは課題の分担であり，交替しながらの発表であった。第三に，観察フォームが示唆するように，授業観察が形式化していることである。授業観察の焦点を，教師の行為から生徒の学習活動へと移動させ，授業中の生徒の活動や回答の内容，認識の変容をじっくりと観察して，生徒の状態を正確に把握することが何よりも重要だろう。

　これらはヌルジャティ先生個人の責任だけではない。彼女の授業はICTの活用などが示唆するように先進的であったからである。問題は，インドネシアではいまだ授業研究の方法論が十分確立されておらず，教師たちにも理解されていないことである。したがって，授業研究はトップダウンでなされるか，全くなされないかのどちらかというのが現状である。インドネシアにおいて，草の根ベースの授業研究を成立させ，継続するのは大きなチャレン

ジである。そのためには，社会科授業研究方法論の開発が緊急の課題であるが，その１つのヒントとして上述の３つの弱点を克服するモデルの構築が考えられよう。

（ナスティオン）

【引用及び参考文献】

Dinas Pendidikan Pasuruan, *Lesson Study di Kabupaten Pasuruan dari SISTTEMS hingga PELITA,* Pasuruan: Dinas Pendidikan Kabupaten Pasuruan, 2009.

Herawati Susila, Husnul Chotimah, Ridwan Joharmawan, Jumiati, Yuyun Dwita Sari, and Sunarjo, *Lesson Study berbasis Sekolah*, Malang: Bayumedia, 2009.

Ibrohim, *Panduan Pelaksanaan Lesson Study*, Malang: Universitas Negeri Malang, 2013.

稲垣忠彦・佐藤　学『授業研究入門』岩波書店，1996 年.

Sato, Manabu, *Mereformasi Sekolah: Konsep dan Praktik Komunitas Belajar,* Tokyo: Iwanami Syoten, Indonesian Edition 2014.

Sato, Masaaki. *Dialog dan Kolaborasi di Sekolah Menengah Pertama, Praktik "Learning Community"*. Tokyo: JICA, 2014.（佐藤雅彰『中学校における対話と協同─「学びの共同体」の実践』ぎょうせい，2011 年）

Suharsimi Arikunto, Suhardjono, Supardi., *Penelitian Tindakan Kelas*. Jakarta: PT Bumi Aksara, 2011.

終章　社会科授業研究方法論の
スタンダード化の可能性

第1節　今なぜ授業研究方法論のスタンダード化か

　教師が授業を工夫したり反省したりするのは，おそらく万国共通であろう。だが，教育学研究の一環として授業研究が確かな地位を占め，アカデミズムのみならず，民間教育研究団体や教育行政機関がそれぞれ独自に授業研究を推進してきたのは日本固有の現象といってよいのではないか。そして近年，その授業研究がレッスンスタディとしてアメリカをはじめとする欧米諸国や中国・香港，シンガポールなどのアジア諸国で注目され，算数・数学教育を中心に展開されているのは新たな注目すべき現象といえよう[1]。

　日本教育方法学会は，そうした動向を受けて，英語と日本語の二か国語で日本の授業研究の歴史や現状，方法と形態等を紹介する書物を出版した[2]。その中で，安彦忠彦は日本の授業研究の課題を以下の3点に集約している[3]。

①研究の枠組み，研究の目的・方法など，方法論上の議論は少なく，実践的で試行錯誤的な取り組みが多い。
②指導過程や指導方法の研究が中心であり，学校のカリキュラム全体を改善したり，改善に役立つ授業研究として活用されたりはしていない。
③研究グループ相互の意見交換・情報交換は少なく，グループ内での閉じられた授業研究になっている。

　いずれも日本の授業研究が研究ではなく研修に陥っていることの証左ではなかろうか[4]。われわれは社会科教育という教科の枠内ではあるが，これに

挑戦する授業研究を目指してきた。多様な研究観や教育論をもつ研究者・教師からなるグループを組織し，内輪の言語（ジャーゴン）を排した議論を展開するとともに，授業開発に際しても学習指導要領や既存のカリキュラムを一旦棚上げし，主題に即して最適の教育内容・教材・学習活動を構成するよう心がけた。そして，何よりも個々の授業開発や授業分析を超えて，授業研究の方法論について議論を深めてきた。その成果が本書に凝縮されているはずであるが，研究方法論の体系化，一般化の点では課題が残った。むろん，「授業の科学」神話に基づく授業研究の虚妄性を批判し，直接授業に向き合う事例研究をこそ積み重ねるべきだとの声もある[5]。まして，授業研究方法論のスタンダード化ともなれば，以ての外との批判を受けるかもしれない。だが，本章ではあえてその可能性に賭けることにした。

　その理由はいくつかあるが，ここではスタンダード化のもたらすプラスの効果を挙げてみたい。第一に，初心者には一定の方向性と目安を提供し，熟達者にはこれまで経験に頼ったり試行錯誤的に行ったりしてきた授業研究を反省する機会を与えることである。第二に，個別の事例研究では見えにくい方法論が明示され，異なる教師・研究者・グループ間での議論が可能になることである。第三に，官制スタンダードではないことから，教師や研究者の自由な研究を阻害・拘束する恐れはなく，むしろ自由な研究を促進することで官制研修の改善にもつながり得ると考えられることである。

　そこで，まず既成の授業研究を相対化して捉えるために，米国のレッスンスタディの特色を概観し，そこから授業研究方法論の基本的要件を明らかにする。次に，学問研究のスタンダードが何を目指すのか，関連諸科学の事例分析を通してその原理と構造を考察する。その上で社会科授業研究方法論のスタンダード化を試みてみたい。

第2節　米国のレッスンスタディが示唆するもの

　明治期の日本が，ヘルバルト教授学を導入するに際して形式的な教授段階

論に着目したように，諸外国がレッスンスタディをある程度単純化し，形式化して捉えようとするのは非難されることではない。むしろ，校内研修としての授業研究に慣れてきた者からすると，諸外国で発信されるレッスンスタディは新鮮にさえ見える。そこでは授業研究がどのような視点で整理され，どのような理論的方法として把握されているのか，逆に興味さえ湧く。授業研究方法論のスタンダード化を検討する前に，いち早くレッスンスタディを導入した米国の事例を参照してみよう。まず，カリフォルニア大学アーバイン校（UCI）歴史プロジェクトの事例から社会科レッスンスタディの概要を，次いでホルヴァーセンとランドの研究から社会科レッスンスタディの具体的展開を明らかにし，日本に示唆するものを探ることにする。

1. 社会科レッスンスタディの概要―UCI 歴史プロジェクトの場合―

米国の大学では，平日の夕方や長期休業等を活用して現職教員のキャリアアップのために多様なワークショップや講習が開催されるが，近年その中にレッスンスタディを取り入れるケースが見られる[6]。ここでは，UCI の歴史学部が大学の立地するオレンジ郡の教育委員会と提携し，地域の社会科教員のために開催している講習「アメリカの市民性の理解」から，レッスンスタディを概観した資料を見てみよう[7]。なお，日本における一般的な授業研究との差異を感じさせる部分には下線を施した。

まず，レッスンスタディについては，「カリキュラムの設計，研究，指導，観察，評価，改善のための協働的なプロセス」と定義し，「教師は教授内容と学習目標を共同で立案し，授業実践を入念に検証するカリキュラム開発を継続的に実践する」とともに，「教師集団は生徒の思考と学習に焦点化して，学習活動を検証し共同で授業改訂にあたる」と説明している。

次に，レッスンスタディの実施プロセスを以下のように整理する。

①授業開発（期待する学習目標－知識内容，思考，表現，態度－と評価方法の同定，研究課題 Research Question と収集すべきデータの決定）

②授業実践とデータ収集
③実践のリフレクションと授業改善プランの策定
④別の教師による改善プランの授業実践とデータ収集
⑤実践のリフレクションと議論，必要に応じて授業の再改善
⑥授業研究の全過程と目標の反省

このうち，①の授業開発に関して以下のチェックリストを示している。

- 授業の主題
- 授業研究チームの構成員氏名
- 主題の概観ないし単元での位置付け
- スタンダード（歴史‐社会科学の内容スタンダード，歴史的思考・分析技能スタンダード，州の共通基礎スタンダード）との関係
- 教材，資料
- 学習課題／学習目標
- 教師の研究課題（Research Question）
- 授業に不可欠な語彙
- 前提（導入の仕掛け，背景的知識），展開（内容，学習活動），展望（生徒の生活や未来との接続）
- 学習課題／学習目標の評価
- 研究課題検証のための証拠

②のデータ収集に関しては，以下のデータを挙げている。

- 学習目標に関連するデータ
- 研究課題（Research Question）に関連するデータ
- 授業の内容に関連して生徒に記録させたもの
- 授業のリフレクションに関連して生徒に記録させたもの
- 数量的データ（生徒の発言回数，時間配分等）と文字データ（実際の教師の問いや生徒の回答等）

また，③の実践のリフレクションについては，9つの問いを例示する。

Q1　授業はどうであったか？（実践者と観察者それぞれの見方）
Q2　われわれの授業プランをそのように導いたものは何か？
Q3　われわれの計画した授業と実践された授業を比較するとどうか？
Q4　われわれが収集しようと決めたデータは何か，そこに何を見るか？
Q5　われわれがデータに見出したことの理由として考えられるのは何か？

Q6 われわれの授業はどんな方法で生徒の学習を促し展開させたか。
<u>Q7 この授業によれば，われわれの研究課題への最初の答はどうなるか。</u>
Q8 この授業に関して特に効果的だったことは何か。
Q9 修正すべき点があるとすればそれはどこか。

　注目されるのは，第一に広義のカリキュラムを対象にしていること，第二に全体を最低2回のPDCAサイクルに位置付けていること，第三に1人の教師の授業を分析・評価・改善するのではなく，教師集団がチームとして授業研究に臨むこと，第四にチームが授業目標とは別に一定の仮説に基づく研究課題を設定し，データ収集と仮説検証のために研究授業を行うことである。ここから，授業（研究授業）を「研究」と位置付けていることがわかる。

2. 社会科レッスンスタディの具体的展開―ホルヴァーセンらの場合―

　ミシガン州の州立大学に勤めるホルヴァーセン（Anne-Lise Halversen）とランド（Alisa Kesler Lund）は，米国史教授に関する連邦教育省の補助金（Teaching American History Grant, 2008-2011）を獲得した教師集団の講習に，講師として関与した[8]。教師たちは1年次に米国史の内容に関する13日間のワークショップに参加し，一定の学年集団毎に4～6人のチームを編成する。そして，歴史学者の指導の下に歴史上の人物の伝記を読み，史料の信憑性を吟味して歴史的思考技能のトレーニングを行う。2年次には，同じチーム毎に13日間のカリキュラムデザインのワークショップに参加し，共同で授業プランを開発する。ホルヴァーセンらが指導に関与したのは，この段階からである。その後，1回目の研究授業と授業観察を授業担当教師の学校で行い，リフレクションと授業改善プランの作成をへて，3年次には別の教師による2回目の研究授業と授業観察，リフレクションを行っている。

　ホルヴァーセンらは，5学年担当の4人の教師からなるチームの研究授業観察とリフレクションに参加した。4人の教師が取り組んだ主題は「大西洋奴隷貿易」である。長期にわたるレッスンスタディの展開過程が紹介される中で，特に注目されるのは次の2点である。

第一は，授業目標と関連付けた研究課題の設定である。授業目標については，大西洋奴隷貿易に関する知識の習得と，探究や解釈等の歴史的思考技能の育成とすることで早々に合意した。問題は研究課題である。4人の教師は，生徒に歴史的証拠の意義をわからせ，また奴隷の境遇を理解させるためエンパシーの方法を活用したいと思う反面，奴隷貿易が制度化された原因についても探究させたいと考えた。議論の過程で，ホルヴァーセンらは歴史的思考技能の育成という，より重要な目標と関連付けるよう助言した。その結果，事実と意見（fact and opinion）の峻別を研究課題とすることに決定した。つまり，資（史）料読解の過程で事実と意見の違いに着目させれば，歴史的思考技能と歴史理解の双方を達成できるのでないかとの仮説である。その後，4人の教師は主な読解資料として「奴隷船の内部」の画像を選択している。

　第二は，データに基づくリフレクションと研究仮説の検証である。1回目の研究授業では，アフリカから新大陸へ黒人が奴隷として移送されたことと，奴隷の悲惨な境遇については理解させることができたものの，事実と意見を明確に区分させることには失敗した。反省の過程で，それは教師の指導上の問題ではなく授業設計そのものの問題であるという結論に達した。なぜなら，同じ日の午後に授業を予定していたもう一人の教師も，大きく授業プランを変更することや，新たな資料を付け加えることができなかったからである。

　そこで，ワークシート（事実と意見を欄を分けて記入）を分析した結果，「これは奴隷である」（解釈），「船にはぎっしり人々が詰め込まれている」（観察）という記述が示すように，観察と解釈（observations and interpretations）の違いは区別できていることが判明した。すなわち，5学年の生徒には事実と意見の対比より，観察（見たこと"I see"）と解釈（考えたこと"I think"）の対比の方が理解しやすいということである。それはまた，同一の事象を観察しても異なる解釈が起こり得るという歴史的思考の本質理解にもつながっており，5学年の歴史的思考の指導に有益な知見を得ることとなった。そして，この新たな知見（仮説）に基づいて授業の改善プランが構成された。

　UCI歴史プロジェクトとホルヴァーセンらの事例が日本の授業研究に示

終章　社会科授業研究方法論のスタンダード化の可能性　365

①問題関心を共有する複数の教師が主体的にチームを編成する。
　〈やらされる研修から，主体的に関与する研究へ〉
②研究者がファシリテーターないしコーディネーターとして参加する。
　〈研究者は理論的指導者ではなく，教師集団の支援者に〉
③共同で単元レベルのカリキュラム（教授目標・教育内容・教材・学習活動・評価方法等）を開発し実践する。
　〈1時間レベルの授業から，単元レベルのカリキュラムへ〉
④授業と関連した研究課題（仮説）を設定し，授業を通して検証する。
　〈経験的授業研究から，実験的授業研究へ〉
⑤授業のリフレクションと仮説の検証結果を踏まえて授業改善を行う。
　〈短時間の形式的授業研究から，息の長い実質的授業研究へ〉

第3節　関連諸科学の研究スタンダードの原理と特色

　社会科授業研究方法論スタンダードの可能性を探るためには，まず研究スタンダードとは何か，いかなる要件が求められるのか等を明らかにせねばならない。残念ながら，社会科教育に関わる研究スタンダードは日本はもとより米国等にもないことから[9]，関連諸科学のそれを参照することにしたい。一つはNPO法人RANDであり，もう一つはアメリカ教育研究学会（American Educational Research Association: AERA）である。前者から研究スタンダードの一般的な要件を，後者からは具体的な教育研究スタンダードの目的・原則・構造を探ることにする。

1．RANDのスタンダードにみる研究の一般的要件

　RANDは第二次大戦後の1948年，米国カリフォルニア州サンタモニカで航空機会社ダグラス社から分離して設立された研究機関で，後にNPO法人として世界的に名をなすに至った。戦争中，軍事用に集約された知識や技能を平和目的に転用したわけである。RANDの語源は研究と開発（research and development）にあるとされる。RANDは研究の質を担保するため，1997年に最初のスタンダードを策定し，2009年に下記の現行版に改訂している[10]。

①問題は適切に定式化され，研究の目的は明確にすべきである。
②研究のアプローチは適切に設計され，実行されるべきである。
③研究は，関連研究についての理解を示すべきである。
④データや情報は，最善の形で利用されるべきである。
⑤仮説は明示され，正当化されるべきである。
⑥調査結果は既存の知識を成長させ，重要な政策課題に耐えうるものであるべきである。
⑦示唆や勧告は論理的で，調査結果により保証されるべきであり，妥当な警告とともに徹底的に説明されるべきである。
⑧文書化や資料整理は正確で，理解しやすく，明確に構造化され，適度な論調でなされるべきである。
⑨研究は利害関係者や意思決定者に対して説得的，かつ有益で，適切に関連づけられるべきである。

①は問題の所在と研究目的，②は研究方法，③は先行研究等との関連について記しており，研究の前提をなす第一段階の要件となっている。続く④はデータ・情報の処理，⑤は仮説の設定，⑥は研究結果の性格について記しており，研究の遂行に関わる第二段階の要件となっている。さらに，⑦は結論における証拠や説明の意義，⑧は文章や資料の論理性と構造性，⑨は研究の社会的意義を述べており，研究の成果をなす第三段階の要件となっている。

最後の⑩は研究の基本的性格を述べ，研究者の倫理を定めている。いずれも簡潔な表現で，研究の一般的な要件を示したものといえよう。

2. AERAのスタンダードにみる教育研究の目的・原則・構造

1916年に設立されたアメリカ教育研究学会（AERA）は，教育研究者による質の高い研究を確保するため，実証的社会科学研究のスタンダード（2006）を策定し，さらにそれを補完すべく人文系の研究のためのスタンダード（2009）を続いて策定し，公開した。ここでは主として前者を取り上げ[11]，研究スタンダードとは何か（目的・性格），その基本的特質は何か（原則），全体はどのような領域に区分されるのか（構造），を考察する。

まず，本研究スタンダードは，AERAの出版物に掲載される実証的研究の質を担保するために，研究成果を発表しようとする研究者を主な対象にし

て,「実証的研究の報告が通常表明すべきことに関する期待の枠組み,ないし経験則を提供するもの」だという。つまり,スタンダードの目的・性格は研究者のためのガイドラインであり,そのポイントは実証的研究の本質と結果の重要性を表明することにあって,研究の内容を定義したり,表現形式を決定したりすることを意図するものではないのである。

次に,研究スタンダード開発のための包括的原則として,「十分な根拠」と「報告の透明性」の二つが明快に示されている。前者は,結果や結論を正当化するのに必要かつ十分な証拠を提供することであり,後者は問題設定から結論に至る研究過程(探求の論理と方法)を明確に表明することである。

いずれも科学的研究に不可欠な原則であり,この二つを踏まえて本研究スタンダードの全体が構成されている。それは,①問題の設定,②デザインと論理,③証拠の出所,④測定と分類,⑤分析と解釈,⑥一般化,⑦報告の倫理,⑧タイトル・摘要・項目立て,の8つの領域に区分されている。領域毎のスタンダードの概要を示せば,以下のようになる。

> ①問題の設定:研究の目的・範囲(限界)の明確化,主要概念の定義,研究の学問的・社会的意義,先行研究のレビューと研究の位置付け
> ②デザインと論理:研究の全体像(探究の論理)と研究方法(データの収集・分析の手法)の明示
> ③証拠の出所:研究対象(場所,グループ,関係者,出来事)とデータ(実証資料)収集の目的・方法・出所・根拠・詳細の明示
> ④測定と分類:データの分析に活用した測定(量的研究)と分類(質的研究)の目的・方法・原理の説明
> ⑤分析と解釈:研究の特性(量的研究では統計分析,質的研究ではパターンの記述・解釈)に応じた分析の手順・技法・結論の明快な説明
> ⑥一般化:一般化を意図する場合は適用範囲の明確化。一般化を意図しない場合も研究の文脈,関係者,データ収集,操作の詳細を提示
> ⑦報告の倫理:データの収集・分析・報告に係る倫理,関係者との同意・協定に係る倫理,情報の正確な開示,結論に至る過程明示(第三者の検証を保証),利害関係者との関係・資金援助の公表
> ⑧タイトル・摘要・項目立て:正確さ,論理性,用語選択の慎重さ

問題の設定,研究方法,データ・証拠の活用,論理的な結論(一般化),研究倫理の5点において,AERAとRANDはほぼ同じスタンダードを示して

いることから，これらは科学的研究に不可欠の要件と捉えられよう。また，AERA の測定と分類，分析と解釈というスタンダードの設定は，実証的社会科学研究として量的研究と質的研究を視野に入れる必要性からと解される。

第 4 節　社会科授業研究方法論のスタンダード化に向けて

1. 社会科授業研究方法論固有の要件

　社会科授業研究方法論スタンダードが AERA と RAND のスタンダードに共通する 5 領域を中心に構想されるのは勿論であるが，他方でレッスンスタディが授業研究に示唆する点や，社会科に固有の要件も考慮せねばならない。第一に，社会科授業研究の本質を定義して，上からの研修ではなく，また教授技術の研究でもないことを明確にする必要がある。第二に，社会認識形成教科（市民的資質形成を含む）としての性格を踏まえ，子どもの社会認識発達に関する研究成果とともに社会認識形成論を射程に入れる必要がある。第三に，日本の社会科授業研究の歴史を踏まえると，授業の PDCA サイクル（Plan 計画→ Do 実践→ Check 分析・評価→ Action 改善）のうち，主に PD に関わる開発研究と CA に関わる改善研究とに分けて捉える必要がある[12]。われわれの研究プロジェクトでは，社会認識形成論の違いから，授業構成を①社会認識力育成型，②社会的判断力育成型，③批判的思考力育成型，④メタ認識力・方法知育成型，の 4 つに分けて開発研究を遂行した。また，改善研究については質的で文脈的な授業評価を目指して，プロトコル分析等による理論の有効性と成立要件の解明に努めた。

　以上の見地から，社会科授業研究方法論スタンダード（試案）を，1 定義，2 基本原則，3 問題の設定と研究方法，4 事実の確定と分析・検証，一般化，5 研究の倫理の 5 領域で構成した。あくまで今後の検討のための叩き台であることを断っておきたい。

2. 社会科授業研究方法論スタンダード（試案）

1. 定義

社会科授業研究は，子どものより確かな社会認識形成を目的に，広義のカリキュラム（以下，授業）を検討する共同研究であり，それを通じて社会科教師として，また社会科教育研究者としての専門的力量の向上を図るものである。

- 1.1 参加者の主体性と研究の自由が尊重されねばならない。
- 1.2 授業研究への参加者は，教師であると研究者であるとを問わず，実践者への支援を通して自らの専門的力量形成を図る。
- 1.3 授業を通して，一般的な社会認識形成論の発見・検証を目指す。

2. 社会科授業研究の基本原則

社会科授業研究は，PDCA（計画，実践，分析・評価，改善）の全過程を通じて，授業の事実に基づいて実験的に遂行されるべきである。

- 2.1 開発研究は論理実証的により良い授業の事実と理論づくりを目指す。
- 2.2 改善研究は実践の事実から課題を抽出し，実践の事実によって課題解決の方法を説明して改善案を提示する。
- 2.3 論の展開に用いられる概念は，実践の事実により検証（反証）できるように定義され，統一した用法を保持せねばならない。

3. 問題の設定と研究方法

研究課題を問いの形で示して，その意義を明らかにすると共に，研究の方法ないし手順を明示すべきである。

- 3.1 研究課題の設定は，関連する先行研究の批判的検討を踏まえて行う。
- 3.2 研究の社会的，教育的，学問的意義と必要性を明快に論じる。
- 3.3 研究の中核をなす理論（仮説）を明示する。
  - 3.3.1 開発研究では，依拠した社会認識形成論と授業構成 − 教育内容・教材・授業過程の構成，学習活動・学習形態の選択等 − の関係を論理的に説明する。

3.3.2　改善研究では，授業観察やプロトコル分析を通して明らかにしようとする理論（仮説）を簡潔な命題として示す。
　3.4　研究課題にアプローチする方法，及び仮説検証の方法を明示する。
4. 事実の確定と分析・検証，一般化
　4.1　授業モデルに基づき授業が実践された場合，それを明示する。
　4.2　授業実践の事実を再現可能な方法で示す。
　　4.2.1　ビデオ撮影した場合，T・P発言のプロトコルを作成する。
　　4.2.2　使用した教材・教具等を明記し，重要なものは内容を示す。
　　4.2.3　学習成果としてのノート，ワークシート等の内容を示す。
　　4.2.4　アンケート調査やプレテスト・ポストテストを実施した場合，結果を統計的に処理して示す。
　4.3　確定された事実を分析・解釈し，説明する。
　　4.3.1　分析・解釈は原則として客観的データに基づいて行うが，実践者や参加者の実感に基づく解釈も尊重する。
　　4.3.2　分析・解釈の結果は，データに基づく結果と主観的解釈を分けて記述する。
　4.4　分析・解釈の結果は，射程ないし限界を見極めつつ一般化する。
5. 研究の倫理
　5.1　研究の内容・方法について，関与したメンバーは責任を分担する。
　5.2　授業に関わる児童・生徒のプライバシーの保護，匿名性に留意する。
　5.3　他者を意図的に中傷，差別する表現をしてはならない。
　5.4　仮説の検証を焦って，事実やデータを改変・捏造してはならない。
　5.5　何らかの資金的援助や後援を得た場合は，それを成果と共に明示する。

（原田智仁）

【注及び引用文献】
1) 2007年に創設された世界授業研究学会（WALS）の創設メンバーの国籍が，日本

の他，アメリカ，イギリス，スウェーデン，中国・香港，シンガポール，オーストラリアからなっているのはその表れである。同学会のウェブサイト www.walsnet.org を参照。
2) 日本教育方法学会編『日本の授業研究—授業研究の歴史と教師教育〈上巻〉』，同『日本の授業研究—授業研究の方法と形態〈下巻〉』学文社，2009年．National Association for the Study of Educational Methods, *Lesson Study in Japan*, KEISUISHA 2011.
3) 安彦忠彦「カリキュラム研究と授業研究」，日本教育方法学会編『日本の授業研究—授業研究の方法と形態＜下巻＞』学文社，2009年，pp.18-19.
4) 授業研究は，その目的から①研修，②運動，③研究の３つに類型化できる。拙稿「社会科の授業研究」，全国社会科教育学会編『社会科教育実践ハンドブック』明治図書，2011年，pp.29-30.
5) 佐藤学「『パンドラの箱』を開く—『授業研究』批判」，森田尚人他編『教育学年報１ 教育研究の現在』世識書房，1992年，pp.63-88.
6) 米国のレッスンスタディの多くは学区や学年を同じくする教員同士が集まり，様々な補助金を獲得して実践しているのが実情である。大学がそれらを理論的に指導したり講習に組み込んだりして一定の単位を認定することもあれば，所属校長の許可や支援の下に教師集団が自主的に進めることもある。日本のような学校を挙げての授業研究はないため，他校等での研究に参加する場合，その教員の授業をどうするかが課題となっているという。後掲7) のウェブサイト，及び8) の文献を参照。
7) UCI 歴史プロジェクトの詳細は http://www.humanities.uci.edu/history/ucihp/ を参照。また，本稿で引用，紹介，考察した資料については下記を参照。
http://www.humanities.uci.edu/history/ucihp/tah/UnderstandingAmericanCitizenship.php
8) Anne-Lise Halversen & Alisa Kesler Lund, "Lesson Study and History Education," *The Social Studies*, 104:3, Routledge, 2013, pp.123-129.
9) J R. Fraenkel（故人）は NCSS に教師教育スタンダードがあるのに研究スタンダードがないことを批判し，その作成に期待を寄せていた。(Jack R. Fraenkel, "NCSS and research" in O.L.Davis,Jr.ed., *NCSS in Retrospect*, NCSS Publications,1996, 79-88) 因みに，NCSS は1994年にカリキュラム・スタンダードも策定し，2010年には改訂版を刊行している。
10) http://www.rand.org/standards/standards_high.html を参照。
11) http://www.sagepub.com/upm-data/13127_Standards_from_AERA.pdf を参照。
12) 峯明秀は日本の全国規模の３社会科教育学会の機関誌に掲載された過去20年の

論文を分析し，開発研究と評価分析研究の割合は異なるものの，両者で 85 % ～ 95 %になることを示した。峯明秀「日本における社会科授業研究の動向―授業改善研究としての問い直し―」*Korean Journal of Social Studies Lesson Study*, 1-1, 2013, pp.141-153.

あとがき

　本研究は，梅津教授がはしがきで述べているように，兵庫教育大学連合大学院の共同研究プロジェクトの一つとして遂行されたものである。しかし，本研究チームには連合大学院を構成する四大学（兵庫教育大学，上越教育大学，岡山大学，鳴門教育大学）以外からも多くの研究者が参加した。その背景には，本共同研究プロジェクトに先立ち，全国社会科教育学会においても同様の授業研究プロジェクトが起ち上げられ，双方に重複して関わる者が少なくなかったため，学会のプロジェクト・メンバーにも研究員として参加を依頼したという経緯がある。連合大学院自体かなり全国的な教育研究組織であるが，学会がこれに加わることで，さらに広域性と学術性の高まりを期待したというのが正直なところである。果たして期待通りの成果となり得たかどうか，諸氏の忌憚のないご批判，ご叱正を請う次第である。いずれにせよ大所帯になったことで，チームリーダーの梅津教授には大変なプレッシャーがかかったはずであるが，こうして一冊の学術図書を上梓することができた。梅津教授の強力なリーダーシップに心より敬意を表したい。

　さて，手前味噌ながら，本共同研究およびその成果としての本書の意義を述べるならば，大きく以下の三点になろう。
①社会科の授業研究を正面から論じた図書としては，おそらく本邦初ではないか。少なくとも過去三十年にはない。むろん，社会科の授業づくりや授業実践を紹介，解説した図書は少なくないが，授業のPDCAに即して体系的に取り組んだものは初めてのことといってよい。
②社会科の授業研究を，理論（研究目的，仮説）と実践（教室・授業の事実）の往還・融合を図る教育実践学の一つととらえ，その方法論の構築をめざしたことである。これは単に兵庫教育大学連合大学院の特性をいかそうとし

たからではない。授業研究を，個性的実践の開発・記述のための研究，あるいは法則定立的な実証研究として一元的にとらえるのではなく，両者を相補的にとらえることで研究者と実践者がより良い社会科授業の創造のために連携・協働する意義と方法を解明しようとしたからである。

③海外におけるレッスンスタディへの関心の高まりを受け，韓国，インドネシア，アメリカ合衆国の社会科教育研究者と連携し，授業研究の方法論に関して国際的な共同研究を実施したことである。その成果の一部はすでに公開シンポジウムにより発信したが，本書には韓国とインドネシアの社会科授業研究の特質と課題に関する論考を掲載することができた。国により，研究者により，授業研究への関心と理解にはまだ差があるものの，本研究を一つの契機として，社会科の授業研究や方法論研究が各国で活性化してゆくことになれば幸いである。

最後に，本共同研究プロジェクトの推進に対し，物心両面にわたりご支援いただいた兵庫教育大学連合大学院，とりわけ松村京子研究科長に厚くお礼申し上げる次第である。また，本書の刊行を快くお引き受け下さった風間書房社長の風間敬子氏，並びに煩わしい編集の労をとって下さった斉藤宗親氏に対して深甚なる感謝の意を表したい。

2015年1月

兵庫教育大学大学院教授　原田智仁

編者略歴

梅津正美
鳴門教育大学大学院学校教育研究科教授。広島大学大学院教育学研究科教科教育学専攻博士課程前期修了(1985年)。博士(教育学)。島根県立高等学校教諭，広島大学附属福山中・高等学校教諭，鳴門教育大学学校教育研究科准教授を経て，現職。主な研究領域は，社会科授業構成論，米国の歴史カリキュラム編成論など。著書は『歴史教育内容改革研究―社会史教授の論理と展開―』(単著，風間書房，2006年)，『社会認識教育の構造改革』(共著，明治図書，2006年)，『新社会科教育学ハンドブック』(共著，明治図書，2012年)など。

原田智仁
兵庫教育大学大学院学校教育研究科教授。広島大学大学院教育学研究科教科教育学専攻修士課程修了(1976年)。博士(教育学)。愛知県立高等学校教諭，兵庫教育大学学校教育学部講師，同助教授を経て，現職。主な研究領域は，世界史カリキュラム編成論，米英の歴史学習・評価論など。著書は『世界史教育内容開発研究―理論批判学習―』(単著，風間書房，2000年)，『社会科教育のフロンティア』(編著，保育出版社，2010年)，『社会科教育実践ハンドブック』(共著，明治図書，2011年)，など。

兵庫教育大学大学院連合学校教育学研究科
共同研究プロジェクトN
「社会科授業研究における教育実践学的方法論の構築と展開
―PDCAに基づく授業理論の有効性の検証と社会科授業研究スタンダード開発―」

教育実践学としての社会科授業研究の探求

2015年3月20日　初版第1刷発行

編著者　梅　津　正　美
　　　　原　田　智　仁

発行者　風　間　敬　子

発行所　株式会社　風　間　書　房
〒101-0051　東京都千代田区神田神保町1-34
電話 03(3291)5729　FAX 03(3291)5757
振替 00110-5-1853

印刷　藤原印刷　　製本　井上製本所

©2015　Masami Umezu　Tomohito Harada　　NDC分類：375
ISBN978-4-7599-2079-6　　Printed in Japan

JCOPY 〈(社)出版者著作権管理機構 委託出版物〉
本書の無断複写は，著作権法上での例外を除き禁じられています。複写される場合はそのつど事前に(社)出版者著作権管理機構（電話 03-3513-6969、FAX 03-3513-6979、e-mail: info@jcopy.or.jp)の許諾を得て下さい。